清华大学社会学系　策划

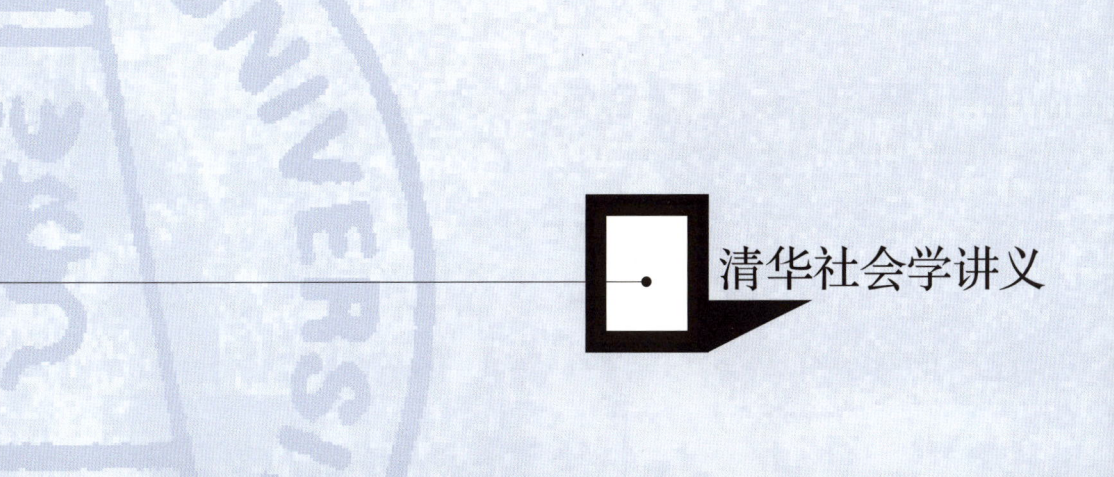

清华社会学讲义

清华社会学讲义

清华大学社会学系 策划

批判教育社会学九讲

黄庭康 著

Nine Lectures
on Critical
Sociology of
Education

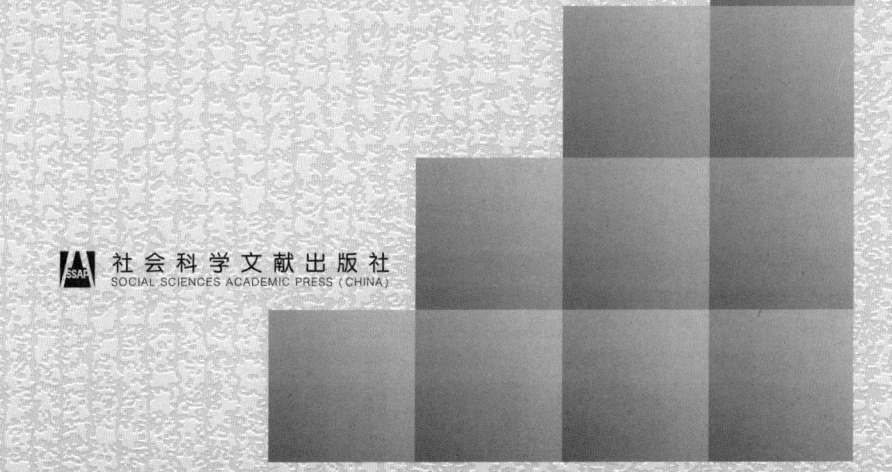

社会科学文献出版社
SOCIAL SCIENCES ACADEMIC PRESS (CHINA)

总　序

《清华社会学讲义》历经两年筹备，首批终于面世了。在我国社会科学恢复、重建已二十余年，似乎臻至成熟，各种各样的社会学教材可谓品类繁多、汗牛充栋的今天，清华大学社会学系为什么还要组织这样一套讲义并付诸出版，理应在这里先行交代一番。

大体上说，清华大学社会学系诸同仁筹办这套讲义，基于三点考虑。

第一，社会学必须有能力面对各种新的经济、组织、政治和文化现象。自20世纪末期以降，高新科技的发展、经济结构的演变、社会－政治体制的改革而引发的巨大、深刻的变迁，使整个人类社会面对着一系列前所未闻的新问题。本系同仁认为：社会学这门学科，如果要在21世纪中生存下去，就必须有能力面对和处理这些新的问题，而要培育此种能力，就必须努力发展新的知识系统。本套讲义就是创新社会学知识系统的一个尝试。从列举的篇目中就可以看到：本套讲义的重点，是力求选取那些对研究新问题至为关切的社会学分支学科加以介绍，而不复拘泥于传统的知识体系和结构。

第二，社会学应当对当代人文社会科学相关领域的知识加以融会贯通，努力实现跨学科知识交流与创新，或者说，努力变成"新社会学"。这里所谓"新社会学"有两层意思。一层意思是说：社会学本身的知识内容，必得吸取人文社会科学诸相关领域的知识，才能实现发展和创新；另一层意思是说：社会学这门学科，亦有能力跨入人文社会科学诸相关领域，成为其他学科基本建设的一个环节。例如，组织行为研究就是商学院的一门基础课程，而社会研究方法则是当代各门社会科学学科所普遍使用的调查研究方法之一。所以本套教材的又一个特点，就是在这个方面用力，力求展示出社会学知识与相关学科知识的交流与融合，力求变成"新社会学"。这也是当代社会学发展的一个国际性的潮流。

第三，社会学的教科书在学术上应当有一个高起点。在社会学的各类著作中，教科书承担着导引和教育下一代学科从业人员的任务，其质量的高低、选材的优劣，直接模塑下一代学人，因而关系到社会学学科的未来。就此意义而言，教科书对于学科和学术建设具有特别的重要性，撰写教科书必须慎之又慎，将就不得。基于此种考虑，本套教材主要邀请那些在海内外学有所成，常年从事教学工作，而对中国国情又不陌生的中国学者撰写。在内容上，尝试将社会学的前沿理论与中国社会的实际状况勾连起来，在两者之间架设一座桥梁；在形式上，则采取"讲义"形式，基本保留口语化特点，学理纵然艰深，但力求做到通俗易懂。

为确保出版质量，本套讲义选择在社会科学文献出版社出版。众所周知，社会科学文献出版社是近年来在出版、刊行社会学著作方面用力最多的一家出版社，本套讲义凭借此家出版社之力，无疑是获得成功的一大保障。

自2000年正式建系伊始，清华大学社会学系诸同仁即明确提出了本系学科和学术建设的宗旨："面对中国社会的真问题，与西方社会学前沿理论开展有建设性的对话。"这两句话是本系同仁总结了国内社会学界的发展状况才提出来的。所谓"面对中国社会的真问题"，是说社会学的研究问题，不应来自依据经典大师的语录而对社会生活的直接剪裁，也不应来自权力机构的"长官意志"的提示，而应来自社会学者作为一个掌握了社会学知识的社会行动者，在这个社会里经由积年累月地探索和体验而提出的那些问题，那些问题必定是靠近这个社会的实际逻辑的；所谓"与西方社会学前沿理论开展有建设性的对话"，是说社会学对于这些本土问题的研究，其所形成的概念和理念，又不应仅仅囿于本土范围，而必须超越本土，尝试着与西方社会学的前沿理论对话，以期丰富甚至推动整个社会学学科的发展。由此可见，这个宗旨提出的是一个"一体两面"的任务。单独实践一面已很困难，要同时做到两面则可谓难上加难。本系同仁深知实践这一宗旨殊属不易，而将之作为长远的努力方向。希望本套教材的出版，向着达致此一目标前进了一步，哪怕只是一小步。

清华大学社会学系诸同仁
二〇〇三年十月

目录

1	序
1	第一讲　符应理论与批判教育社会学的起源
27	第二讲　矛盾的再生产与再生产的矛盾
48	第三讲　符号暴力、文化资本与阶级再生产
73	第四讲　课程符码、阶级与社会控制
97	第五讲　教育论述、教育机制与符码理论的重构
123	第六讲　霸权、意识形态与课程
149	第七讲　资本的形式与转换
171	第八讲　学术人与教育场域的自主性
193	第九讲　古典社会学大师论教育思想的演进
220	参考文献
240	索引

Contents

1	Preface	
1	Chapter 1	Corresponding Theory and the Origin of Critical Sociology of Education
27	Chapter 2	The Reproduction of Contradiction and the Contradiction of Reproduction
48	Chapter 3	Symbolic Violence, Cultural Capital and Class Reproduction
73	Chapter 4	Curriculum Code, Class and Social Control
97	Chapter 5	Pedagogic Discourse, Pedagogic Device—Rebuilding Theory of Curriculum Code
123	Chapter 6	Hegemony, Ideology and Curriculum
149	Chapter 7	Capitals: Their Forms and Conversions
171	Chapter 8	Homo Academicvs and the Autonomy of University Field
193	Chapter 9	Master of Classical Sociology on the Evolution of Educational Thought
220	Bibliography	
240	Index	

序

《批判教育社会学九讲》是我根据2013年9月至2014年1月于北京在清华大学社会学系开讲的研究所课程讲稿发展而成的一部教材，也是我过去多年在教育社会学研究领域耕耘的部分研究成果。本书每一讲都从批判教育社会学的经典论著（通常以一部专著为核心）出发，解释它的中心论点、贡献与引起的争议。九讲总共讨论了11本专著及1篇文章。我做这样的安排，是因为我相信要做出优秀的批判教育社会学的研究成果，必须先深入阅读大师的理论经典。本书讨论的作品所表达的思想复杂而抽象，其中大部分作者的写作内容并不浅显易懂。中文世界的读者可能需要一架与西方批判教育社会学连接的桥梁——一部以尽量浅白的文字深入介绍批判教育社会学经典的中文著作。笔者在过去20多年曾多次阅读本书讨论的经典作品、运用它们的概念及洞见进行历史比较研究，并用大师的理论与经验资料对话。我希望能够借本书把对经典理论的些许心得跟读者分享。在写作本书时，笔者特别注意要多应用过往研究，读书及生活观察累积的实例来解释抽象的理论及概念，多分享笔者对理论的反思及批判，并对如何运用大师理论做进一步研究提出建议。另外，因为批判教育社会学起源于西方，理论建构都受到西方社会历史条件的限制，不可能直接套用于亚洲社会。为了让中文世界的学者从经典作品吸取智慧之余不忽略亚洲社会的特殊性，本书大部分章节都有讨论这些理论对西方以外社会的适用性。我期望更多中文世界的学者可以利用所处社会的案例与西方理论进行对话，一起朝批判教育社会学"去西方中心化"的目标努力。

本书能够成书，许多帮助过我的师长实在功不可没。我要感谢已退休的香港中文大学社会学系张德胜教授。我在多年前修读了他开讲的"教育政策与机会"（内容其实就是教育社会学）的课程（大学本科的一门课），从此走上了教育社会学研究之路。我也衷心感谢在美国威斯康星大学的阿普尔（Michael W. Apple）及凯奥（Robert L. Koehl）两位恩师。阿普尔是我在博士班的指导教授，他不但在知识上启发我、引领我进入批判教育社会学理论之门，也教导我要有"在真理面前人人平等"的开放胸襟。他看重思想的独立性，鼓励学生对他的作品抱批判的态度。两年前以93岁高龄离世的凯奥教授是我在历史学的启蒙老师，他为我开启了历史比较研究的大门，还投入大量时间及心力为我传道、授业、解惑。因为有幸在留学美国时遇上凯奥教授，中学时代最讨厌历史课的我才能在今天在社会学以外还兼具历史学的学术专业。

我也要感谢多年前香港中文大学社会系的学妹、现在美国加州大学洛杉矶校区社会学系的李静君教授。因为静君引荐，我才有机会到清华大学社会系开讲"批判教育社会学"，跟20多位清华大学及首都师范大学教授及研究生分享交流。台湾陆委会中华发展基金会资助我到大陆进行讲学，让我和太太及儿子在北京享受了几个月舒适愉快的日子。我在北京期间得到多位清华大学社会学系教授的热情款待。系主任沈原教授细心安排我的访问及教学，关心我及家人在北京的生活，又鼓励我把讲课内容发展成这一本书。来自法国的梅晓虹教授耐心给我解释法国的教育及考试制度，对我写作本书布迪厄及涂尔干的章节帮助甚大。王天夫、李强、郭于华、孙凤、晋军、张小军、裴晓梅及罗家德等系内同仁都曾在学问上给予我启发或在生活上给予我帮助。田国秀教授邀请我到她服务的首都师范大学举办讲座；又在百忙之中抽空带我参访跟她学校有合作关系的多所中等学校，帮助我进一步了解大陆教育。清华大学社会学系硕士班研究生倘凌越担任我的助教，并且在课程结束后把课堂录音转成文字稿。过去数年我在台湾中研院很幸运有李宗义、许雅淑及郑文翔三名能干的助理用心协助本书的资料搜集及文字处理。另外，感谢我20多年的好朋友毛启贤。启贤现在在香港担任中学教师，多年来他每天通过现代通信技术以嬉笑怒骂的方式跟我分享生活的点点滴滴，他的"隔空陪伴"排遣了我从事研究工作的孤独与压力。

最后，我要感谢我的家人。我太太认同我的理念，一直支持我的学术工作。过去两年她尽管也忙于进修，还是无微不至地照顾好孩子，把家打理得井井有条；每当我写作遇到瓶颈，她总是耐心地聆听，并给予非常有启发性的意见。我很幸运我的贤内助也是我学术生活的同志。三年多前到北京讲学时我的儿子才两岁多，到本书完成的今天，他已经六岁，准备入读小学。看到天真、活泼、可爱的孩子一天天长大，不忍心下一代要继承一个不公义的社会。我们成年人有责任要把社会变得更自由、更平等、更公义、更看重人的价值及尊严。我希望《批判教育社会学九讲》能够为迈向这一理想做出一点贡献。

黄庭康

2017 年 6 月 18 日于台北南港

第一讲 符应理论与批判教育社会学的起源

鲍尔斯（Samuel Bowles）与坚提士（Herbert Gintis）1976年出版的《资本主义美国的学校教育——教育改革与经济生活的矛盾》(*Schooling in Capitalist America: Educational Reform and the Contradiction of Economic Life*，以下简称《资本主义美国的学校教育》）普遍被认为是批判教育社会学的滥觞。西方主流的教育学在传统上深受教育实务主导，关心的是如何改善教学、管理教室、设计课程、提升学校效能之类的问题，极少探讨学校教育与经济、政治及文化权力的关系。第二次世界大战后教育社会学兴起，教育学者变得较注意学校与社会的关系，但此后的30年间西方社会学由结构功能学派（Structural Functionalism）主导，功能学派学者认为教育是社会整体的一部分，学校对整体社会发挥正面的作用，他们对社会分化、利益矛盾及阶级剥削视若无睹。到了大约20世纪70年代初，英国出现了"新教育社会学"（New Sociology of Education）。新教育社会学开始注意学校知识与社会控制之间的关系。但新教育社会学过度受到现象学（Phenomenology）、俗民方法学（Ethnomethodology）及符号互动论（Symbolic Interactionism）的影响，研究方法又完全偏重民俗志方法（Ethnographic Method），焦点都集中在教室的人际互动，忽略了学校与宏观社会结构的链接。另外，现象学及俗民方法学带有浓厚的文化相对主义色彩，受它影响的新教育社会学没有明确政治立场，无法指引对抗不平等的实践行动（Cole, 1988: 7; Karabel and Halsey, 1976; Moore, 1988: 2-3）。①直到鲍尔斯与坚提士的《资本主义美国的学校教育》出现，才真正开启了批判教育学的新视野。他们从新马克思主义观点出发提出学校与资本主义存在符应关系（correspondence），尝试克服新教育社会学的限制，深入探讨学校教育的社会再生产（social reproduction）功能。

鲍尔斯与坚提士是马克思主义经济学者，二人都在哈佛大学拿到博士学位，也曾在该大学任教。他们从1968年开始撰写《资本主义美国的学校教育》，很讽刺的是这部批判资本主义的著作中有部分章节的数据来自有大企业背景的福特基金会（the Ford Foundation）赞助的研究计划。二人在八年后（1976年），即该书出版时已离开哈佛转到麻省大学阿默斯特分校（University of Massachusetts-Amherst）任教。②作为马克思主义者，鲍尔斯及坚提士都是政治活跃分子，积极投入民权运动（Civil Rights Movement）及反越战抗争。他们写作《资本主义美国的学校教育》也是基于对社会现实的关怀。二人在20世纪60年代末期观察到第二次世界大战后美国教育改革的失败——即使经过二三十年急速的教育扩张以及"对贫穷宣战"（War on Poverty）与"早教育方案"（Head Start Program）等补偿式教育（compensatory education）政策，美国社会贫富悬殊依旧，学校仍然没有协助学生获得更健全的身心发展。鲍尔斯及坚提士认为失败的关键是政策推行者并不了解资本主义美国学校教育的运作逻辑，忽略了资本主义经济生产带来的不平等的阶级结构、教育体系最重要的功能是延续资本主义（Bowles and Gintis, 1976: vii-viii）。

因为《资本主义美国的学校教育》对批判教育社会学的重大影响，本章将讨论该书的主要论点。在介绍过它的"符应理论"后，笔者将深入解释《资本主义美国的学校教育》的重要性及贡献，并针对它引起的辩论及争议进行评论。

一 符应原则与学校的再生产功能

跟世界各地的资本主义体制一样，美国经济生产的最重要目的是追求

---

① Karabel 和 Halsey（1976）对英国新教育社会学的起源、理论、方法以及具体研究课题有精彩的讨论。
② 鲍尔斯离开哈佛大学是因为该校经济系认为他的研究不属于经济学领域拒绝给他长聘（tenure）。关于鲍尔斯及坚提士的出身背景、写作《资本主义美国的学校教育》的经过及该书出版后的学术研究等可参阅 Torres（1998）对二人的访问。

利润。因为利润源自对工人的剥削，以利润为主的生产从来不会顾及工人的利益，资本家与劳动者本质上是敌对的。因此，主导阶层必须设法稳定经济生产不对称的社会关系，令工人阶级继续参与这场有损他们自身利益的游戏。鲍尔斯与坚提士认为教育体制在再生产资本主义社会关系的作用十分重要，因为学校可以透过表面看似公平的方法把下一代分配到不同的分工及层级位置，让不平等的阶级社会得以合理化；教育体系还能将不同出身背景的年轻人培养成具备不一样的个性、习惯及意识（consciousness）的人，预备他们日后在经济分工中扮演不同角色；学校又生产超过就业市场所需的劳动力，迫使工人在失业威胁下变得驯服（Bowles and Gintis, 1976：12）。[①]鲍尔斯及坚提士认为美国深受进步自由主义（progressive liberalism）影响的改革者根本无法了解教育的再生产功能。

进步自由主义者把资本主义的问题视为偶发的个别现象，而不是经济权力不平等必然导致的矛盾；他们相信可以通过社会改革——教育改革是其中重要一环——把资本主义社会变得更完善。进步自由主义者认为学校教育有三大功能，包括①整合功能（integrative function），意指把年轻人融入社会，在经济及政治体系扮演应扮演的角色；②平等功能（egalitarian function），目的是保障下一代有公平机会争取优越的社会位置；③发展功能（developmental function），指的是帮助年轻人发挥潜能、发展健康的心理及人格。鲍尔斯与坚提士认为进步自由主义者忽略了学校与所处的资本主义经济的关系，误以为教育改革可以让学校能够同时发挥上述三种功能（Bowles and Gintis, 1976：21）。

进步自由主义者的教育理念深受"技术绩效主义观"（technological-meritocratic view）影响。他们相信经济生产无可避免会出现层级性分工；不同位阶生产者的地位、权力及待遇都不一样，因为各工作岗位所需的技术及认知性技能（technical and cognitive skills）水平有所差别。"技术绩效主义观"又强调因为个人天赋资质的差异，公平合理的社会应该让人们

[①] 《资本主义美国的学校教育》把充满压迫性的社会关系视为资本主义的最核心部分，把它看成比私有产权更能代表资本主义的本质；因此该书讨论的重心问题是学校如何再生产资本主义社会关系，而不是如何延续私有产权制度。两位作者对资本主义的这一看法可能是因为他们认为产权制度并非区分资本主义与社会主义的最重要标准。鲍尔斯曾在耶鲁大学修读俄文，并于1958年到访苏联，对社会主义国家有第一手的观察。另外，鲍尔斯及坚提士一直都认为真正的社会主义是要让人们都享有充分的自主权，出版《资本主义美国的学校教育》后数十年两人继续探讨经济及政治制度如何打造人们的个性、习惯及欲望，影响人们的自决能力（Torres, 1998：45-64、107-128）。

都有平等的机会学习技术能力，然后依照各人的表现安排最适当位置；教育改革——例如提供免费的就学机会及补偿式教育等——就是要扫除人们能公平争取向上流动的阻碍。进步自由主义者相信随着现代化及教育普及，社会也必然会朝向绩效主义发展（Bowles and Gintis, 1976: 24）。

鲍尔斯及坚提士反驳自由主义者的观点。他们指出经过第二次世界大战后二三十年的教育改革，美国的学校并没有更有效地发挥平等功能。大量研究显示在 20 世纪 70 年代初期，父母社会经济地位（socio-economic status）与子女教育成就之间的关系与数十年前相比并没有明显变化，出身高收入家庭的子女上大学的机会依然远高过低收入家庭的同侪。研究又显示孩子出身家庭的社会经济地位远比个人智商（IQ）更能决定他们的教育成就。更令人失望的是，从 1950 年到 1974 年，尽管美国人接受学校教育的年数已经日趋平等，但收入不平等的情况却几乎没有改善（Bowles and Gintis, 1976: 132）。

另外，美国的学校也没有好好发挥发展功能，未能帮助学生身心健康发展。历史上美国的学校都极强调规训（discipline），目的是要培养孩子驯服。早期教会积极创办学校，因为基督教的原罪观，认为儿童容易受到诱惑而堕落，教会创办的学校对儿童严厉管束。其后大量移民涌入，在美国已掌权的"白人盎格鲁-撒克逊新教徒"（White Anglo-Saxon Protestants）精英对新移民持怀疑甚至敌视的态度，他们更强调以学校教育严格规训移民家庭子弟。到了 20 世纪，教育体制越来越科层化，经济生产领域的科学管理（scientific management）方法被引进应用于教育行政，官僚化的学校变得更依章办事，这进一步扼杀了学生的特殊性及个人发展。有研究显示在美国中学服从权威、中规中矩的学生会比具有创意但也较反叛与具独立性的学生更能拿到高分以及赢得师长的关爱（Bowles and Gintis, 1976: 37-38, 137）。

美国学校教育无法发挥平等及发展功能，是因为它身处资本主义社会，要发挥整合功能把年轻人融入充满着不平等及压迫的经济体系，自然不可能促成社会平等及个人的健全发展。美国的资本主义到了 20 世纪 70 年代已经高度无产阶级化及资本集中化，大约有 2/3 的劳动人口受雇于大型企业（Bowles and Gintis, 1976: 61）。大型企业生产组织的特征是高度层级化、充斥着异化劳动（alienated labor）。身处在垂直式权威关系（vertical lines of authorities）的基层工人对劳动没有掌控权，上班时重复进行细琐的工序，他们工作只是为了赚取赖以糊口的薪资报酬，而不是因为享受劳动过程，更遑论借由工作实现自我。为了再生产压迫性的社会关系，学校的组织结构及运作方式与资本主义生产组织紧密符应。比方说，学校内部一样有垂直的权威关系，校董、校长及行政人员处于权力最顶端，接下来是教师，最下面是学生。跟大企业一样，学校的主要活动——学习——亦是异化劳动，因为大部分学生读书不是为了追求知识、享受求知的乐趣，而是为了分数及文凭。学校与经济生产的社会关系高度符应，是因为美国教育要把年轻人融入资本主义体制，使其成为新一代的无产阶级劳动生力军。

教育的再生产功能也表现在整个教育体系、整体经济生产领域及阶级结构之间的符应。在大型生产组织中，基层劳工之上还有中层管理人员以及最上层主管。层级越低者越需要懂得服从，职位越高者越需要有独立性、自发性及创意。因此，教育体系在不同阶段着重培养的人格特质也有所差别。一般而言，初等教育最强调孩子学习守规矩、服从外在权威，越往上越重视培养独立性、自发性及创造性（Bowles and Gintis，1976：48）。比方说，在小学阶段学校会要求学生准时上课、守秩序，课程内容及进度等也都由学校预先安排好；但到了大学及研究生阶段，学生可以逃课，有权选择修读科目，决定指导教授人选、论文题目甚至修业进度和年数等。因为接受高等教育者将来要在经济生产中扮演领导角色，所以学校必须培养他们自我管理及独立决策的能力。

另外，因为出身的家庭背景与未来职业有重要关联，为了发挥跨代阶级再生产（inter-generational class reproduction）功能，学校在同一教育阶段也会运用不同的方法对待阶级背景不一样的孩子。有研究显示，在中学阶段，学校注重对工人阶级子弟外在行为的控制（behavioral control），教育方式倾向训练孩子成为循规蹈矩的跟从者；对中产阶级学生则强调动机的控制（motivational control），目的是要培养孩子日后成为领袖（Bowles and Gintis，1976：33 - 34）。鲍尔斯与坚提士认为教育经费差异是促成学校与阶级之间符应关系的主要原因之一。因为中产阶级就读的学校一般经费充裕，师生人数比例较高，教师有充分的耐心了解学生，然后进行循循善诱；但在经费不足的工人阶级子弟学校，教师面对大班学生，他们只能尽量控制学生的行为，维持起码的秩序。①学校发挥再生产功能的另一个关键是经济生产与家庭的社会关系亦彼此符应。因为父母在经济生产所处的社

---

① 在美国，不同阶层子弟学校资源条件有差别，因为许多上层阶层的子女入读私立学校。另外，美国公立学校经费大部分（约80%）依靠州及地方税收，中产及工人阶级就读的公立学校会因为地方税收的差别而出现十分惊人的经费落差。

会关系影响他们教养子女的方式。一般而言，工人阶级父母在职场的地位低下，被要求服从外在权威，因此他们回到家里也会以权威的方式管教子女；相反的，中产阶级父母在职场要发挥自主性、独立判断，因此他们在家中对待子女的方式也较为自由开放（Bowles and Gintis，1976：68-73，143）。

鲍尔斯及坚提士把经济生产中的社会关系视为资本主义最核心的部分，他们强调学校最重要的任务是培养学生将来参与经济生产需具备的人格特征及人际关系技巧。这一观点跟信奉"技术绩效主义观"的进步自由主义者的想法相违背，因为他们二人视训练学生的非认知性技能（non-cognitive skills）——并非进步自由主义者认为的技术及认知性技能（technical and cognitive skills）——为学校最主要的功能。他们援引许多经验研究，论证尽管教育成就与经济地位在统计上有明显的正向相关（positive correlation），但并无证据证明受教育程度较高者是因为掌握更多的技术能力而在职场上获得更高的回报。相反，研究发现，当我们把认知性技能的变项——例如智商测验（IQ test）分数及校内成绩等——控制后，受教育程度与收入之间的相关性并没有明显减弱（Bowles and Gintis，1976：110，113-114）。换言之，受教育程度较高者并非因为学会更多技术及认知性技能而取得较高的经济回报，自由主义教育者高估了技术及认知性技能对收入及社会地位的决定作用。

两位作者提出了教育与经济领域的符应关系，他们也提醒读者不要把学校教育的再生产功能视为理所当然。因为资本主义的特征是不断地扩大累积及生产，随着生产力发展，经济生产的关系不断被改变，保守倾向较强的教育体系有可能因为跟不上经济发展步伐而无法发挥再生产的作用。另外，教育与经济的符应程度又受民众的抗争（popular opposition）及教育系统内在动态变化影响，学校在特定历史阶段会衍生挑战资本主义的思潮及抗争行动、激化经济体系的矛盾。资本家及自由主义社会改革者往往被迫回应这些矛盾，设法修复学校教育与资本主义的符应关系。要了解学校教育与经济体系之间时而和谐、时而紧张的关系，我们必须回顾历史，检视美国学校教育与资本主义二百多年的演变（Bowles and Gintis，1976：129，151-152，277）。

二　教育改革：修复学校与经济生产的符应关系

《资本主义美国的学校教育》从第六章至九章（约占全书篇幅的1/3）

回顾了美国教育发展的轨迹，讨论了美国历史上三次重要的教育改革，其中包括：①1820~1860年"共同学校运动"（Common School Movement）时期；②1880~1920年进步主义（Progressivism）教育改革；及③19世纪60及70年代的高等教育改革。鲍尔斯及坚提士指出在每一次教育改革之前，都出现了因为资本主义扩张、经济生产与社会关系改变而导致的社会秩序失调。教育改革的目的是为了重新修复学校与经济生产的符应关系。

1. 共同学校运动

1820~1860年出现的共同学校运动是要建立普及的公立初等教育系统。在美国建国初期，家庭是最主要的经济生产单位，负责培养下一代成为具生产能力的劳动者。当时学校教育并不发达，学校数目稀少、就学率偏低、学期短、由税收支持的公立学校还不普遍。然而，后来经济发展改变了这一局面。19世纪初开始，工厂数目渐多，工商业资本日渐集中，许多小生产者渐渐变成雇佣劳工——统计数字显示1795~1855年纽约市雇佣劳动人口增长了四倍，独立生产者人数减少了2/3。1860年代美国南北战争爆发前家庭已不再是主要的经济生产单位，资本家不能再依赖家庭培养生产所需的劳工。另外，资本主义发展导致大量农村人口迁移到城市谋生，劳工短缺促使资本家引入数量庞大的外来移民，再加上资本集中、贫富悬殊不断恶化，这些变化对社会稳定构成威胁。更糟的是一直作为安抚人心，让人们对现世的不平及苦难有更高忍耐力的"人民鸦片"——宗教——因为理性主义及科学的兴起而日益衰落。在这种情况下，新兴起的资产阶级渐渐意识到必须透过发展公立教育稳定社会秩序。

鲍尔斯及坚提士以美国麻省洛威尔（Lowell）——被称为"美国工业化的摇篮"——为例说明资本主义与公立教育发展的关系。19世纪初期洛威尔经历快速工业化，当地资产阶级鼓吹发展普及教育把工人教导成为"更好的工人"。大约在1824年，在制造业老板推动下，分散区内各地的学校得以整合，并归新设的学校委员会（school boards）管理，委员会大部分成员是商人及专业人士。同样的变化也在州级层面出现。1837年，麻省州长在资本家推动下任命原本的省议会秘书曼吾（Horace Mann）——后世称之为"共同学校之父"——出任新设立的省教育委员会（Board of Education）秘书。曼吾是一位极具影响力的政治家，执掌麻省教育后积极推动义务教育，建立由税收支持、不属于任何宗教派别的（non-sectarian）公立学校系统。他的目标是要让不同背景的孩子都在"共同学校"（common schools）接受课程内容相同的基础教育。曼吾任内麻省的就学率大幅上升，学期明显延长，学校也开始按照学生的年龄及水平将其分成不同的班级。①另外，因为资本家推动教育是为了培养出驯服的工人，改组后学校课程由以往重视"脑的文化"（brain culture）转变为偏重"心的文化"（heart culture），学校减少对认知性知识的传授，越来越注重以"隐性课程"（hidden curriculum）改变孩子的品行及习惯。尽管曾遇到爱尔兰移民父母的抵制以及不愿意交付税金支持公立学校的资本家的抗拒，麻省的教育还是稳定发展，到了1860年南北战争爆发前夕，该州的义务教育制度已确立，州政府甚至设立劝学员（truant officers）处理孩子旷学问题。鲍尔斯及坚提士又援引统计资料论证美国资本主义对公立教育有促进作用。他们指出有学者分析麻省各城镇资料发现，地区工厂数量与教育改革的出现在统计上呈正相关；在工厂工作人口比例越高的城镇，学校委员会（school boards）往往更致力于发展公立学校。另外，统计又显示在雇佣劳动比例越高的地区，公立教育也越发达（Bowles and Gintis, 1976: 161-167, 174-176）。

2. 进步主义教育改革

美国1880~1920年进步主义教育改革也是在社会动荡不安的状况下出现。随着资本主义持续发展，美国进一步无产阶级化，在1890年已有2/3就业人口成为雇佣劳动。另外，因为资本集中化趋势，越来越多就业人士受雇于大型企业，企业型资本主义（corporate capitalism）的格局已然形成。除了需要庞大数量的生产者在最底层负责重复性的简单工序外，资本家也须仰赖更多的中层人员协助管理。此外，美国幅员辽阔，人口相对稀少，一直依赖外来移民解决劳动力不足问题。到了20世纪初，大约有16%的人口是外国出生的移居者，另外有40%的父母是移民。如何把大量新移民融入美国经济体制，避免他们引入原居地有问题的文化思想——包括欧洲工人阶级的激进主义传统——而破坏工业秩序成为资本家的当务之急。19世纪末期美国工潮日益频繁、斗争手段愈加激烈，掌权的精英越来越相信要利用学校教育解决这些矛盾（Bowles and Gintis, 1976: 183）。

---

① 在之前，麻省跟美国其他地区一样，很多学校都是"单一教室学校"（one-classroom school），不同年龄及水平的学生混在同一教室上课。分班后学校可按学生身心发展安排在不同教室施教，对提升教学效能很有帮助。

"进步主义"这一概念本身带有极为正面的意涵,一般人谈到"进步主义教育"都会联想到杜威(John Dewey)等开明思想家,以及他们提出以孩子为中心(child-centered)、"学校与生活结合"等"进步"的教育理念。然而,鲍尔斯及坚提士指出进步主义教育的理念实际上是以有选择性甚至是被扭曲成对资本家有利的方式落实执行的。1880~1920年资本家、教育专业人士及慈善家——当中有很多其实也是资本家——联手推动进步主义教育改革。他们以提高效率(efficiency)的口号挂帅,结果导致学校教育的主导权从社会基层转移到资本家、教育科层机构(bureaucracy)及教育专业人士手上,并造成中学课程分化,出现职业教育(vocational education)以及分流(tracking)的现象。这一连串改变的目的是让掌权精英重新掌握教育发展的方向,让学校更符合企业型资本主义的需要(Bowles and Gintis, 1976: 180-182)。《资本主义美国的学校教育》以当时都市教育改革运动(urban school reform movement)及职业教育运动(vocational education movement)两个案例做说明。

1880年之前,美国都市学校都深受地方政治影响,城市地区学校都由在地的学校委员会掌控。学校委员会以民主选举方法产生,大部分成员是基层劳工及小资产阶级,学校方针不一定符合资本家的意愿。在资本家推动下,都市改革运动以"纠正腐败的地方政治机器""提升行政效率"为名,把地方学校委员会整合成涵盖更大区域的学校委员会。整合后只有更具财力及背景人士才有条件参选委员会,基层劳工及小资产成员大幅减少,取而代之的是工商业精英及专业人士。另外,为了确保学校发展不受大众政治(popular politics)干扰,都市学校改革者又大幅收缩学校委员会的权限,以"专业化"之名将权力转移至教育科层机构。之后劳工阶级就难以通过基层政治动员影响学校的走向(Bowles and Gintis, 1976: 186-191)。

进步主义时代另一个重要的改革是职业教育运动。19世纪末中等教育扩张,大量劳工阶层及移民子弟入读中等学校,有些教育学者批评共同学校的理念不合时宜。他们援引杜威等进步主义教育家"学校教育要切合学生需要"等理念,指出随着入读中学人数大幅增长,中等学校学生水平参差不齐,不能继续要求所有学生都接受共同的、偏重学术性的课程。有部分教育改革者鼓吹要发展职业学校。这建议获得了企业老板的支持,因为资本家希望学校能配合经济生产的人力需求,并借着由学校负责技术养成削弱技术劳工(skilled labor)的权力。在大资本家摩根(J. P. Morgan)、洛克菲勒（John D. Rockefeller）以及美国制造业联会（The National Association of Manufacturers）等积极推动下，联邦政府在 1917 年通过了《史密斯－休斯法案》（*Smith-Hughes Act*），以资助发展中等学校职业教育。职业教育运动原本目的是要把中学分成一般及职业两类型中学，然而劳工组织及部分教育学者动员反对，认为中学双轨制（dual system）会把大量工人阶级、黑人及新移民子弟分流至职业中学，扼杀弱势者向上流动的机会。资本家最后被迫妥协，中学双轨制计划被迫搁置，只能在中学内部分流设立偏重学术性及职业训练的班别（Bowles and Gintis, 1976: 191–194）。①

为了让中学内部的分流制度得以顺利运作，"科学的"测验方法（testing）应运而生。智商测验（IQ test）最早由法国心理学家比尼迪（Alfred Binet）发明，1905 年被引进至美国在军队中使用，第一次世界大战后应用范围开始延伸到教育领域。卡内基基金会（The Carnegie Foundation）及洛克菲勒基金会（The Rockefeller Foundation）是将测验方法引进教育界的主要推手。一项在 1932 年进行的调查显示美国有 2/3 城市的中等学校按照智商测验成绩将学生分流。测验方法一方面采用看似科学客观的方法把不同阶级及族群背景的孩子导引至课程内容不一样的班级；另一方面又配合中学课程分化，使学校教育更符应进一步层级化及分工化的企业资本主义体制（Bowles and Gintis, 1976: 195–198）。

3. 20 世纪六七十年代美国高等教育改革

20 世纪六七十年代美国高等教育改革是《资本主义美国的学校教育》探讨的另一个历史阶段。这期间的改革目的是要把高等教育院校层级化，让高教体系可以满足企业型资本主义对中层白领半专业（semi-professional）劳工的需求，并在不损害原有精英阶层利益的前提下把部分原来被排斥的工人阶级及少数族裔子弟融入更高度企业化的经济生产体系。20 世纪六七十年代高教改革还有另一重要目的是要化解学生激进主义引起的动荡。跟之前的教改一样，这段时期的改革是为了解决资本主义经济发展导致的社会关系再生产危机。经过第二次世界大战后二三十年急速的经济发展，美国在 20 世纪六七十年代出现更明显的资本集中化，高

---

① 美国中学内部尽管有学术及职业班之分，但学校一般不会强制学生进入任何一类型班别，而且学生在分流到职业班后还可以转回学术班（Rubinson, 1986: 521–523）。

度企业化的生产体系仰赖数目更庞大的、比一般劳工能力更高的技术及管理人才；高等教育要负起培养更多中层劳动力的任务。然而，跟基层的蓝领劳工一样，身处资本主义生产体系的中层白领劳工也出现无产阶级化，他们被去技术（de-skilled）、在科层体制中丧失自主权、薪资及地位也日渐低落。资产阶级希望借教育改革把这群具有一定受教育程度的白领劳工规训得安于异化劳动（Bowles and Gintis, 1976: 203）。

然而，高等教育体系并不符合资本主义的需求。传统上美国高教院校都是四年制大学，课程以"博雅教育"（liberal art education）为主，着重培养年轻人的文化素养及批判能力。"博雅教育"目的是培养精英，而不是日后职场的半专业白领劳工。另外，20 世纪五六十年代美国高等教育因为少数族裔抗争等因素而大幅扩张——第二次世界大战结束时只有约 1/5 的 18 至 22 岁人士入读大学；到了 20 世纪 60 年代末该人数比例已超过一半，高学历人口远远超过报酬优渥职位的数目。大量受过高等教育、接受过人文教育洗礼，但不太可能在既有社会秩序下成为既得利益者的年轻人思想变得激进，结果引发学生运动。20 世纪六七十年代高等教育改革的目的是要"拨乱反正"，让高教院校能重新发挥再生产功能（Bowles and Gintis, 1976: 203 - 205）。

跟过往的教育改革一样，资本家是 20 世纪六七十年代教改背后的主要推动者。比方说"卡耐基高等教育基金会"（Carnegie Commission on Higher Education）在 1967 年至 1973 年间发表了一系列有重大影响力的报告书，积极鼓吹改变美国大学原有的课程、扩展二年制以职业训练为目的的社区学院（community colleges）及控制高等教育过度快速的发展。该基金会推动这些改变，是因为原来大学博雅教育的目的是培养具宏观视野兼能独立思考判断的领袖；资本家知道在新的形势下大部分接受高等教育的年轻人将来只担任跟从者角色，让太多大学生接受人文教育熏陶只会带来麻烦。该基金会推动高教职业训练化（vocationalization）及学科割裂化（fragmentation），目的是要让更多年轻人在两年制的社区学院被培养成为视野狭隘、只懂得就技术性问题提供技术性解决方法的劳工白领（Bowles and Gintis, 1976: 206 - 208）。

尽管资产阶级尝试修复教育与经济的符应关系，但这些改革成果可能十分有限。因为随着中层白领工作的无产阶级化，许多接受过高等教育（即使只是两年）、对未来有憧憬的年轻人进入企业担任收入低、缺乏保障、没有自主性、工作本身也无趣的职位。这些二战后出生的年轻人成长于物质条件相对丰富的五六十年代，他们与上一代不一样，渴求在工作中实现自我、追求有意义的人生。然而，白领工作的无产阶级化让他们的梦想成空。其次，资本主义无止境地追求利润进一步加深了年轻人的疏离感。为了扩大生产、赚取更多利润，资本主义不断操控人们的欲望、创造虚假的需要，生产过程又严重破坏环境、带来很多社会问题。许多接受过四年制大学教育、有条件在体制中找到位置的新一代精英也不认同企业的运作方式。出身于小资产阶级家庭——例如父母是创业型中产阶级（entrepreneurial middle class）、小生意经营者、自行执业的专业人士等——的第一代雇佣白领劳工从小家庭教育比较强调开放自主，他们尤其不容易适应企业型资本主义的社会关系。虽然教育改革无法完全化解资本主义再生产的危机，但至少可以把人们的注意力及不满从经济转移到教育政策及学校，避免资本主义制度立即受到质疑（Bowles and Gintis, 1976: 244 - 245）。

三 教育与转化的实践（transformative practices）

作为马克思主义者，鲍尔斯与坚提士写作《资本主义美国的学校教育》并不单纯是为了解释学校教育，他们更希望能够通过探讨美国教育的本质找到改变现状的可能出路。他们认为过往进步自由主义教育改革都走错了方向，因为在资本主义美国，学校的任务是再生产不平等的经济关系，妄想用只改变教育、不改变经济体制的手法促成社会平等实属天方夜谭。鲍尔斯及坚提士相信真正的革命性教育实践都不可能只是狭义的教育改革，教育实践必须联结更大的、挑战资本主义社会现状的抗争。他们又认为革命的教育实践的关键是改变人的意识，培养出不愿意屈从于资本主义生产体系的新一代无产阶级（Bowles and Gintis, 1976: 14, 240）。从这个标准出发，《资本主义美国的学校教育》评估了当时三种较为激进的教育变革方案。

1. 平等教育（equal education）方案

平等教育方案的目的是尽量把每个人受教育的年数以及所享受到的教育资源都变得相等。提出这一方案者大都是因为其发现教育成就与经济地位密切相关，以为只要把人们受教育的质量差距都消除，社会不平等就会消失。20世纪60年代末70年代初，美国部分公立大学的"开放入学政策"（open admissions policy）——意指不考虑申请人过往学业表现，接受所有申请人入读大学——是平等教育方案的一个案例。①鲍尔斯与坚提士认为这一方案立基于错误的假设，误以为教育是社会不平等的根源。两人指出资本主义必然出现的阶级分化才是不平等的真正肇因；假如经济生产制度维持不变，即使每个人都接受相同质量的教育，社会不平等依旧会存在。然而，两位作者并没有完全否定平等教育方案。以开放入学为例，它打开了学校的大门，让之前被拒绝于门外的弱势子弟得以进入；不同背景的学生"共学"可能有助于促成跨阶级及族群的团结及抗争。另外，平等教育方案可能会让人们发现教育的平等并不会改变社会不平等，有助于打破绩效主义的神话（Bowles and Gintis, 1976: 250）。

2. 自由学校（free schools）方案

当今许多的所谓"另类教育"（alternative education）大概都可归为鲍尔斯与坚提士所称的自由学校方案。这一派提倡者极强调教育的发展功能，他们反对学校用威权方式管教孩子，主张打破师生的权威关系，让学生在开放、自由的环境下健康快乐地探索成长。他们强调教育不应受到外在社会力量的约束，因此他们营办的学校也不会按照政府颁布的官方课程安排教学活动，也不会将学生参加升学竞争设为学校的目的。20 世纪 60 年代美国教育家柯尔（Herbert Kohl）提倡的开放学校（open schools）及开放教室（open classroom）就是自由学校方案的代表。②鲍尔斯及坚提士指出许多自由学校运动的推动者是中产阶级的"新无产阶级非劳力劳动工人"（newly proletarian non-manual workers），他们的父母一辈是还享有高度自主性的小资产阶级，但到他们这一代，原本小资产阶级赖以存在的物质条件已随企业型资本主义扩张而消失。"新无产阶级非劳力劳动工人"支持自由学校运动，一方面因为他们有较佳的经济条件，比较能够跟主流教育体制保持距离；③另一方面因为自由学校的理念可以抚慰他们在生产领域渐渐失去独立性、越来越处于从属（subordinated）地位的失落感，满足他们对美好过往的缅怀。因为这些缘故，自由学校运动的支持者是一群相对

---

① 对美国开放入学政策感兴趣的读者可参阅 Karabel（1983）及 Lavin 和 Alba（1983）讨论纽约市立大学（New York City University）的案例。
② 类似的教育理念亦在世界其他地方出现。比方说英国的夏山学校（Summerhill School）及中国台湾的森林小学等背后的精神就与美国开放学校运动十分相似。
③ 一般而言，"新无产阶级非劳力劳动工人"收入比劳动工人高，另外，小资产阶级出身的他们也许还从父母处继承了足以令他们不愁衣食的财产。

优渥的小众，他们只求拥有一个暂时与社会切割的自主空间。他们一般不会关心如何提高年轻人的政治意识，也不会鼓励他们与不民主的经济及政治现状进行抗争，更遑论思考如何与其他阶层联合反抗资本主义。自由学校运动的另一个问题是缺乏自觉性，许多倡导及参与者并没有察觉到自身的教育理念是特定阶级位置的产物，误以为此运动应具普遍性。另外，缺乏自觉性的自由学校运动有可能被收编为资本主义再生产的帮凶。因为高度发展的资本主义需要利用广告等符号操弄（symbolic manipulation）手法制造对消费品的伪需求，在自由学校接受教育、思想受到较少约束的孩子很有可能成为资本家网罗的符号生产人才（Bowles and Gintis, 1976: 250 - 255）。

3. 废校论（De-schooling）

1971年奥地利哲学家伊里奇（Ivan Illich）出版《没有学校的社会》（De-schooling Society）一书后，废校之说风行一时。然而因为这一方案过于激进，被认为是不切实际的，到《资本主义美国的学校教育》出版时已不再受到重视。伊里奇认为现代社会的最大问题是受到"消费的迷思"（myth of consumption）约束，人们都渴望拥有更多商品及享受更多服务。"消费的迷思"根源是众多生产商品及提供服务的科层组织——当中包括大企业、学校、社会福利组织等。受到它们的迷惑，我们依赖他人告诉我们"需要什么"以及"如何满足这些需要"，渐渐失去了独立思考、主导自己生活的能力。学校就是创造"消费的迷思"的一个例子。它把年轻人打造成温驯、容易被操弄的消费者，同时又剥夺了下一代的学习自主性，使年轻人把学校等同学习，不懂得独立思考"想学什么"、"为什么要学"及"怎样学"的问题，只会要求学校教更多、提供更多教育服务。伊里奇相信要解决这些问题，除废除学校之外别无他法。然而，鲍尔斯及坚提士认为废校之说不切实际，因为学校已是现代社会的一部分，不可能被废除，唯一的出路是改变它。另外，他们批评伊里奇对教育问题的诊断也未触及问题核心，因为"消费的迷思"根源是资本主义体系对利润的无止境追求，单单废除提供服务的官僚体制——包括学校——并不能解决根本的问题（Bowles and Gintis, 1976: 256 - 262）。

四　《资本主义美国的学校教育》的贡献及有待超越之处

《资本主义美国的学校教育》无疑是批判教育社会学的经典作品。首先，该书提出符应理论，批评进步自由主义教育理念，直接挑战传统教育学忽略学校与社会关系。它从新马克思主义立场出发勾画出学校与宏观经济权力的联结，在英国"新教育社会学"之外指出批判教育社会学的另一条出路（Moore，1988：53－54）。其次，两位作者提出学校发挥再生产作用的关键是它与生产领域内部社会关系的符应，这一分析角度强调教育形式（form）的重要性（Bowles and Gintis，1988：19），提醒教育社会学者学校活动的组织方式往往对社会权力关系带来重要影响，警惕我们不要把目光单单专注于学校传授的课程内容。①《资本主义美国的学校教育》又从新马克思主义立场检视平等教育、自由学校及废校论，针对这三个较激进的教育方案提出了细致深刻的批评，值得这些方案支持者细读反思。最后，该书对学校教育及资本主义的关系提出了重要、清晰、可验证——虽然不一定完全正确——的分析，让其他学者可以用经验研究（包括历史社会学、民俗志学及量化方法）进行验证，对理论重构及知识累积都有帮助。②单单是这一点，这部作品就远比后来许多含糊、不知所云、故弄玄虚、没有实质内容的批判教育社会学文献更有价值。③《资本主义美国的学校教育》影响深远，许多研究教育与权力关系的学者都承认受过鲍尔斯与坚提士的启发，都试图超越《资本主义美国的学校教育》的符应理论（Apple，1988；Liston，1988：48）。

此外，《资本主义美国的学校教育》关心经济不平等对我们的社会生活及人格发展的负面影响。这个课题在现今社会不但没有过时，而且重要性还有增无减。过去数十年西方资本集中化更加严重，资本主义在新自由主义（Neo-liberalism）护航下不断攻击"人身权利"（personal rights）及高举"财产权利"（property rights）的旗帜，试图把社会改造成更以个人财富多寡——而不是作为社会一分子的身份——作为权益及资源分配的标准（Apple，1993）。为了让资本有更多投资渠道，新自由主义者又动员学者、媒体、基金会、世界银行（The World Bank）及世界贸易组织

---

① 英国教育社会学大师伯恩斯坦（Basil Bernstein）跟鲍尔斯与坚提士一样强调形式的再生产作用，但他关心的是学校知识如何被组织，而不是学校内部社会关系的形式（见本书第五讲）。

② 关于应用量化方法验证符应理论的作品，可参阅 Howell 和 McBroom（1982）、Oakes（1982）及 Olneck 和 Bills（1980）。关于应用历史学方法验证符应理论的文献，可参阅本书讨论的《资本主义美国的学校教育》中经验证据及历史分析准确性的部分。

③ 这类文献数量太多，无法一一列举。

(World Trade Organization) 等全球性组织积极推动包括医疗、教育、媒体及交通等公营事业的私营化（privatization）及市场化（marketization）(Foster, 2011; Mundy and Menashy, 2012; Srivastava and Oh, 2012)。新自由主义的趋势导致社会贫富悬殊日益严重，弱势社群生存得越来越没有尊严。在这一氛围下我们更加需要继续深入探索资本主义与学校教育的关系，了解不平等的经济权力如何扭曲学校教育，教育体系如何帮助维护经济掌权者利益。

尽管《资本主义美国的学校教育》对批判教育社会学产生了极大的影响，该部著作也引发了极多的批评及争议。笔者将讨论其中几个主要的争论，分别是：①忽略国家（the state）及政治的作用，②忽视教育体系的相对自主性（relative autonomy），③功能解释（functional explanation）的谬误及④对该书经验证据及历史论述准确性的质疑。讨论该书这些不足之处是为了建构更准确地掌握资本主义与学校教育微妙关系的教育社会学理论，而不是要呼吁大家放弃思考该书提出的重要课题。

1. 忽略国家及政治的作用

鲍尔斯及坚提士都承认《资本主义美国的学校教育》采用传统马克思主义上下层建筑（base and super structure）理论架构（Bowles and Gintis, 1988: 20）。采用这一架构的学者一般会把经济生产看成社会整体最具决定作用的因素，生产力及生产关系以外的都被归为被经济决定的表象（epiphenomena），对历史发展不具独立的作用。从这一立场出发，《资本主义美国的学校教育》忽略了国家对社会再生产的影响。国家的作用是在领土范围内以公众利益为名执行对人民有约束力的决定（Jessop, 1990: 341），其权力的合法基础至少有部分来自人民的支持。国家统治者有其自身的计划（agenda）及须维护的利益，其中最重要的包括提高或维护统治权力的合法性（legitimacy）。为了达到这一目的，国家掌权者除了要创造资本累积的条件、维持经济成长，还必须回应人民在经济以外的诉求——例如人民要求政府提供足够的教育、医疗、福利设施，维持社会治安，等等。因为没有把国家视为社会整体中具有独立作用的环节，符应理论对学校再生产功能的解释也受到限制。举例而言，卡诺依（Martin Carnoy）及李云（Henry Levin）1985 年出版的《民主国家的学校与工作》(*Schooling and Work in the Democratic State*)——一部值得细读的批判教育社会学经典作品——也探讨了资本主义美国学校再生产的课题。然而该书的分析架构引入了国家，并指出因为美国有自由主义民主（Liberal Democracy）的传统，人民期望国家帮助保障公民自由、促成社会平等；为了维持统治合法性，国家掌权者无法漠视人民对正义平等的诉求。因为教育主要由国家负责提供，资本主义美国的学校面对矛盾的压力：一方面它要如鲍尔斯及坚提士所说的把年轻人融入不平等的经济生产，但另一方面又被期待要帮助打造一个更自由、民主及公平的社会。美国立国两个多世纪以来，教育政策在两种相互冲突的压力下摇摆不定（Carnoy and Levin, 1985）。引入国家因素后卡诺依及李云更能解析资本主义美国的学校教育，有助于我们了解学校与资本主义经济之间并不存有完美的符应关系（Apple, 1988: 115 - 116）。

另外，上下层建筑分析架构亦容易忽略政治的作用，把阶级利益与教育体系的关系看成直接及不经中介（unmediated）的，误以为资产阶级一定可以毫无阻碍地利用学校再生产不平等的社会关系。罗便信（Richard Rubinson）批评包括《资本主义美国的学校教育》在内的许多关于美国教育的阶级分析，他指出尽管美国资本主义带来了资本家及劳工的阵营，两大阶级在教育存有利益分歧，但教育史学者——包括鲍尔斯与坚提士——都没有细心考察资产阶级及无产阶级是否从"自在阶级"（class-in-itself）转变成为"自为阶级"（class-for-itself）、是否成为足以左右教育政策的政治力量，[①]更遑论深入了解资产阶级实际上如何通过政治过程打造学校教育为自己阶级的利益服务。《资本主义美国的学校教育》假设美国的资产阶级可以操控学校教育，然而罗便信指出因为特殊社会条件的影响，美国资产阶级的力量其实十分疲弱。由于美国劳工阶层很早便取得了投票权，加上工人运动因为不同族群、宗教及行业的劳工组织而呈分裂状态，工人阶级的团结性及战斗性都远低于欧洲的无产阶级。[②]工人阶级的威胁性相对有限，加上美国没有传统的贵族阶层，资产阶级不像欧洲的工业家"新贵"般两面受敌：一方面必须面对具战斗性的无产阶级，另一方面又被传

---

① 根据马克思主义的讲法，"自在阶级"是指在经济生产中处于共同经济位置，但还没有意识到共同的阶级利益、还没有团结起来抗争的无产阶级；当经历了阶级觉醒的工人采取集体行动争取阶级利益时，无产阶级就过渡成为"自为阶级"。"自在阶级"及"自为阶级"的概念早期被应用分析工人阶级的"阶级形构"，但后来也被应用探讨资产阶级及中产阶级。

② 罗便信认为欧洲工人经过了漫长艰辛的集体抗争才取得投票权，因此无产阶级的团结性及战斗性都远高于美国工人阶级（Rubinson, 1986: 534）。

统的贵族阶级打压。相对缺乏危机意识的美国资本家阶级形构（class formation）程度有限，① 他们跟工人阶级一样都只追求阶级部分（class fractions）的利益，资产阶级内部亦因不同的宗教、族群及行业而呈分裂状态，他们并没有团结成为能够左右教育政策的政治力量。

另外，美国的政治体制亦导致资本家不容易操弄教育政策。因为美国学校教育主要由州政府——而不是联邦政府——负责，各地经济及政治生态不一样，资本家不容易协调彼此的利益，更遑论制定共同的教育纲领。此外，跟欧洲相比，美国的政体偏向立法主导，选举产生的民意机关权力最大，资本家无法单靠拉拢行政官僚操弄学校教育，他们必须通过选举政治才有机会影响教育政策。然而，工人阶级有人数上的优势，资产阶级一旦参与选举就必须在阶级利益上妥协。因为这些原因，美国资产阶级无法完全按照自己的意愿左右教育政策；中产阶级主导的教育团体可以联结"阶级形构"的程度同样很低，但人数占优势的工人阶级推动教育改革，打造了一个"高就学率、低层级化"（highly enrolled, lowly stratified）的教育体系。这种体制让大比例的人口可以接受很多年教育，但它不像欧洲那样很早（一般在中学）就明确分流，把很高比例的学生引流到实用取向的课程。"高就学率、低层级化"体系并不特别有利于再生产资本主义等级性社会关系（Rubinson, 1986）。②

2. 忽视教育体系的相对自主性

教育体系相对自主性是批判教育社会学系持久争论的课题。《资本主义美国的学校教育》被批评忽略教育体系自主性的原因有二：一是上下层建筑分析架构容易导致结构决定论，抹杀了行动者的主体性及主观能动性；二是正如上文所述，上下层建筑观点把不属于经济生产范畴的制度及实践一概归类为被决定的表象，属于上层建筑的学校被视为对社会权力再生产没有任何独立影响。对批判教育社会学者而言，结构决定论

---

① "阶级形构"是指从"自在阶级"过渡到"自为阶级"的过程。关于"自在阶级"与"自为阶级"的定义，读者可参考前文的注释的解释。
② 罗便信认为"高就学率、低层级化"体制不大符合资本家利益，因为资产阶级一般而言都希望限制工人阶级的受教年数——除非他们受到贵族阶层的打压，要拉拢工人阶级站在自己的一边。另外，资产阶级也希望把学校分化成地位及课程内容都不一样的类型，好让自己的子弟入读为精英而设的学校，工人阶级的孩子接受实用取向的教育（Rubinson, 1986: 520-3, 526）。

会导致教育实践的悲观主义以及理论解释的偏差。为了打破这一困局，过往数十年来批判教育社会学者采用两种方式试图"拯救"学校的相对自主性，一种进路是通过强调体系内行动者具备主体性，指出教师及学生等会对所处环境赋予意义，并且会对权力关系进行反抗。笔者称这种论证教育体系相对自主性的方式为"行动者进路"（actor approach）。另外一种进路强调教育场域本身是社会整体中一个有独立作用的环节，学校有其自身的利益，教育体制的内部结构、制度（institutions）、规则及实践等都可能中介（mediate）社会再生产的结果。笔者称此为"反表象主义进路"（anti-epiphenomena approach）。[①]因为本书第二讲将会讨论艾波尔（Michael W. Apple）对符应理论忽略行动者主体性的批评，笔者在此只集中从"反表象主义"立场对《资本主义美国的学校教育》进行讨论。

上下层建筑的分析架构导致《资本主义美国的学校教育》低估了教育体系对社会再生产的影响。鲍尔斯与坚提士声称"学校再生产及合理化已存在的劳动分工，教育体系基本上没有增加或减少源于经济领域的不平等及压迫"（Bowles and Ginits，1976：265），两位作者认定学校只会"忠诚地"再生产不平等社会关系。然而，教育体制确实对不平等阶级关系的再生产发挥独立的影响力。因为学校教育尽管跟经济生产关系密切，两者毕竟属不一样的领域。教育场域的权力基础有相当部分来自文化资本，拥有经济资本的掌权者不一定可以直接以金钱换取在学校体系的权力。另外，教育体系衍生数量庞大的教师、教育行政及其他相关的教育专业人员，每年向毕业生颁发数量惊人的学历文凭；学校体系把社会的阶级及权力结构进一步复杂化，它的存在就意味着经济生产并非社会阶级或权力分化唯一的根源。[②]此外，教育领域因为较远离经济生产，相较之下它较以追求利润为目的的资本家更有符号权力（symbolic power），意思是一般人会比较相信教育是为社会整体利益做出贡献，而倾向于认为资本家只会追求一己的私利。因为教育体系的符号权力及公信力是它得以发挥再生产功能的重要条件，试图利用学校巩固阶级利益的资产阶级不可能对教育体系为

---

① "行动者进路"及"反表象主义进路"是笔者从批判教育社会学文献归纳出来的两种论证教育体系相对自主性的方法。季诺士（Henry Giroux）及本书第二讲讨论的艾波尔倾向用"行动者进路"；第三、四、五、七讲及第八讲讨论的伯恩斯坦及布迪厄较倾向用"反表象主义进路"。

② 关于文化资本及教育体系对资产阶级权力的限制，本书第七讲及第八讲有进一步的讨论。

所欲为，他们必须注意维持教育的"纯洁"形象。教育体制的特性限制了资产阶级的权力运用。①

此外，教育体系不一定"忠诚地"延续既有的权力关系，因为学校可能影响跨代阶级再生产的结果。随着企业化及科层化的大趋势，企业越来越依靠学历选拔人才担任重要职位，资产阶级不容易直接把优越的社会位置传给下一代。用布迪厄（Pierre Bourdieu）的讲法，现代社会的阶级再生产已由"家庭模式"（family mode）转为"学校中介模式"（school-mediated mode）（Bourdieu and Boltanski，1977）。学校在入学、成绩考核、升留级、毕业等都有一定的程序及标准，有部分资产阶级子弟因为天资有限或不够用功导致学业成绩欠佳。学校中介的阶级再生产模式令无法取得高学历的权贵子弟难以继承父辈在经济领域的优越位置（Bourdieu，1989；Cookson and Persell，1985）。

另外，因为教育制度及实践有自己的一套逻辑，学校体系的具体运作方式可以左右社会再生产的结果。举例说，鲍尔斯及坚提士曾指出进步主义者在19世纪末引进的科学式的测验方法"只是把既有的阶级及族群等不平等关系合理化"（Bowles and Gintis，1976：195 - 198）；然而实际上因为评量（assessment）有特定的标准及程序，测验方法有可能影响社会筛选及排斥（social selection and exclusion）的结果，而并非如《资本主义美国的学校教育》所言只是帮助维持既有的不平等社会关系。首先，测验的标准一经订定后，掌权阶层也要受它的约束，导致他们无法随心所欲地"排除异己"。例如历史学者科汉（David K. Cohen）及罗申伯（Bella H. Rosenberg）指出1919年"白人盎格鲁 - 撒克逊新教徒"主导的纽约哥伦比亚大学为了降低犹太裔学生人数而调整入学方式，要求申请人接受智商测验。哥伦比亚大学的主管发现犹太裔学生读书非常用功，以学业成绩为主的收生方式不利于跟自己相同背景的申请人；他们相信智商测验测量的是学生的"资质"，跟用功与否较无关系，对"自己人"比较有利。然而，新的入学方法尽管稍微降低了犹太裔学生入学人数，却导致欧洲天主教徒——一个传统掌权阶层白人也希望排斥但智商测验表现非常突出的族群——学生人数上升（Cohen and Rosenberg，1977：126 - 127）。此外，"科学化"的测验方法可能让弱势子弟相对有更多往上流动机会。因为有证据显示越

---

① 关于试图利用教育巩固权力的掌权阶级必须注意跟学校体系保持距离的吊诡，读者可参考本书第三讲。

是采用明确及客观的考选方法,经济及文化资源有限的孩子越可以按照清楚的游戏规则在明确的范畴内集中全力做策略性的预备,对弱势的孩子越是有利。同时,评分的方法越客观,掌权的精英越难左右选拔的结果、越不可能随意阻挡其他阶层出身的子弟。① 因此,科学化、客观测验方法很可能会导致不符合掌权阶层期望的阶级再生产结果;学校教育并不是如鲍尔斯及坚提士所说"不增加、也不减少"既有的不平等社会关系。

3. 功能解释的谬误

《资本主义美国的学校教育》被许多学者批评为对学校制度做功能解释,有学者甚至讥讽该书的功能分析达到奥林匹克水平(Cohen and Rosenberg, 1977: 117)。然而,什么是"功能解释","功能解释"到底有什么问题?

简单而言,功能解释是指以社会制度发挥的效果(功能)解释该制度的存在。以《资本主义美国的学校教育》为例,如果它提出的符应理论属于功能解释,则它的论证如图1-1所示。

学校体系与经济生产相符应→资本主义得以巩固 ⇒ 与经济系统相符应的学校体系

图1-1 符应理论与功能解释

图1-1左边的是主变项(independent variable),它代表具备若干结构特征的学校体系对维持既有社会秩序带来的正面后果(功能),右边的依变项(dependant variable),是指具备这些结构特征学校体系的存在。用最浅白的语言来说,图1-1的意思是"因为与资本主义生产相符应的学校体系发挥稳定资本主义的功能,与资本主义经济相符应的学校体系才存在"。受到美国社会学者特纳(Jonathan H. Turner)的启发,笔者认为功能解释应该可以再细分为两大类,一是以功能解释社会制度的出现,二是解释它的延续——笔者把前者称为"起源功能解释",把后者称为"延

---

① 笔者研究考试制度,发现掌权阶级往往为了保护自己的利益而采用标准模糊的评鉴选拔方法(例如加入面谈、推荐函等),让弱势的孩子无法单靠客观的笔试成绩打败权贵子弟;客观及科学的测验方法对主导阶层的阶级再生产并不完全有利。关于评估标准客观明确性对阶级再生产的影响,读者也可参考本书第五讲伯恩斯坦讨论隐性(invisible)及显性(visible)两种课程与新、旧中产阶级斗争的关系。

续功能解释"。① 要讨论关于《资本主义美国的学校教育》功能解释的问题，我们必须先解释两种功能分析的"次类型"并交代该书的功能解释究竟属于哪一类别。

假设鲍尔斯及坚提士是对美国教育体系做"起源功能解释"，他们的论点可以如图 1-2 所示。

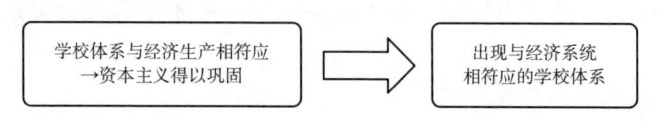

学校体系与经济生产相符应
→资本主义得以巩固 ⟹ 出现与经济系统相符应的学校体系

图 1-2 "起源功能解释"版的符应理论

"起源功能解释"的问题是陷入了因果时序错置的困局。以图 1-2 为例，它的意思是"因为与经济生产高度符应的教育体系帮助再生产资本主义经济的社会关系（主变项），美国出现与资本主义生产高度符应的学校体系（依变项）"。有效的因果解释必须恪守因先果后的原则，以先发生的解释后发生的。然而在图 1-2 中特定形态学校带来的后果（后发生的）却成了解释该种学校出现（先发生的）的原因。这就犯了时序错置、以后发生的解释先发生的错误。"起源功能解释"是逻辑谬误的论证。

倘若《资本主义美国的学校教育》的功能分析只是针对经济生产高度符应的教育体系为什么可以维持下去的问题，鲍尔斯及坚提士的论证属于"延续功能解释"，他们的论证如图 1-3 所示。

学校体系与经济生产相符应
→资本主义得以巩固 ⟹ 与经济系统相符应的学校体系得以延续

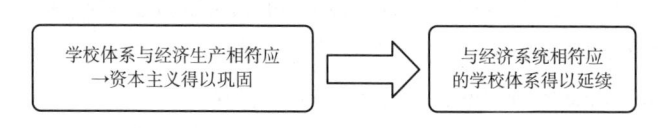

图 1-3 "延续功能解释"版的符应理论

图 1-3 的意思是"因为与经济生产相符应的学校体系发挥稳定资本主义社会的功能（主变项），与经济生产相符应的学校体系得以继续存在

---

① 特纳在他的《社会学理论的结构》（*The Structure of Sociological Theory*）讨论结构功能学派时借"回返因果链"（reverse causal chain）概念指出社会上有芸芸各种制度安排，其中能满足社会系统的需要、有助于维持社会稳定的被保留下来（Turner, 1982: 64-65）。"回返因果链"概念针对的是特定的社会制度为什么会持续而不是出现的问题。笔者受特纳的启发把功能解释区分为"起源的"及"延续的"两大类。

(依变项)"。这种论证以社会制度发挥的作用解释它为什么被保留下来，在论证上没有犯时序错置的问题。然而"延续功能解释"的解释力甚为有限。因为——套用左派社会学者怀特（Erik Olin Wright）的讲法——阶级斗争影响到社会制度的存废，不利于资本主义再生产的体制不见得一定会被排除掉，有助于巩固资产阶级主导地位的制度及实践也不一定可以被保留下来（Wright，1978：15 - 20）。因此，要真正解释为什么有助于资本主义再生产的学校体制得以延续，功能论者还必须清楚交代导致这种体制得以保存的过程及机制。比方说，他们要解释资本家如何动用资源及影响力影响教育政策、如何拉拢舆论及相关利益团体支持资本家属意的体制以及工人阶级的反抗如何被镇压下来等，否则"延续功能分析"就会沦为李斯登（Daniel P. Liston）所讲的"草率的功能解释"（facile functional explanation）——意思是误以为只要把学校带来的社会再生产后果做出描述就解释了学校继续存在的原因（Liston，1988：43 - 45）。然而，一旦开始交代导致有助于稳定资本主义的学校体系可以继续存在的过程及机制，功能论者必须引入历史或动机解释，功能分析的作用将大幅减弱。

那么，鲍尔斯及坚提士采用的是哪一类型的功能解释？笔者认为《资本主义美国的学校教育》基本上以资本家及其代言人的动机及行动——而并非学校对经济体系的作用——解释教育体系的起源与演变；两位作者在讨论美国历史上三次最重要的教育改革时指出经济的发展导致社会关系再生产的危机，为了修复生产与教育的符应关系，资产阶级及他们的代言人积极推动有助于稳定生产关系的教育改革。因此，该书的论证并非"起源功能解释"，两位作者没有犯时序错置的谬误。所以如果要用功能解释的理由批判鲍尔斯及坚提士，我们可能最多只能说他们采用"延续功能分析"，以学校的再生产功能解释它为什么可以继续存在，犯了"轻率的功能解释"的错误。读者们可以以"具有再生产功能的教育制度不见得一定可以延续"为理由，要求两位作者交代被他们认定为对美国资本主义有利的制度——例如共同学校、职业教育、测验方法及社区学院等——在出现后有没有受到挑战，敌对势力有没有提出过另外的取缔方案，资本家如何摆平不同的利益把它们保留下来等问题。

此外，功能解释另外一个问题是忽略了交络因素（confounding factor）——或称混扰变项（lurking variable）——的影响，容易把因为"第三者"导致的相关（correlation）误认为因果关系，形成所谓"伪功能解释"（spurious functional explanation）。图 1 - 4 引用李斯登的例子说明这一点。

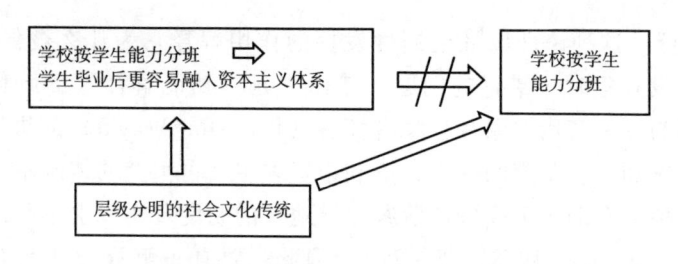

```
学校按学生能力分班             学校按学生
学生毕业后更容易融入资本主义体系  ⇏  能力分班
         ↑                    ↗
         层级分明的社会文化传统
```

图 1-4　交络因素与"伪功能解释"

图 1-4 表示学校一直按学生能力分成不同的班别，结果学生毕业后都很容易适应职场的层级关系（主变项）。同时，学校按能力分班的做法也被延续（依变项）。功能论者可能马上会认为二者有因果关系，认定因为按能力分班制度能够帮助学生融入经济生产所以被保留下来。然而，图中两者的关系其实可能是因为社会层级分明的文化传统这个混扰变项所导致的——因为文化传统强调上下尊卑关系，经济生产组织受到影响也变得等级分明，因此按能力分班的学校让学生习惯不平等的社会关系，日后容易适应职场。同时，学校采取按学生能力分班亦是受到层级性文化传统影响——因为社会上没有平权的观念，学校顺理成章地继续把学生按能力分班（Liston，1988：90）。上述例子提醒学者们在进行"延续功能解释"时必须尽量排除可能的交络因素，然而鲍尔斯与坚提士看来并没有做到这一点。

功能解释的另外一个问题是可能会阻碍我们观察学校教育在社会再生产中更微妙的作用。因为有助于巩固不平等权力关系的教育制度与实践往往是多种因素汇合（converge）的结果——而并非因为它们具备再生产功能。这些制度与实践能够延续也可能不是掌权者为了自己的利益而把它们保存下来，因为主导阶层可能跟被压迫者一样都没有察觉它们的再生产作用。它们得以继续存在，可能只是因为足以改变它们的客观条件还没有出现。这一点现在听起来可能觉得太抽象，但笔者将会在第六讲关于霸权（hegemony）的讨论中以实例加以说明。

4. 对经验证据及历史论述准确性的质疑

《资本主义美国的学校教育》引用大量经验研究及历史文献——其中大部分是二手材料——支持其论据，然而它对美国教育现况及过去的陈述都受到很多批评。比方说，鲍尔斯及坚提士曾指出因为美国学校最主要的功能是把年轻人融入充满压迫性的资本主义生产体系，学校着重培养学生的品性、习惯及人际关系技巧等非认知性技能——而不是进步自由主义改革者一直强调的认知性技能。他们认为年轻人的非认知性技能才是决定他们未来社会经济地位的最重要因素、认知性技能的影响非常有限。然而，威斯康星大学的奥力克（Michael R. Olneck）及比尔斯（David B. Bills）批评鲍尔斯及坚提士论证的根据是取样（sampling）自年轻人的大型调研（survey），他们认为《资本主义美国的学校教育》的立论建基于一个危险的立足点——假设认知性技能与经济收入的关系不会随着年龄而变化。为了进一步验证鲍尔斯及坚提士的观点，奥力克及比尔斯分析了一个在密歇根州（Michigan）卡拉马苏（Kalamazoo）取样、受访者年龄为 35～59 岁的调研资料。他们发现受访者的认知性技能与经济收入密切相关，认知性技能越高者收入也越高；研究又发现即使控制了受访者个性等的非认知性因素，认知性技能与经济收入的正向相关依然存在（Olneck and Bill, 1980）。奥力克及比尔斯的研究结果直接挑战了《资本主义美国的学校教育》关于认知性技能不影响社会经济地位的观点。

《资本主义美国的学校教育》的历史论述亦备受质疑，该书出版后许多历史研究显示，美国学校教育与经济生产的关系远较鲍尔斯与坚提士所讲的复杂。学者们发现美国公立教育的发展步伐往往先于资本主义经济。历史证据又显示一直到 19 世纪中期，美国乡村小镇的就学率明显领先工业化的大城市。这些发现直接挑战两位作者"教育改革是因为资本主义发展导致再生产危机，经济主导阶层需要修补经济与学校教育的符应关系"的讲法（Beadie, 2010：9-10；MacDonald, 1988：103-104；Rubinson, 1986：525-526）。

另外，麦当奴（Peter MacDonald）怀疑鲍尔斯与坚提士对美国资本主义生产关系发展的理解有所偏差，影响了整个符应理论的可信性。《资本主义美国的学校教育》提出，美国早期公立教育的扩张是因为无产阶级化改变了生产领域社会关系，越来越多生产者成为失去自主性的异化劳动者，资产阶级需要利用学校稳定社会秩序。然而，鲍尔斯及坚提士并没有实际掌握 19 世纪上半叶美国劳动关系的变化，他们只以二手文献呈现的雇佣劳动人数比例、都市化程度及工厂数目增长等作为异化劳动出现的依据。麦当奴指出雇佣劳动人口增加、都市化及工业化等其实都无法确实反映劳动生产社会关系变化，因为西方资本主义萌芽经历了"人工生产"（manufacture）及"机械生产"（machinofacture）两个重要阶段。在人工生产阶段有许多不再拥有生产资料的雇佣劳动者其实是拥有技术的工匠（craftsman）。尽管他们受雇于资本家，拥有技术、手艺让他们对劳动过程还保有相当的掌控权,在雇佣关系中还有讨价还价的筹码,工作还不至于重复无趣。换言之,在人工生产时期其实异化劳动还未普遍存在,无产阶级只是在"形式上"臣服于资本家。到了机械生产时期技术手艺不再重要,工作人人可做,剩余劳动力大量出现,劳动过程变得重复无趣,异化劳动才成为经济生产的常态,雇佣劳动者才真正臣服于资产阶级。在机械生产时期——而不是都市化出现及雇佣劳动及工厂数目增加的时候——资产阶级才需要借助与经济生产相符应的教育体系帮助再生产资本主义社会关系(MacDonald,1988)①。

最后,《资本主义美国的学校教育》的论点亦受到历史比较教育社会学者的质疑。按照鲍尔斯及坚提士的观点做推论,因为教育的目的是再生产资本主义社会关系,资本主义经济越早萌芽起飞的社会,学校教育也应该越早发展起来。然而英国学者格连(Andy Green)比较英国、美国、德国及法国的教育发展,发现最早工业化的英国无论在就学率、义务教育立法、公立学校的设立等都晚于其他国家。格连发现经历战败及经济发展起步较慢的国家因为希望利用教育富国强兵,它们的国家掌权者比先进资本主义社会的主导阶层更积极推动学校教育(Green,1990)。格连的比较研究促使我们重新思考资本主义经济与教育发展的因果关系。

五 本讲小结

在冷战结束快30年的今天,新自由主义的势力如日中天、经济资本比1976年时更集中,贫富差距更趋恶化,社会生活更被不平等的经济权力扭曲。在这一背景下,《资本主义美国的学校教育》提出的课题不但没有过时,它的重要性比以前更是有增无减。因此,教育社会学者不应该因为鲍尔斯及坚提士理论架构的漏洞而否定他们提出的课题。相反,学者们应该在批判符应理论的基础上更深入地思考资本主义社会的学校教育如何帮助延续不平等社会关系。我们在重新建构再生产理论时应该把国家及政治因素重新引导回分析架构,注意教育体系的中介作用,避免"起源"及"轻率"功能解释的谬误,以及运用扎实深入的历史比较研究探究经济权力与教育的微妙关系。

---

① 当然,如果雇佣劳动及工厂数量都变得非常庞大,异化劳动应该已普遍存在。因为在技术传授主要依靠学徒制的年代,工匠的人数应该不会太多。

第二讲　矛盾的再生产与再生产的矛盾

《教育与权力》（*Education and Power*）是美国批判教育社会学大师迈克·阿普尔（Michael W. Apple）的第二部专著。该书在 1982 年由 Routledge Kegan and Paul（RKP）出版社出版；三年后（1985 年）由 RKP 附属公司 ARK 出版平装版；到了 1995 年，阿普尔替原书再写新序，然后由 Routledge 发行第二版。该书曾被翻译成多种语言版本，其中中文版由华东师范大学出版社出版（Apple, 2008）。《教育与权力》对批判教育社会学的发展有重大影响。如上一讲所言，传统教育学研究极少注意学校与政治、经济及文化权力之间的关系。尽管 1976 年出版的《资本主义美国的学校教育》突破了此局限，但鲍尔斯及坚提士的符应理论被批评为充满决定论色彩，把不平等社会的再生产描绘成一个平顺的过程。学者们认为符应理论既不符合经验事实，也无法指导如何通过教育实践改变社会不平等。他们又批评鲍尔斯及坚提士忽略了教育体系的主体性，加上没有进入学校观察教师及学生之间的人际互动，把学校视为单纯地被外在结构因素影响的黑箱（black box）。

1979 年，也就是鲍尔斯及坚提士《资本主义美国的学校教育》出版后三年，年轻的阿普尔出版了第一部专著——也是他的成名作——《意识形态与课程》（*Ideology and Curriculum*）。阿普尔引用葛兰西（Antonio Gramsci）及威廉士（Raymond Williams）的霸权（hegemony）理论分析美国的学校课程。虽然该书一再强调学校并非单方面由上而下把资产阶级意识形态灌输到学生脑袋中，但它仍旧被批评带有浓厚的决定论及实践的悲观主义——该书一再指出霸权的作用是让主导的意识形态不断地扩大影响力，最后充塞（saturate）人们的意识，使人们无法运用其他观点了解世界。《意识形态与课程》的论点仿佛意味着意识形态的控制是彻底的，被宰制者甚至无法察觉到所受的压迫。①

《教育与权力》的目的是要纠正上述再生产理论的错误。阿普尔是政治活跃分子，他在成为教授之前曾担任教师工会主席，积极替弱势学童及教师争取权益。②作为新马克思主义者，他相信超越再生产理论具有重要的政治实践意涵。因为西方的保守右派势力在20世纪70年代重新崛起，弱势者（例如工人阶级、妇女及少数族群）的权益日益被忽视，经济及文化资源越来越集中在少数强势者手上。阿普尔试图解释学校如何帮助保守右派势力维持霸权，然而他意识到倘若继续把学校视为被外在结构所决定，批判教育社会学理论将无法指导教育领域的抗争。阿普尔一方面要解释学校如何帮助延续社会不平等，另一方面又要寻找抗争的出路，悲观主义及乐观主义的矛盾张力充斥在整部《教育与权力》一书中。阿普尔引用葛兰西"认知的客观事实使人悲观；但意志还是乐观"（Pessimism of the Intellect, Optimism of the Will）的名言自勉。他相信我们可以比葛兰西乐观，因为分析资本主义的结构力量以及被压迫者的生活经验后，我们会发现资本家并没有完全胜利，认知的客观事实足以令人感到充满希望。（Apple, 1985: vi – vii）

一　竞夺性再生产

阿普尔认为可以乐观的原因是社会的再生产充满了矛盾。首先，掌权阶层必须处理再生产的矛盾需求。资本主义并非纯经济性体系，也有政治及文化的组成部分，三者形成了既互补又相互矛盾的关系。资本主义的再生产充满不确定性，随着资本的集中、分配不平等日益恶化，资本主义须处理

---

① 多年后阿普尔承认，《意识形态与课程》一书的主要目的是解释主导阶层如何压迫及剥削低下阶层，相对忽略了如何反抗及转化（transform）的问题（Apple, 1993: 169）。关于阿普尔对霸权的讨论，请参阅本书第六讲。
② 有关阿普尔的出身及早期经历，可参阅 Apple（1993: 163 – 167）及 Torres（1998）对他的访问。

"累积"（accumulation）及"合法性"（legitimation）两大矛盾的核心问题。"累积"是指因为资本主义生产的目的是追求利润，它所处的社会必须具备让企业可以继续获利的条件（例如工资维持在低水平、工人具备投入生产所需的技能、金融运输等基本建设大致上已准备就绪等）。"合法性"是指因为资本主义带来不平等，它的延续有赖于能够把社会不平等合理化的意识形态或社会政策——例如绩效主义（meritocracy）的神话、对弱势者提供社会福利等。因为经济体系无法自行解决"累积"及"合法性"问题，国家（the state）须介入协助化解危机。作为国家意识形态机器（state ideological apparatuses）的学校被"征召"协助维持资本主义的稳定。但是资本主义社会"积累"及"合法性"两者往往难以同时兼顾，比方说，为了让资本家赚取利润，国家可能要压低工资水平，结果引起工人阶层的不满，损害资本主义的合法性；为了稳定不平等的生产制度，国家提供工人更佳的福利，因此必须向企业征收更高的所得税，然而提高税率会阻碍资本家积累利润（Dale, 1989；O'Connor, 1973；Offe, 1984）。其次，国家介入可能会衍生非预期的后果，掌权者无法保证政策一定有效。一旦政策没有带来预期的效果——例如培训出来的人才不符合企业需要、政府投资基本建设后私人企业还是外移——国家本身的合法性也会遭受损害。此外，国家介入经济再生产可能会对资本主义带来不良影响。比方说，国家往往以非商品形式（non-commodity form）——例如提供免费教育、医疗、社会福利——协助解决"累积"及"合法性"问题，但非商品形式不断扩大可能损害资本主义商品交换的合法性（O'Connor, 1973；Offe, 1984）。最后，学校内部的行动者——包括教师及学生等——都并不只是被动地接受外在经济及政治力量的支配，资本家及国家掌权者利用教育体系再生产不平等社会关系往往会引起被压迫者的反抗。主导阶级的意识形态可能被行动者重新诠释、扭曲及选择性的配合。因此，资本主义再生产是一个"竞夺性再生产"（contested reproduction）的过程。因为资本主义社会除了经济还有文化及政治两个组成部分，阿普尔引入"文化作为商品"（culture as commodity）、"生活的文化"（culture as lived）及"国家的角色"等概念解释何谓"竞夺性再生产"。

1. 文化作为商品

阿普尔认为符应理论的其中一个缺点是只看到学校的再生产及分配（allocation）功能。比方说，鲍尔斯与坚提士认为学校通过隐性课程

(hidden curriculum)培养不同背景的孩子未来工作所需的人格特征,然后把他们分配到不同的阶级位置。他们忽略了学校的生产(productive)功能,特别是生产知识的功能。学校的知识生产功能具体表现在两方面——教育体系为经济生产部门训练具备所需的知识及技术能力的人才,又不断研发有助于资本主义经济生产的技术管理知识(technical/administrative knowledge)。学校创造的技术管理知识是企业进行生产及累积的重要一环,因为它帮助资本家创造对消费品的需求、扩大市场、改进生产技术以及控制劳工。引用布迪厄的概念,学校生产出来的文化资本被社会上最有权力者挪用成为投入经济生产的资本。[①]在资本主义的早期,经济生产以劳动密集方式进行,技术水平要求相对较低,技术管理知识的研发由资本家自行负责。然而,随着生产规模不断扩大,对生产技术的要求也越来越高,技术研发所需的成本不断攀升,企业越来越不愿意承担这一文化生产的任务。学校因而成为技术管理知识的主要生产者(Apple,1985:43-44,47)。

教育体系须肩负生产功能是因为学校属于国家机器(state apparatus)的一部分。现代社会的学校由国家资助、受国家掌控。由于国家合法性的基础有部分来自帮助资本的累积,掌权者必须设法营造一个让私人企业可以赚取利润的营业环境。因此,国家必须承担教育、公共建设及技术管理知识研发等经济生产所必需、但私人资本家无法(或不愿)负担的投资项目。为了保证技术管理知识源源不绝的供应,国家以各式各样的方法(例如高等教育发展政策、教育科研经费分配、课程政策以及对学校及学生的考核奖励办法等)诱使教育系统开设相关科系以及进行技术研发。政府以公共财政资源投入教育及科研,然而生产出来的技术管理知识却被私人企业用以牟取利润。阿普尔称这种现象为"文化生产成本社会化、利润私人化"(Apple,1985:47,54)。

学校投入技术管理知识的生产不仅有助于满足资本主义累积的需求,也对阶级再生产发挥重要影响。因为教育体系人力培训及研发让新兴小资产阶级(new petty bourgeoisie)的地位得以提高。新兴小资产阶级在资本主义生产中从事技术及管理工作,较偏实用取向,对传统以人文及理论知

---

① 尽管借用布迪厄的概念,阿普尔批评布迪厄的文化资本理论只专注于精英阶层的"高级文化"(high culture);他认为布迪厄跟鲍尔斯及坚提士一样只看到学校的分配功能,忽略了教育体系的生产功能以及对企业累积利润的作用(Apple,1985:47)。

识为主的学校制度颇不以为然。然而，一旦学校肩负起技术管理知识的研发及传授责任，小资产阶级所依赖的文化资本地位就能得以提高；原本与教育体系关系疏离的小资产阶级也开始利用学校再生产自身的有利位置（Apple，1985：55）。

2. 生活的文化

《教育与权力》又批评符应理论把行动者看成被外在结构决定，完全忽视他们的主体性，导致新马克思主义教育学者无视行动者如何反抗霸权意识形态。阿普尔提出文化的另一种形式——在人们日常生活及互动过程中产生的生活文化（culture as lived）。从生活中衍生的文化包含着各式各样的意义及实践；它帮助人们诠释外在世界，中介（mediate）了经济结构对人们的影响（Apple，1985：66）。阿普尔在书中引用了大量新马克思主义的民俗志学研究（Neo-Marxist ethnographic studies）来说明这一点。

阿普尔指出符应理论的可信性受到质疑，因为它无法掌握学校内部的人际互动及实际运作，对经济生产组织的描述亦不合乎事实。鲍尔斯及坚提士把劳动者的处境描绘成完全受资本主义经济生产模式、技术及管理程序以及意识形态所决定。这种说法获得了左派劳工史学者布雷弗曼（Harry Braverman）的支持。巴氏认为资本主义发展带来了不断地去技术化（deskilling）的趋势。随着机械化及科技的改良，许多原本复杂的、需要经历长时间训练的工艺师傅才能担任的工作被分拆为多个简单、重复性的工序。去技术化带来策划与执行的分割，导致劳动者原有的技术失去了价值，沦为生产过程的纯粹执行者；他们变得可以任意地被取代，完全臣服于资本家（Apple，1985：72）。

然而，布雷弗曼——跟鲍尔斯及坚提士一样——没有思考弱势如何回应被宰制的局面。布雷弗曼的讲法受到许多左派工业社会学学者批评，因为他们深入作坊（shop floor）实地考察，发现无产阶级几乎无时无刻不在进行反抗。比方说，美国左派劳工社会学大师布洛维（Michael Burawoy）指出，去技术化的结果并非策划与执行的分割，而只是把资本家与劳工阶层的策划分开。尽管资本主义工业组织极具压迫性，工人的创造力从来没有被完全扼杀，劳工阶层的智慧总是对资本家构成潜在的威胁。左派劳工社会学者发现工人们以各式各样的方式对主管阳奉阴违，他们开小差、组成非正式的小圈子、自行制订"合理的"生产速度、故意把做工的速度拖慢以保护跟不上的年长工友。工人的工作文化显示工业组织具有相对自主性；工作文化所包含的非正式价值及规则中介了工厂中正规权威的作用、舒缓了工人所受的压迫。阿普尔认为工作场所的文化不单只有再生产作用，亦具备转化社会不平等的潜能。比如说，工人们在作坊合作反抗正规权威，无产阶级表现的合作精神可能对个人主义——资本主义经济的其中一个重要基础——构成威胁。因为鲍尔斯与坚提士对生产组织内部运作的描述并不合乎事实，符应理论的可信性也就大打折扣（Apple，1985：73 - 76）。

那么，学校内部的情况又如何呢？

《教育与权力》第四章以"生活的文化"概念讨论学校内部的情况。阿普尔在章首部分重申资本主义的再生产涉及文化意识形态的领域，因为文化领域具备相对自主性，意识形态充满内在矛盾，当中包括葛兰西所讲的"好意识"（good sense）及"坏意识"（bad sense），两者可能并存于行动者的意识中。意识形态的矛盾成分导致再生产过程无可避免会充满不确定性。学校是主要的意识形态及文化机器（ideological and culture apparatus），它一方面受到经济体系及国家的压力，要协助处理资本主义社会"累积"及"合法性"两大问题，然而上述意识形态及文化的特性导致教育体系不可能完全配合再生产的需求。要真正了解教育体系的再生产作用，必须进入学校观察行动者的生活文化（Apple，1985：94 - 96）。阿普尔引用威利斯（Paul Willis）、爱华赫德（Robert Everhart）及麦罗比（Angela McRobbie）的民俗志学研究讨论教育领域的"竞逐性再生产"。

（1）威利斯的《学做工》

威利斯的《学做工》（Learning to Labor）探讨出身劳工阶层的子弟为何摆脱不了工人阶级身份的问题，该书的研究对象是一所位于英国中部某工业城市的男子中学一群充满反叛性的学生——威利斯称他们为"小子"（the lads）。"小子"们来自工人阶级的家庭，他们对学校的权威、规范及课业要求都不以为然。学校中有另外一群顺从的、兢兢业业地读书的学生，他们服从师长，被"小子"们称为"耳洞"（ear'oles，意思是听话的孩子）。反叛的孩子们每天在学校胡闹，他们的自我身份建基于对老师及"耳洞"的否定。"小子"们又对学校灌输关于学历及职业前景的教导嗤之以鼻。学校一直鼓励学生努力学习，将来可以凭借学历找到更好的工作；然而"小子"们看到自己的父母、亲戚及邻居一代又一代地继承工人阶层位置，他们不相信学校能够提供向上爬升的机会。父辈及自己兼职打工的经验令"小子"们不相信有所谓"工作的选择"，他们认为所有的工作都一样是无趣的，都只是挣钱糊口的手段，他们也不期望可以通过工作实现自我。因此，"小子"们认为在学校——跟他们的父辈在工作场所一样——唯一的出路是设法保住一个自由的、可以恣意"找乐子"的空间。他们联群结党，形成反学校的文化（counter-school culture），强调身体力量（physicality）及男性雄风（masculinity）。因为同侪的相互影响，"小子"们到处打架，惹是生非，随意使用身体及语言暴力，还把女性视为发泄肉欲的工具。他们还会欺凌比他们更弱势的亚裔及印度、巴基斯坦裔同学。然而，当"小子"们否定师长、嘲笑"耳洞"时，他们亦排斥了智性劳动（mental labor）。结果，他们的课业成绩很烂，很早便离开学校，之后别无选择，只能像父辈一样从事体力劳动。讽刺的是，"小子"们在学校的反叛行为埋下了阶级再生产的种子（Apple，1985：99）。威利斯用"洞察"（penetration）及"局限"（limitation）两个概念理解这吊诡的情况。

"洞察"是指被压迫者洞悉到阶级不平等，不轻信主导意识形态所讲的"学校教育有助改变阶级位置"的神话。这种对社会不平等的批判并非单由结构决定，也不纯是有意识的选择；它是行动者有创意地对学校内外生活世界的反应。然而，"小子"们的"洞察"却因为"局限"而无法进一步发挥转化的作用。因为当"小子"们否定智性劳动，他们便无法在知识上装备自己，更遑论进一步思考如何改变社会不平等。"小子"们的反抗不只再生产了自己的阶级位置，也延续了不平等的阶级社会（Apple，1985：99-101）。

（2）爱华赫德的《那些年》

尽管威利斯的《学做工》有力地显示了社会再生产过程的矛盾及冲突，但该书的研究对象是英国一群对学校文化及权威极度敌视的反叛"小子"，这可能会被批评缺乏代表性。针对这一点，阿普尔引用爱华赫德《那些年：一所初等中学的学生生活》（*The In-Between Years: Student Life in a Junior High School*，简称《那些年》）进一步解释"竞逐性再生产"的意义。

《那些年》的研究对象是美国某初等中学一群中规中矩，比较像威利斯所说"耳洞"般的学生——爱华赫德称他们为"孩子"（the kids）。"孩子"们的父母都是劳工阶层，但阶级地位比《学做工》的"小子"稍高，从事的工作稍有技术性。"孩子"们表面上顺从学校的权威，他们很少逃课，不会公然挑战师长权威，回家也写作业。然而这群"乖孩子"亦运用极具创意的方式反抗学校的意识形态。"孩子"们大部分的时间都无心于课业，他们闲聊，谈论明星、偶像、电视剧等，但他们基本上都达到学校在课业上的最低要求。"孩子"们就读的学校因为规模庞大，学校以科层方式管理，领导人只求在任内不出差错，对学生学业不做太高的要求。因为学校没有制定严格的学业标准，所以即使"孩子"们都不太用功，仍然可以继续在学校混下去。"孩子"们的品德表现跟学业一样，都只求能达到校方的最低标准。他们不会像《学做工》的"小子"般公然反抗学校权威，却有时候会在课堂上爆出一两句语带双关的下流笑话，偶尔逃课，在课堂上偷看漫画书，趁师长不在时说说脏话。听话的"孩子"们也没有完全接受学校的官方意识形态及隐性课程。学校师长一直鼓励个人主义的竞争精神，但学生们却以"集体主义"作为回应，他们往往很有默契地配合捉弄老师，彼此抄袭作业，考试时一起作弊。学校不断鼓励同学努力读书，争取文凭后获得更好的工作；但"孩子"们并不用功学习，在学校中最能成为众人偶像的并非最用功、学业成绩最好的孩子，而是能用最省事的方法应付学校的各项要求之后还有余力巧妙地反抗学校权威的学生（Apple, 1985：103 – 106）。

阿普尔认为跟《学做工》的"小子"们一样，"孩子"们反抗的根源是对社会不平等的"洞悉"。尽管学校鼓励学生努力用功、强调文凭的价值，"孩子"们潜意识知道因为自己的出身条件，顺从学校权威的结果只是"可能"有往上流动的机会，而且将来能争取到的工作顶多比父辈稍好一点儿。因此他们不自觉地用一种既不完全扼杀这往上流动的可能性，但又不会过于看重这种机会的方式回应学校的权威及意识形态；他们选择应付了学校最起码的要求后退回到一个非正式的自我空间中自得其乐。"孩子"们对待权威的态度与美国劳工大众在工作场所的行为十分相似。因为研究显示美国大多数的就业人口也不喜欢自己的工作，也只是但求保住饭碗，用最省事的方式应付老板及上司的要求。然而，"孩子"们的反抗并不会带来真正具批判性的抗争，因为他们的"洞悉"没有发展成为对社会不平等更深入的批判分析及政治行动（Apple, 1985：106 – 107）。

（3）麦罗比：工人阶级女孩的女性化文化（culture of femininity）

上述威利斯及爱华赫德讨论的"小子"及"孩子"都是来自工人阶级的男生，这些案例也许无法说明工人阶级女性如何参与"竞逐性再生产"。为了弥补这方面的不足，《教育与权力》讨论了英国女性主义文化研究学者麦罗比在20世纪70年代中期对工人阶级女学生的研究。①麦罗比的研究对象是英国伯明翰一群年龄介于14~16岁,经常参与"米尔径青年中心"(Mill Lane Youth Club)活动的少女——麦罗比称她们为"女孩"(the girls)。"女孩"们的父亲大部分从事跟汽车生产有关的工作,母亲大多担任须轮班的服务性兼职工作。麦罗比研究工人阶级女孩文化的原因是不满既有相关文献几乎都只是研究工人阶级男生。她相信工人阶级女性跟男性的处境并不一样,因为她们面对资本主义及父权体系双重压迫,从小就在家中担任家务工作的"学徒",将来还要在工作场所及居家场域扮演双重从属(dual subordinated)的角色(Apple,1985:108)。麦罗比的研究发现尽管工人阶级女性用极具创意的方式试图反抗,但反抗的结果只是延续了资本主义及父权体系的宰制。

"女孩"们的生活文化有部分源自所处的经济及文化"物质"条件,例如她们原生家庭的阶级位置、未来在经济生产及家庭最有可能扮演的角色以及既有社会文化对女性的角色期待等。然而"女孩"们的文化亦有部分的自主性,以致她们可以发挥主体性回应外在的物质及文化处境。她们从母亲、姐姐、姑姑等周遭女性的身上看到了作为工人阶级女性无趣的未来,因此"女孩"们形成关系密切的小圈子,彼此倾诉,互相支持。除了抱怨学校课业无趣、生活苦闷无聊外,"女孩"们沉醉在对浪漫爱情的憧憬中,整天不断地讨论身边的男性,非常在意吸引男性的目光。随着青春期的到来,她们面对更大压力,要符合普及文化的女性形象,穿着打扮也越来越暴露,对课业的自我要求越调越低。麦罗比认为工人阶级出身的孩子原本在升学竞争中就处于劣势,女孩们青春期的心理变化一旦跟工人阶级在教育体系的客观条件连接(articulated)在一起,她们势必升学无望,难以跳脱劳工阶层的宿命。

"米尔径青年中心"还有一群中产阶级的女孩,她们也渴望谈恋爱、盼望遇上"白马王子",但她们知道在婚姻、家庭、生育之外还有其他的选择,可以追求事业及有意义的工作。她们重视课业,接受学校传递的价值观念,谨慎处理与男生的关系,并注意衣着、举止要合乎礼仪规范。"女孩"们对中产阶级的女生嗤之以鼻,认为她们没有个性,无法吸引男生的目光。工人阶级的女性文化赋予"女孩"们力量,让她们形成共同

---

① 阿普尔这部分的讨论主要是根据麦罗比1978年发表的一篇文章。对工人阶级女性反抗如何再生产父权与资本主义感兴趣的读者也可参阅麦罗比1981年的另一篇文章。

的身份认同,吸引男生的注意,并且可以藐视那群社会地位及学业表现都优于她们的中产阶级女生。吊诡的是反抗文化也再生产了"女孩"们在阶级及性别关系的从属位置。因为她们的时间都花在打扮、交男朋友上,所以不但无法借学历改善阶级地位,还不断被交往的男生占便宜,离开学校后很快便结婚、生育儿女,像上一代女性般继续在家中扮演传统的女性角色(Apple,1985:108-114)。

虽然"小子"、"孩子"及"女孩"们的反抗最终带来再生产的结果,但阿普尔认为威利斯、爱华赫德及麦罗比的研究至少让我们看到了社会转化的一线曙光。引用葛兰西的讲法,他/她们的反抗文化同时包含了"好意识"及"坏意识"。教育实践的目的是帮助学生发展好意识,引导他们更深入分析社会不平等,进而思考如何进行"非再生产的反抗"(non-reproductive resistance)。

3. 国家的角色

学校再生产社会权力的过程必然充满矛盾、冲突的另一原因是教育体系是国家机器的重要一环。如上文所言,资本主义国家面对多种相互矛盾的压力,需要处理"累积"及"合法性"两大相互冲突的"核心问题"。资本主义国家面对的矛盾往往也反映在教育政策上。比方说,20世纪80年代西方国家教育市场化改革的主要原因是资本主义国家的危机。因为西方出现经济衰退,国家无法解决"累积"的问题。这种危机损害了国家的合法性,并很快蔓延到教育体系成为教育危机。人们抱怨教育发展没有促进经济增长,学校毕业生也找不到就业机会。掌权的精英无法处理"累积危机"衍生的问题,唯有借助市场化策略,让人们自由选择要接受什么样及多少的教育。换言之,国家统治者以市场化方式将关乎教育的决定推给个人,要他们对自己的"教育投资"负责,避免教育危机进一步影响国家的合法性。另外,教育市场化亦是个人消费主义扩张的结果。为了扩大产品的销路,资本家一直鼓励人们消费,结果强化了麦法臣(C. B. MacPherson)所谓的"占有式个人主义"(possessive individualism)。[①]消费主义衍生的意

---

① 传统的个人主义尽管强调个人权益,但不一定会导致人们对社会集体利益漠不关心;个人主义者可以为了争取个人基本权益及尊严而抗争,甚至不惜付出代价。但被"占有式个人主义"支配的人们只希望自己可以获得更多好处,个人欲望获得更大的满足,他们不会愿意为了集体利益而稍做牺牲(MacPherson,1962)。

识形态导致对公立学校体系的质疑,因为人们一旦习惯了可以用金钱购买满足自己需求的商品及服务之后,就再也无法接受教育体系不能提供更多选择、无法回应具有"购买力"家长们的需求(Apple, 1985: 120 - 122)。

尽管市场化导致教育商品化及教育机会差距扩大,阿普尔仍对前景没有完全悲观。首先,国家要推行市场化政策是因为它面对危机及受到矛盾的压力。这正好显示资本主义国家脆弱的一面。其次,国家政策往往导致矛盾的非预期后果。以教育市场化而言,尽管它强化了"占有式个人主义",但同时强调了个人权利的观念。权利意识的提升也许可以转化成为批判扼杀个人自由的资本主义社会的有力工具——就好像过往资产阶级提出的权利观念后来演变出"人身权利"(personal rights),成为弱势阶层制约资产阶级"财产权利"的利器一样(Apple, 1985: 123 - 125)。①

二 商品形式文化的回转:课程形式(curricular form)与技术控制

《教育与权力》第二章曾提到学校为了配合资本主义"累积"需求而生产大量技术管理知识。随着资本主义危机不断深化,社会上越来越多人开始质疑学校体制,并要求教育体系做出改变以更紧密地配合经济生产。此外,因为掌权者无法处理资本主义的危机,国家内部鼓吹教育与经济生产进一步结合的势力不断上升。为了令学校的运作更有效率,更符合资本主义的逻辑,私营企业沿用的技术管理知识被引进应用于学校的管理及教学活动。源于教育体系的文化资本绕了一圈经过经济领域后又回流到学校。阿普尔在《教育与权力》第五章论述了从经济生产体系转移的技术管理知识对课程"形式"(form)的影响(Apple, 1985: 135 - 140)。②

学校课程形式的变化跟生产领域对劳工控制方式的转变有关。在资本主

---

① "人身权利"是指作为社群一分子应有的权益,例如言论自由、结社自由、人身自由及选举投票权等;"财产权利"是指个人因拥有财富而享有的权益,例如使用个人财富作投资及消费、支配属于自己的企业经营运作方式等权利。"人身权利"是社群中每一成员都平等享有的;"财产权利"的多寡则随个人财富的数量而异。资本主义社会工人运用自由结社权组成工会,并运用选举投票权施压以迫使政府立法禁止资本家随意压低工资及解聘雇员是弱势者利用"人身权利"限制"财产权利"的一个例子。关于"人身权利"及"财产权利"的概念可参阅 Bowles 和 Gintis (1986: 27 - 63)。

② 课程形式是相对于课程的知识内容(content)而言的。

义经济体系,资本家必须借由有效的管理才能利用工人的劳动力进行生产。简单而言,资本家控制工人的方法可分为三大类。除了简单控制(simple control,指对工人直接下命令或进行监管)及科层控制(bureaucratic control,意思是用明文的、非人化的规章对员工进行层级性的管控)外,技术控制(technical control)是现代资本主义生产普遍采用的手法。技术控制是指通过改变生产工作本身令生产者臣服的控制方式;其中一种常见的做法是所谓的"去技术化"——把复杂的生产工作分拆成细碎的、人人都能做的工序。如上文所言,去技术化把"构想"及"执行"进一步分割,导致规划生产的权力更集中于资本家手上,令劳动者原有的技术失去了价值,资本家可以用更低的工资雇用工人(Apple,1985:141-143)。

因为学校组织具有相对的自主性,加上强调"尊师重道"的传统文化价值,过去的学校尚能抵挡企业管理运作逻辑的入侵。然而,随着资本主义危机深化,技术控制的思维亦开始影响学校的课程形式。比方说,20世纪80年代,越来越多学校采用现成的标准化教材。这些教材都由财雄势大的出版公司制作发售,它们一般把学科分拆成相当数目的单元(modules),每一单元都清楚列明学习目标、内容、执行程序及评核标准及方法等。学校愿意采用这些教材,因为出版商宣称它能有效提升学生的基本能力。而学生写、读、算、逻辑推理等基本能力不足一直被右派视为美国经济实力衰退的罪魁祸首。然而,现成教材大举入侵学校导致教学工作的去技术化,教师对教学工作的规划权被大幅削弱,教育工作者沦为纯粹的教学程序执行者(Apple,1985:143-146)。

此外,现成教材也可能影响学校的人际关系。因为这些教材都以个人化的方式组织教学活动:它的设计是让学生们按照自己的进度独自学习,之后独自面对评核,习得的知识成为争取更高社会地位的个人资产。另外,因为课程内容、教学法及评量等早已被决定,教师们不必共同规划教学,彼此互动的机会变得更少,现成教材强化了教师及学生的个人主义意识(Apple,1985:147)。

尽管被技术管理思维支配的课程形式导致教学工作去技术化以及疏离的学校人际关系,但阿普尔鼓励我们不必太悲观。因为教育工作的去技术化可能会刺激教师组织的反抗。另外,我们不能忽略课程内容的重要性,霸权的课程形式可能与教学内容冲突而减少影响力。比方说,现成教材以个人化方式组织教学活动,课程形式强化学生的"占有式个人主义",但有部分课程内容却宣扬"互助互爱""贡献社会""爱国""追求理想"

等集体及非物质主义价值观。此外，因为课程文本跟其他文本一样都包含多种意义，可以用不同的方式进行解读，它在教学中产生的具体意义是文本与使用者"生活的文化"互动的结果；教师及学生仍有机会颠覆具压迫性的霸权课程（Apple，1985：155-160）。

三 1995年……

如上文所言，阿普尔在1982年出版《教育与权力》是为了要超越再生产理论，纠正批判教育社会学化约主义及经济决定论等弊病。1982年距离鲍尔斯与坚提士《资本主义的美国学校教育》出版只有数年，当时正值批判教育社会学的开创阶段。左派教育社会学者不仅受到再生产理论及化约主义的限制，也尚未注意到学校作为意识形态国家机器的理论意涵。在这一背景下，《教育与权力》的意义甚为重大。因为它指出学校不只再生产不平等的阶级关系，也生产经济所需的技术管理知识。它引用"生活的文化"的概念，让我们注意到因为工人、学生、教师等的主体性，资本主义及学校科层体制的权威往往在工业及教育组织内遇到反抗。此外，阿普尔引入国家理论，让我们了解作为意识形态国家机器的学校在再生产资本主义社会秩序时往往陷入矛盾、进退失据的处境。总结而言，"竞逐性再生产"观念突破了当时的新马克思教育社会学理论，也给予教育实践者更多的希望。

到了1995年，批判教育社会学经过了20年的发展，在许多方面都已超越了早期的再生产理论。然而，阿普尔认为20世纪90年代政治及学术环境令《教育与权力》一书的重要性有增无减，因此决定再版发行该书。阿普尔在《教育与权力》第二版序言中指出20世纪90年代西方社会比80年代的情况更加恶化。经过了二三十年保守势力的影响，西方社会贫富差距日益悬殊，更不重视弱势群体的权益，保守主义者所宣扬的意识形态进一步排斥少数族裔、妇女及同性恋者等。学校不仅没有培养年轻人反思社会不公义，还因为市场化及技术主义的影响，人们越来越将学校视为个人阶级攀升或促成经济发展的工具。阿普尔认为身处这"危急存亡之秋"的我们应当认真思考资本主义社会经济及政治制度与学校体系的关系、反思应如何进行教育实践。

然而，不幸的，西方的学术界在20世纪90年代流行后现代主义（postmodernism）及后结构主义（post structuralism）。许多教育研究者都不加批判地转向这两门"后学"。我们必须承认后现代主义及后结构主义有极多值得学习的地方。比方说,它让我们了解"论述"(discourse)对文化权力的影响;它挑战"大叙事"(great narrative)的观念,使我们不再轻易相信有统摄(subsume)一切社会矛盾的宰制关系;它提出了知识与权力不可分割的关系;"后学"又把阶级、性别及种族"去中心化"(decentered),使我们意识到宰制关系的多元性。然而,不少学者因后现代主义及后结构主义而草率地把批判教育研究中许多重要的关怀及洞见丢弃。举例说,许多"后学者"批评以阶级及国家理论分析教育是犯了把阶级及国家中心化(centering)及基要化(essentializing)的错误;他们又坚称因为社会身份的多元性,我们对"阶级"及"国家"应进行解构(deconstruction)——而不是分析。

然而,对后现代主义及后结构主义的滥用及误用否定了教育的政治经济分析,对理论发展及教育实践都带来不良后果。阿普尔赞成"后学"挑战传统马克思主义以阶级作为唯一"大叙事"的倾向;他赞同社会矛盾的多元性,也相信资本主义并非人类社会冲突的唯一根源。然而,我们不能因为"阶级"、"资本主义"、"国家"及"科层体制"等理论不能解释一切社会冲突而放弃了教育的政治经济学,也不应该以"中心化""元素化"等理由全盘否定新马克思主义的观点。更积极的做法应该是通过扎实的经验研究探索阶级及其他社会矛盾有时候相辅相成、有时候彼此冲突的微妙关系。阿普尔认为,滥用后现代主义及后结构主义使我们无视资本主义及国家的结构因素如何干预学校运作,有碍反抗政治及经济的掌权者利用学校再生产不平等的社会关系。此外,误用后现代主义及后结构主义的另一恶果是陷入无穷尽的解构过程,永远无法建立政治立场,更遑论以实践改变社会的不公义(Apple,1995:vii-xxii)。

四 《教育与权力》引起的讨论及批评

《教育与权力》是一部值得一读再读的经典作品。然而因为该书出版时批判教育社会学还是处于早期阶段,经过过去30多年经济、政治及教育的变化,加上教育社会学知识的累积,后来的学者可以站在比当年阿普尔更高的立足点观察学校与权力的关系。另外,《教育与权力》成书于20世纪80年代初期,讨论的对象是当时的西方社会(特别是美国社会)。该书的理论建构受到特定历史时空背景的限制。这些因素导致《教育与权力》后来受到许多批评。下文将讨论该书引发的其中几个主要争议,包括：①关于学校生产功能的问题；②关于所谓"反抗"的问题；③关于国家的概念；④对该书缺乏比较角度的批评。笔者相信这部分的讨论将有助思索如何进一步发展"竞逐性再生产"理论。

1. 关于学校生产的功能

《教育与权力》声称学校发挥生产技术管理知识的功能。阿普尔立论的基础是资本主义国家必须介入解决"累积"及"合法性"两大核心问题；作为国家机器的一部分，学校必须通过创造生产所需的文化资本以协助延续资本主义。这种讲法的问题是没有清楚交代国家与教育体系的具体关系。其实，因为教育发展历史条件的差别，不同的资本主义社会国家与学校的关系也不尽相同。比方说，法国的教育体系倾向中央集权化；加上过往的革命传统，国家被认为是代表共和国的整体利益，政治掌权者较容易直接施压学校配合国家政策。英国倾向权力下放，国家一直被要求要尊重学校的自主性，要跟教育体系维持适当的距离，掌权者较难直接掌控学校的运作（Archer, 1979）。另外，资本主义社会的教育体系并非铁板一块，当中包含不同类型的院校，例如公立学校、私立学校及教会学校等。不同学校的办学理念、服务对象、经费来源以及对国家财政资源的依赖程度都不一样。因为这些因素，我们不能像阿普尔般以一句"学校是国家意识形态机器的一部分"就认定教育体系必然会配合国家巩固资本主义。相反，我们必须小心观察政治掌权者如何运用手段迫使或诱导学校生产技术管理知识，并注意过程中可能引致的反抗与冲突。

另外，韦伯学派的学者可能会批评《教育与权力》忽略学校体制传统的非生产功能，低估了国家施压要学校配合生产技术管理知识可能引致的矛盾冲突。韦伯（Max Weber）曾指出社会矛盾的多元成因。他强调除了经济阶级外，身份团体（status groups）及政党（political parties）也会导致社会的紧张冲突（Weber, [1922] 1978: 43 - 61）。"身份团体"与学校的再生产功能关系尤其密切。因为身份团体形成的基础是共同文化——可以帮助成员们形成集体意识及取得更高社会地位和声望的文化。学校因为具备界定何谓有价值文化的符号权力——套用布迪厄的讲法，教育体系有能力替特定群体文化祝圣（consecrate）——它对身份团体的再生产发挥重要作用。因为在西方社会传统的贵族（其中一个最有地位的身份团体）属有闲阶级（leisured class），以再生产这优势阶层为目的的教育一般都重视美学性（aesthetic）、仪式性（ceremonial）及轻视实用性（Collins, 1977: 8-9）。受此历史因素的影响，直到今天西方（尤其是欧洲）教育体系都还强调人文教育（liberal art education）及抗拒教育太追求实用性及职业训练化（vocationalization）的力量，历史、文学等看似没有实用价值的传统学科还具有一定的地位。因为教育体系的传统非生产功能，学校不一定会完全配合国家生产企业所需的实用知识。

此外，针对近年来教育实用取向日益明显、学校越来越投入生产技术管理知识的趋势，韦伯学派学者可能会提出跟阿普尔等新马克思主义学者不一样的解读。他们指出随着教育普及化，高学历人口比例越来越高，文凭贬值的情况日渐严重，各行各业的职业群体——身份团体的其中一种——为了保证自己的声望及地位不会随文凭贬值往下沉沦而纷纷提高学历要求，并且进一步"委托"教育体系训练所需的人力。因为职业群体竞相利用学校巩固自己的地位，从前小学师资养成由师范专科学校负责，但现在相关的培训课程由师范大学开设；从前不太讲求学历的商界现在充斥着拥有 EMBA 文凭的高学历人士；甚至连一直以来都以边做边学方式培训员工的殡葬业也把培训交给大学的"生死管理学系"。韦伯学派学者——例如柯林斯（Randall Collins）——可能还会指出尽管学校看似跟生产活动的联结比以前更紧密，但其实这都只是为了满足各种身份群体对学历的要求，接受过更多教育的各行各业从业人员并没有具备比前人更高的技术能力；[1]学校承担更多看似具知识生产功能的任务，原因绝非如新马克思主义者说的是为了帮助解决资本主义"累积"及"合法性"的核心问题。

另外，抱持类似符号互动论（symbolic interactionism）观点的学者可能批评阿普尔"教育体系参与技术管理知识生产"的讲法忽略了教育政策象征层面的意义、误读了国家及学校的行为。他们会指出学校许多新增设的学科课程及研究项目只是"看似"在创造生产所需的文化资本，目的是要吸引更多学生入读看来有经济回报的学科。国家鼓励——至少是默许——学校的这种做法，因为当教育体制看来变得越来越实用取向时，人

---

[1] 柯林斯在他 1979 年出版的教育社会学经典著作《文凭社会：教育与分层的历史社会学》（*The Credential Society: An Historical Sociology of Education and Stratification*，以下简称《文凭社会》）论证了学校教育与经济生产的技术能力无关。他指出接受较高教育程度者并没有在工作场所表现得更好，大部分工作所需的技术都可以在实际工作中培养。读者也可参阅柯林斯 1971 年发表的一篇文章了解《文凭社会》的主要论点。

们也较愿意相信国家有采取行动处理经济发展及就业的问题,对提高掌权者合法性有所帮助。①

2. 关于"小子"、"孩子"、"女孩"们的反抗

阿普尔在《教育与权力》中把行动者引入再生产理论,宣称此举有助于打破符应理论的结构决定论及实践的悲观主义。该书还列举威利斯、爱华赫德及麦罗比的研究论证身处教育体制的弱势者不断抗拒学校权威。阿普尔又指出尽管反抗吊诡地延续了资本主义,但孩子们不服从的根源是对社会不平等的"洞悉",所以社会转化还是存有希望的。然而,阿普尔的观点——或者应该说新马克思主义的反抗理论(resistance theory)——受到了许多批评。首先,许多学者对威利斯把"小子"们的反抗视为含有"好意识"的讲法不以为然,他们指出"小子"们的反学校文化含有极为性别主义及种族主义的元素,甚至认为反学校文化的基础很有可能是孩子们对阶级流动及文凭价值的错误认知。根据威利斯的描述,"小子"们从家庭及社区看到工人阶级一代又一代无法脱离劳工阶层的位置,因而拒绝接受学校关于文凭价值及阶级流动机会等的教导。"小子"们对阶级流动机会的认知可能并不符合客观的事实,因为许多研究都指出第二次世界大战后英国因为中等教育扩张,加上经济景气,不少工人阶级孩子都借由教育攀升到中产阶级的位置(Breen and Goldthorpe, 2001; Goldthorpe and Jackson, 2007)。如果判断"好意识"及"坏意识"的其中一个标准是人们所相信的是否符合客观事实,第二次世界大战后英国阶级流动的历史是否意味着"小子"们误判了文凭的价值及向上流动机会,相反,被他们看不起的"耳洞"的判断更准确,更有洞见,更具备"好意识"?

学者们又批评反抗理论把学生的反叛行为过度浪漫化(romanticized)。他们质疑学生的反叛次文化是真正源于无产阶级反抗资本主义,还是只是处于青春期的少年对所处学校环境不满而触发的反应(Kingston, 1986: 723 - 724)。另外,又有学者指出威利斯及爱华赫德等个案只能证明学生

---

① 对教育政策象征意义有兴趣的读者可参阅阿普尔主编的"批判社会思潮"(Critical Social Thought)丛书在1991年出版的、由富勒(Bruce Fuller)撰写的专著《变得更现代:西方国家建立第三世界学校》(*Growing-up Modern: The Western State Builds Third-World Schools*,以下简称《变得更现代》)。该书指出因为世界各国人民都迷信西方式的教育可促进国家现代化,许多无力解决就业及社会发展问题的发展中国家都致力于建立类似西方最先进国家的教育体制,借此"蒙骗"人们,令他们相信国家未来充满希望(Fuller, 1991)。

们有能力拒绝学校灌输的意识形态，然而这并不代表他们有能力改变不合理的社会现状（Walker，1986）。学者们又警告我们不要天真地把工人阶级子弟校的反叛行为跟左派的抗争做过度的联想。因为早在 20 世纪 60 年代就有研究指出不少读书不成、很早就离开学校的英国工人阶级青少年被新法西斯主义运动吸收。其后许多学者又发现中产阶级背景的学生远比工人阶级的学生更具政治意识，大部分左倾的政治活跃分子都出身于社会经济条件相对优越的家庭，就读于不错的（甚至是精英的）学校，在学时认真学习并积极参与学校活动（Davies，1995a，1466；Tanner，1988；Paulsen，1991）。研究又显示学业成绩不济、抗拒学校权威的年轻女性性别意识较传统；积极争取男女平权的女性在学时大都重视课业并取得较高的学业成就（Davies 1995a；Holland and Eisenhart，1990）。这些研究结果似乎都显示，许多具批判意识并积极投入反抗运动的青年人大都对学校有相当程度的依附，他/她们并非来自弱势背景，也不是反学校文化的热衷参与者。

此外，阿普尔认为因为被压迫者在工作场所及学校的反抗呈现集体意识，工人及学生的反抗文化可能会挑战个人主义——资本主义经济最重要的基石之一——的讲法也备受质疑。戴维士（Scott Davies）指出几乎所有关于学校文化的民俗志学研究都发现反叛青少年的同侪关系亦充满层级性及竞争性，他们会互相比较，最会打架及性经验越丰富的青少年在同侪中地位也最高（Davies，1995a：1468）。另外，集体主义会动摇资本主义的讲法在 21 世纪初的今天也许已渐渐失去说服力：齐泽克（Slavoj Zizek）警告我们不要假设资本主义与自由主义民主制度必然有相辅相成的关系，以为资本主义一定要植根于个人主义的土壤；因为中国、印度及新加坡等发展经验显示市场经济有惊人的适应能力，资本主义往往在较传统、较重视集体主义的国度也可以茁壮成长（Zizek，2015）。

最后，阿普尔引入"生活的文化"概念的目的之一是要透过论证教育体系相对自主性反驳鲍尔斯与坚提士；然而讽刺的是这一论证的最后结果可能只是带来了升级版的符应理论。《教育与权力》指出因为行动者的主体性，工人及学生都没有完全屈服，都对工作及学校的正式权威做出反抗——尽管反抗的结果是再生产了不平等社会关系。这一描述不单意味着经济生产及教育场域具备相当程度的结构符应（structural correspondence），因为它们内部的社会关系都同样充满压迫性，弱势一方都设法反抗以缓和正规权威对他们的冲击。《教育与权力》所呈现的工作场所及学校这些相似之处甚至可以被解读为具有功能符应（functional correspondence），意思是学校帮助工人阶级子弟学会了如何在具压迫性的环境中生存，日后更容易适应资本主义生产组织的工作生活。①

3. 关于国家

为了更全面掌握再生产过程的矛盾及冲突，我们可能需要超越《教育与权力》对国家的理解。首先，有学者批评反抗理论所呈现的国家仿佛是铁板一块，把国家所有部门、所有组成部分都描述成具有共同目标，都要帮助再生产资本主义生产模式（Gordon，1989：436）。然而，研究国家的社会学者早已指出，国家不同组成部分可能有不同的历史、身处不一样的社会关系，成员的背景及世界观有差别，再加上彼此的利益并不一致，掌权者要采取行动帮助解决"累积"及"合法性"问题可能导致国家部门之间的冲突（Dale，1989；Jessop，1990）。其次，"竞逐性再生产"理论需要考虑国家所处的社会关系，因为国家与公民社会的关系一定会限制掌权者的政策选项。举例说，阿普尔在书中指出，国家在无法解决"累积"及"合法性"危机时往往推出教育市场化的对策。然而市场化政策必须让人民对"接受什么样的教育"有更大的决定权，并且可能需要放权让私人组织营办教育；但笔者的研究发现，只有当国家与公民社会关系大致良好，掌权者不必担心释权后会出乱子时才敢放手让私人参与营办教育（Wong，2015）。换言之，国家所处的社会关系会影响政策的可行性，单单是资本主义的危机不足以衍生教育市场化及私营化。

4. 关于缺乏比较分析

如上文所言，《教育与权力》成书于20世纪80年代初期，讨论的对象主要是美国社会，它的论点受到特定历史时空的限制，我们在应用该书观点分析不同时代及非西方社会时一定要注意历史社会条件的特殊

---

① "结构符应"与"功能符应"的概念受费素尔（Christer Fritzell）启发。"结构符应"是指两个场域或体制的重要特性高度相似；"功能符应"是指两者中其中一方的运作方式帮助另一方的再生产。当经济生产及教育体系的结构及功能都彼此符应时——例如鲍尔斯及坚提士在《资本主义美国的学校教育》所描述的——教育体系就完全从属于经济，再没有自主性可言（Fritzell，1987）。阿普尔并非完全没有警觉反抗理论可能无法挣脱符应理论。比方说，他在讨论爱华赫德的《那些年》时就指出，"孩子"们在学校但求用最省事的方式达到最低要求的做法跟大部分美国人对待工作的态度非常相似（Apple，1985：193）。

性。历史比较分析可以避免硬套西方的理论，有助于发展出能够解释"竞逐性再生产"跨社会差异（cross-societal difference）的批判教育社会学理论。在本节以下部分笔者将以关于反学校文化及国家的实例说明这一点。

（1）反学校文化的跨社会差异

威利斯的《学做工》发现 20 世纪 70 年代中期英国中部地区一所中学的反叛少年运用激烈手段反抗学校权威、抗拒学校灌输的价值观。反学校文化看似具有普遍性。因为早在 20 世纪五六十年代就已有学者发现美国有弱势背景子弟具有类似《学做工》的"小子"们般的叛逆行为。20 世纪 80 年代学者们研究澳大利亚、加拿大及美国等地的学校文化，同样发现类似反抗学校的现象（Davies，1995b：664）。然而，尽管反学校文化看似普遍存在，不同社会因为文化及阶级历史的差别，弱势子弟抗拒学校权威的原因可能不尽相同。比方说，登斯及洛克（David Downes and Paul Rock）就指出因为美国文化非常鼓励争取个人成就，孩子们不管出身背景都被灌输追求成功的观念；弱势家庭出身孩子的反学校文化成因可能是学业成绩欠理想，抱负无望达成的耻辱及挫败感。英国阶级社会具有较悠久的历史，工人阶级子弟对自己的身份及文化有一定的自豪感；再加上英国没有像美国般强调个人成就，英国的孩子可能并没有被普遍灌输"成功的伦理"（success ethic）。因此，《学做工》的"小子"们才会对学校鼓励学生"努力读书，争取更高学历后可以取得更高社会地位"这一套说法嗤之以鼻；英国反学校反文化更有可能如威利斯说的源于工人阶级的家庭及社区文化（Downes and Rock，1982）。登斯及洛克的观点提醒我们在研究教育与权力时一定要注意具体的社会历史脉络，以及运用比较方法掌握不同社会"竞逐再生产"的差异。

（2）国家的跨社会差异

因为《教育与权力》的分析对象是 20 世纪七八十年代的美国，它描述的"国家"其实只是一种特殊形态的国家，一个在世界体系中处核心位置、民族建构（nation-building）已大致上完成的主权国家（sovereign state）。位于中心的国家的教育再生产作用跟处于较边陲位置、民族建构还在如火如荼地进行的非主权（non-sovereign）或依赖型国家（dependent states）不尽相同。比方说，处在较边陲位置的国家面对极大压力要推动经济及社会现代化，为了要向国内人民及国际社会宣示自己的"上进心"，掌权者往往积极模仿先进国家的教育体系，引进核心国家的学制、课程，甚至是教育改革模式。[①]另外，民族建构相对处于起步阶段的国家急需打造新的民族身份（national identity），促成族群融合，教育政策最重要的目标甚至可能不是解决资本主义"累积"及"合法性"的问题。此外，在非主权地区（例如殖民地）及依赖型国家，教育政策可能被宗主国及外在霸权利用再生产对边陲地区的宰制关系，外在行动者可能比国内的对学校教育更有影响力。因为非西方、非核心地区国家的特性，教育的再生产功能跟《教育与权力》所呈现的差别甚大，所以我们必须借助历史比较的角度掌握不同地区国家的特殊性，从而了解"竞逐性再生产"在不同社会的差异。

五 本讲小结

培养历史的比较能力的一个最好的方法是深入阅读不同国家教育社会学大师的著作。笔者在第一讲及第二讲讨论了两部由美国学者针对美国的情况撰写的批评教育社会学经典作品。在以下数讲我们将把目光转移到欧洲，看看法国及英国的大师如何思考教育与不平等社会的关系。多比较不同国度的情况可以拓宽我们的视野，帮助发掘教育与权力的跨社会差异以及掌握我们所处社会的特性。

[①] 关于非核心地区模仿最先进国家教育模式，读者除了可阅读前文注释中提及的《变得更现代》外，也可参考美国斯坦福大学社会学者梅雅（John W. Meyer）领导的团队对世界上100多个国家或地区一个多世纪以来教育体系变迁的研究。梅雅等指出后进国家一直都在模仿最先进国家的学制及课程以维护在国内人民及国际社会的形象（Meyer, 1977; Ramirez and Meyer, 1980; Meyer, Kamens, Benavot and Cha, 1992）。

第三讲 符号暴力、文化资本与阶级再生产

《再生产：教育、社会、文化》(*Reproduction in Education, Society and Culture*，以下简称《再生产》)是法国社会学大师布迪厄(Pierre Bourdieu)及其研究伙伴帕斯隆(Jean-Claude Passeron)共同完成的教育社会学经典著作。该书是布迪厄第二部关于教育的专著，法文版于1970年面世。1977年由Sage出版社出版该书英文版，在英美学术界引起极大的回响，13年后(1990年)同一出版社把英文版再版发行。①《再生产》对批判教育社会学发展意义极为重要。因为最早期采用批判角度研究教育的学者——例如前二讲讨论的鲍尔斯、坚提士、艾普尔及威利斯等——都深受新马克思主义影响，他们都把经济阶级矛盾看成最主要的(甚至是唯一的)社会矛盾，认定资产阶级是最有权力的掌权阶层，并把延续资本主义社会关系视为学校教育最重要的目标。《再生产》在一定程度上把资本主义经济去中心化，呈现教育与权力更复杂微妙的关系：两位作者指出文化资本亦是社会权力的重要基础，学校教育通过文化再

---

① 布迪厄共出版了四部关于教育的专著，第一部是与帕斯隆合著的《继承人：法国大学生与文化》(*The Inheritors: French Students and Their Relation to Culture*，以下简称《继承人》)，法文版于1964年面世。另外两部是1984年的《学术人》(*Homo Academicus*)及1989年的《国家精英：名牌大学与群体精神》(*The State Nobility: Elite Schools in the Field of Power*，以下简称《国家精英》)。《再生产》中文版由邢克超翻译，由商务印书馆于2002年出版。

生产巩固具备"有价值"文化者的阶层权位，单单拥有经济资本不见得一定最有权力。

《再生产》全书分为上、下两卷。上卷《符号暴力理论的基础》(*Foundations of a Theory of Symbolic Violence*)（约占全书篇幅的1/3）属理论部分，提出一系列根据经验研究建构的、具逻辑连贯性的理论命题。下卷名为《维持秩序》(*Keeping Order*)，讨论二人在20世纪60年代对法国教育体系的经验研究。两位作者声称上卷的理论命题引导下卷的实证研究，下卷的经验证据帮助修正上卷的理论。他们又在法文版原序强调《再生产》提出的理论命题只是暂时的阶段性结论，因为它们日后必须接受更新的经验研究的挑战并被进一步理论重构（Bourdieu and Passeron，1990：xix）。

《再生产》一书的问题意识（problematique）可分两方面：一方面较偏向理论性，探讨文化如何协助延续不平等的阶级关系；另一方面偏向历史性，主要探讨法国具体的阶级再生产问题。两位作者认为文化与主导阶层存在既互赖又紧张的矛盾关系：为了帮助权力取得合法性，现代社会的掌权阶层倾向使用"符号暴力"（symbolic violence），减少运用物理性暴力（physical violence）。符号暴力是指掌权者在行使权力时通过向被宰制者灌输特定的意义（meaning）把赤裸的权力关系遮掩起来的手法。成功的符号暴力导致宰制关系获得合法性，赋予主导阶层符号力量（symbolic force）。符号暴力概念意味着权力须依赖符号场域（symbolic field）的护航，并引申出权力与文化领域矛盾吊诡的关系。符号场域是多元的，它包括新闻传播、艺术创作及学校教育等。因为符号场域能帮助巩固社会权力，主导阶层对它有一定的依赖，都希望借它操控意义的生产及传播。然而一旦文化领域失去自主性，完全依附于权力，则它传递的意义将会受到质疑，符号场域也就无法发挥符号暴力的效果。因此，为了让文化领域发挥再生产功能，掌权者必须克制、容许符号场域维持一定独立性；然而符号场域具备独立性导致掌权者无法完全对它加以掌控，文化领域生产及传播的意义可能挑战社会现状，威胁既得利益者。这是两者关系矛盾吊诡之处（Bourdieu and Passeron，1990：4）。[①]

尽管《再生产》对符号暴力的讨论看似非常抽象，它探讨的其实是

[①] 本书中，"掌权阶级"、"掌权阶层"、"掌权者"及"主导阶级"、"主导阶层"的意思相同。笔者使用不同的称谓是为了增加词汇的变化性，避免过度重复使用同一名词。

一个源于法国的具体历史社会问题。在法国大革命之前掌权阶级是贵族，权贵阶层通过继承制度把优越的社会地位直接传给下一代。大革命后法国建立共和国，标榜自由、平等及博爱的精神，贵族阶层被逐出了历史舞台。然而到了 20 世纪中期，大革命一百多年后，具贵族背景的上流阶层（upper class）却运用布迪厄称为"学校中介式再生产"（school-mediated reproduction）的方法维持优越的社会地位——他们把孩子送到学校，经过教育后继承上流阶层的社会位置。两位作者又发现尽管法国在 20 世纪 30 年代已提供免费中学教育，第二次世界大战后又积极发展高等教育，但教育扩张并没有改变阶级不平等的现状。他们第一部教育社会学专著——《继承人》的研究发现，高阶层管理人员的孩子上大学的机会是工人阶级的 40 倍、农民子弟的 80 倍；背景弱势的大学生比背景优越的更有可能就读于地位较低、未来就业前景不明确的科系（Bourdieu and Passeron, 1979）。《再生产》试图解释学校教育如何在民主、开放、教育普及的法国帮助延续不平等的阶级关系。

一 教育实践的特性

布迪厄及帕斯隆相信在法国阶级再生产的过程中，掌权者与属于符号场域的学校也维持了彼此既依赖又自主的矛盾关系：为了让权力具合法性，上流阶层没有"亲自操刀"自行营办学校栽培自己的子弟。法国大部分学校都是公立、由国家营办的，教育体系与社会的主导阶级保持一定距离，彼此维持相对自主的关系。为了剖析具备一定独立性的学校如何发挥符号暴力功能，《再生产》借"教育行动"（pedagogic action）、"教育权威"（pedagogic authorities）、"教育工作"（pedagogic work）与"教育体系"（educational system）概念深入剖析教育实践的特性。

1. 教育行动与教育权威

"教育行动"是施行符号暴力的最基本元素。《再生产》讨论的教育行动是广义的，泛指学校、媒体、家庭等一切以传达意义为目的的行为。布迪厄及帕斯隆认为判断特定教育行动是否施行符号暴力的标准有二。第一个标准是教育行动是否受到社会阶级及群体的专断（arbitrary）关系影响。专断关系是指并非建基于普遍和客观原则（universal and objective principles）的权力关系。资本主义及殖民主义是专断关系的例子。为了避免工人阶级形成反资本主义的阶级意识，资本家不断通过学校灌输个人主义及爱国主义。这种教育行动的根源是资本家压迫无产阶级的专断关系，因此施行教化者的教育行动属符号暴力。殖民统治者为了维持权力而不断夸大自己族群及文化的优越性，宣传殖民政府会为殖民社会带来现代文明，这种教育行动也是符号暴力。布迪厄及帕斯隆判别符号暴力的标准帮助我们从另一个角度更深入地思考许多一直被视为理所当然的教育行为。例如小时候受到家庭的管教，我们一般都相信父母爱我们，他们的管教不会与"暴力"及"专断"扯上任何关系。然而根据《再生产》提出的标准，父母对我们的教导其实都受到社会上的专断关系影响，他们也在不知情的情况下替专断的权力向子女施行符号暴力。比方说，在中国，父母一般会鼓励男生阳刚一点，然而却较会约束女儿，要她们懂得温柔。对男女生管教方式有差异是因为传统社会是父权社会，男性被期待日后要有出息、有成就，要在社会及家庭扮演领导角色。换句话说，要是我们社会的两性权力关系是反过来的，是母权社会，父母对男女生管教的方式就会很不一样。"父权社会"及"母权社会"都是专断的社会关系，它们都只是特定社会历史条件下的产物，而并非建基于任何普遍和客观原则，因此受它们影响的教育行动也属于符号暴力。

判断特定教育行动是否施行符号暴力的第二个标准是传授的内容是否属于"文化专断"（cultural arbitrary）。所谓文化专断是指在特定社会历史条件下经过选择（selection）及排斥（exclusion）而成，并非源于关于生物、物理及心灵普遍原则的知识内容（Bourdieu and Passeron, 1990: 8）。举例而言，香港在被英国占领时大部分中学按规定须用英语授课，只有中国语文、中国历史及中国文学等少数科目可以用粤语。为什么当时香港的中学大都按规定须采用英文而不是中文为主要的教学语言？为什么关于中国语文、历史及文学的科目用粤语授课，而不是用普通话或中国其他方言？这些措施都是香港被占领这一特定历史条件下的选择性传统（selective tradition），而并非根据任何普遍和客观原则，所以它们也属于"文化专断"。教育行动灌输的文化专断往往以迂回的方法维护主导群体的客观利益（Bourdieu and Passeron, 1990: 8-9）。

因为符号场域及社会阶层群体的多元性，社会上充斥着各种各样的教育行动，但其中的"主导教育行动"（dominant pedagogic action）灌输最具影响力的文化专断。因为反对工具论观点，布迪厄及帕斯隆强调"主导教育行动"的出现往往是因为"社会的权力关系"把对主导阶级及群体最有利的文化专断赋予主导性地位,而并非掌权阶级有意识地操弄。①社会不同的阶级及群体有各自的教育行动,各种教育行动的地位与价值取决于它们与"主导教育行动"的关系;与"主导教育行动"越具亲近性的,价值也就越高。通过再生产各阶级及社群的文化专断,教育行动延续主导文化专断背后的权力关系(Bourdieu and Passeron,1990:9-11)。

那么,法国社会的主导文化专断到底是什么?两位作者指出法国学校很强调风格(style),特别是语言运用的风格。许多研究显示,法国学校教育活动实际传递的信息及内容数量极少,甚至接近于零,教师讲课喜欢运用"权威傲慢的言语"(magisterial language)。②学校期望学生在语言运用时词汇丰富,句子结构深奥并变化多端,表达的意义具抽象性,并能够从容地与论及的人、事、物维持抽离及克制(detached and restraint)的关系。学生语言表达的风格影响学校对他们的评估——不只在文科是这样,在理科亦是如此(Bourdieu and Passeron,1990:73,115-117)。③另外,法国的公开考试分笔试及口试两部分,学生不单文字书写需具备风格,口语论述亦然(Bourdieu and Passeron,1990:153)。教育体系要求的语言风格其实是一种文化专断,它与上流阶层的资产阶级言谈(bourgeoisie parlane)十分类似。④

---

① 《再生产》法文版"前言"强调该书要探讨的是符号暴力运作的社会条件,还提醒我们不要用行动者的意图或阴谋论观点解读学校对社会权力再生产的客观作用(Bourdieu and Passeron,1990:xix-xx)。
② 所谓"权威傲慢的语言"也许不是一个最妥帖的翻译,从上文下理推论,它指的是"唱做俱佳",看似很有权威,很有学问,仿佛站在高处统览大局,但内容却空洞贫乏的论说方式。布迪厄认为法国教育过度重视言说风格及技巧的批判获得了其他学者的认同。苏格兰教育史学者安德森(R. D. Anderson)指出法国的学术文化看重教授在讲台上——而不是在研究室及实验室——的表现(Anderson,2004a:115-116)。
③ 与布迪厄有合作关系的法国学者布迪洛(Christian Baudelot)研究巴黎大学社会系教授批改的学生学期论文时发现,教授们的评语只针对学生的写作风格——例如词汇及句式变化、行文的格调等——几乎从来不评论论文的具体内容。更有趣的是尽管教授们甚为重视风格,但学校从来不向学生提供相关的训练。这种"重视但不教导"的做法意味着学校假设写作风格是学生进学校之前就已学会的,甚至是天生的;它对出身缺乏文化资本家庭、需要依赖学校的学生非常不公平(Baudelot,1994)。
④ 布迪厄及帕斯隆提出的"资产阶级言谈"及"庶民言谈"(common parlane)是代表拥有及缺乏文化资本两个阶层语言风格的理念型(ideal type)。"资产阶级言谈"混杂许多拉丁词语,它具有抽象性、智性(intellectualism)、委婉性(euphemistic moderation,意思是语言用户懂得避重就轻地、温和地表达)。"庶民言谈"缺乏抽象性,情绪表达不加修饰,主观感受与客观描述缺乏切割,与论及的人、事、物缺乏抽离(Bourdieu and Passeron,1990:116)。

那么，为什么主导阶级的文化专断没有受到质疑呢？《再生产》的两位作者认为是因为教育行动执行者具有教育权威。教育权威让施教者可以合法地进行教育行动。一旦具备合法性，教育行动背后的专断权力就不会被质疑。教育权威受到几个具体社会历史条件的影响。一是社会上主要阶级及群体之间的权力关系。一般而言，当各种力量相对平衡、权力受制约的掌权阶级不敢粗暴地直接干预学校时，教育体系较具独立性，施教者也较具权威。二是各种教育行动"产品"市场的统一性。当决定接受过不同类型教育者物质及符号报酬的机制已经制度化，已经统一起来时，各种教育行动施教者不必再为了抬高自己产品的价值而吹捧自己、攻击对方，教育行动背后的专断权力就不会轻易地因为互揭疮疤而暴露出来，教育权威也就较容易维持（Bourdieu and Passeron，1990：13－14）。三是施教者与受教者之间的委托关系。当施教者被受教者委托施行教化，教育行动就更具合法性；反之，施教者的教育权威难以确立。举例而言，上流社会父母把孩子送到精英学校接受教育，学校与家长之间存在委托关系，学校的教导就在家长眼中具有权威。四是受教者接受教导后的物质及符号回报；回报越高，教育行动就越有权威。五是受教者原有的文化资本与施教者要灌输的文化专断的落差。差距越小，双方文化的亲近性越高，施教者的合法性越是"不证自明"（Bourdieu and Passeron，1990：27－29）。

然而，即使受教者的文化与教育行动背后的文化专断存在巨大鸿沟时，教育权威也不一定无法建立。比方说，当工人阶级出身的受教者因为知道教育可能带来重大回报而极其渴望习得主导阶层的文化时，他们与施教者之间就存在委托关系，教育行动在他们心中就具有合法性。而且，因为受教者出身的家庭缺乏文化资本，学校对他们而言是"有价值"文化的唯一来源，他们很可能较优势家庭出身的孩子更依赖学校，对教育权威更加不会怀疑。[①]然而因为缺乏习得主导文化专断的文化及语言资本，他们最后很可能还是无法获得更高的教育成就。但是因为对教育权威高度认同，低下阶层出身的孩子很可能把学业失败归咎于自己个人的资质。"信奉教育权威但缺乏文化资本"的学生不容易洞察导致自己学业表现欠佳的社会因素。

---

① 关于出身于缺乏文化资本家庭的学生对学校的依赖，布迪厄在《继承人》一书有极其精彩的讨论（Bourdieu，1979）。

2. 教育工作与教育体系

"教育工作"是解释符号暴力运作的另一个关键概念，它是指持续不断地进行、最终打造出受教者"习性"（habitus）的教育行动。"习性"（有译"生存心态"）是布迪厄的一个重要概念，它是指经长时间教化后内化（internalized）于行动者身心的文化专断。习性一经形成后便拥有自己的生命，即使生产它的教育工作已然停顿，它还会继续影响行动者的思想、认知以及实践。因为教育工作的目的是打造受教者的习性，我们可以从下列几个方面判断教育工作的成效。首先是习性的持久性（durability），如果受教者在早年接受教化产生的习性在多年后仍在影响他的思想行为，这个教育工作可以说是十分成功的。其次是习性的转移性（transposability），意思是在某一特定生活范畴培养出来的身心特性对行动者其他范畴活动实践的影响（Bourdieu and Passeron, 1990: 31-33）。举一个例子来说，一个出身低下阶层、家里没钱也没有文化资本的男孩子上学后发现教育可能是他唯一的"救赎"，他听从学校老师的教导拼命用功读书，以弥补其他条件之不足，结果考上了不错的大学。在这一过程中他形成了一种习性，就是遇上困难时用劳力密集、多努力多用功的方法解决问题。日后这男孩遇到心仪的女生也是用类似的方法展开追求，就是不断努力去打动她，而不是靠小聪明、搞花样。这就是习性具转移性，也就是教育工作成功的例子。

判断教育工作是否有效的最后一个标准是习性的全面性（completeness），成功的教育工作在受教者所有范畴的实践留下烙印。举一个例子来说，法国传统社会掌权的是贵族阶层，他们通过继承取得优越地位。因为受到继承制度保障，传统贵族具有优雅、从容不迫、超凡脱俗（抽离）的气质，并通过家庭教育把阶级这一习性一代一代传递下去。法国贵族——及后来与贵族甚有渊源的上流阶层——的这一习性几乎影响了他们生活的每一方面。他们的语言习惯类似上文提及的"资产阶级言谈"。在饮食上，他们会选择小而精致的美食。在体育活动方面，他们比较不会选择激烈的、有许多身体碰撞的、高度竞争性的（例如足球、橄榄球及篮球等）活动；他们会偏好草地滚球之类的，穿得洁白斯文，举一举、滚一滚，连跑动都不太需要的运动。另外，在语言文艺的领域，他们看重的是文艺风格，而不是作品传递的具体信息内容。

因为教育工作的目的是培养习性，习性须经长时间才能养成，为了让教育行动得以长期维持，施教的组织及个人都会致力于促成教育体系自身再生产（self-reproduction），维护让教育工作可以延续的条件。教育工作执行者的自我再生产倾向导致他们充满保守性、渴望维持稳定的性格。因此，教育体系往往比委托它执行符号暴力的社会权力更难改变，即使已经改朝换代，新的统治阶级需要灌输另一种文化专断，学校还是希望继续教导旧有的一套。教育体系的保守性往往导致它与其他体系的落差，甚至引起彼此的矛盾冲突（Bourdieu and Passeron, 1990: 31-33）。

教育工作及习性的概念还有好几个关于社会再生产的重要意涵。首先，通过创造类似的、具持久性的习性，教育工作把处于同一阶级及社群的个人整合起来。因为阶级及群体整合的基础是习性，相同的习性甚至可以克服具体立场差异而发挥整合的效果。[①]其次，习性一经形成是无法逆转的，而且都会影响后来的教育工作，导致微妙但影响深远的区别（Bourdieu and Passeron, 1990: 35, 42）。举例而言，笔者在香港长大，母语是粤语，等到进学校才学习英语，粤语作为母语形成的习性一定影响我的英语学习，使笔者的口头英语带有"广东腔"。即使后来在美国留学多年，已很习惯运用英语，但只要一开口人们就知道笔者是外国人。因为早年受粤语影响形成的语言习性是无法舍弃的，笔者不可能把口头英语变成地道的美国腔，笔者与土生土长的美国人永远无法完全一样。

因为习性具不可逆转性，"原初教育工作"（primary pedagogic work）与"次级教育工作"（secondary pedagogic work）的区别变得十分重要。"原初教育工作"在时间上先于"次级教育工作"，它们两者其实是相对的概念。比方说，如果有人大学本科念工程，研究生念社会学，参加社会工作后再接受管理的专业训练，社会学的训练相对工程而言是"次级教育工作"，但相对管理是"原初教育工作"。如果要追根究底，我们每一个人最原初接受的教育工作大概都来自家庭，学校的教育工作相对而言都是次级的。两种教育工作的区分对了解阶级再生产具关键作用，因为"次级教育工作"的效果受到"原初教育工作"的影响，家庭教育培养的习性与学校的"文化专断"越接近，学校教育便越容易有成效，孩子的学业

[①] 比方说，在学术界不同派别学者对具体问题的看法可能南辕北辙，但这些差异的源头是相同的习性，就是所谓的"与别不同的逻辑"（logic of dissimilation）——意思是要求学者们要有批判性及创见，不要拾人牙慧。"与别不同的逻辑"源于学者们在研究所及学术圈的养成，它可以把对具体问题立场不一致的学者整合成学术社群（Bourdieu, 1990: 35）。

表现也越出色（Bourdieu and Passeron, 1990: 42）。

《再生产》指出我们可以根据学校对待学生"原初习性"（primary habitus）——从原生家庭及出身阶级培养出来的习性——的态度区分两大类型的教育。一种是肯定学生的原初习性，让具备类似学校"文化专断"的学生可以如鱼得水地继续接受熏陶，进而继承优越的社会地位。这一类型的教育被称为"维旧式"（conserving）教育，它的目的是维持原有社会秩序、巩固既有阶层关系。另一类型的目的是转化（conversion），试图以新的习性取代旧有的原初习性（Bourdieu and Passeron, 1990: 44）。以转化为目的的教育又可再细分为两种，一种是保守的，目的是帮助缺乏主导阶层文化资本者习得精英文化。欧洲工业革命后"新贵"把孩子送入寄宿学校——类似戈夫曼（Erving Goffman）讲的"集权性机构"（total institutions）的教育组织——试图帮助下一代摆脱富而不贵的俗气进而打入上流阶层的便是"保守性转化型"教育模式的例子。这种"保守转化型"教育只会强化主导文化专断的主导性，而不会改变它的霸权地位。另一种是激进的、试图通过重新定义何谓有价值文化而改造旧有阶级关系。中国在社会主义改造时对资产阶级、地主及知识分子进行社会主义改造可能是"激进转化型"教育的其中例子。

"实践掌握"（practice mastery）及"符号掌握"（symbolic mastery）是探讨教育行动与阶级再生产关系的另外两个重要概念。"实践掌握"——有人译为"习得"——是指行动者经由实际的操作对知识及技术的掌握；"符号掌握"——又被译为"学得"——指受教者通过符号（主要是指文字）学会的技术能力。举一个例子来说，学习烹饪可以有两种方法，一是通过实作，在厨房不断练习、累积经验；另外是阅读食谱，按照书上所说的食材及步骤去做。前者学会的厨艺属实践掌握，它的教育方法比较内隐（implicit）；后者属符号掌握，教育方法较为外显（explicit）。两种掌握知识能力的方法对阶级再生产发挥着重大影响力。首先，学校教育相当部分通过文字符号进行，不同阶级出身的孩子因为符号掌握的能力不一样，学习成效以致最终能够取得的教育成就亦有异（Bourdieu and Passeron, 1990: 46-49）。其次，出身于缺乏文化资本家庭的孩子也许可以在学校努力学习书本知识，然而书本知识属于符号掌握的范畴，许多重要的、会影响孩子学业表现的知识及技巧还未被转化为文字——甚至可能是根本无法转化成文字——只能通过从小在家庭潜移默化、以实践掌握方式习得，客观条件令弱势背景的孩子难以习得这些能力。举例而言，法国学校甚为重视学生口语表达及文字书写的风格，然而，学校教科书只会教导文法规则，从来没有清楚明确指示学生如何可以按部就班地把语言文字训练成具有风格。工人阶级的孩子即使很用功学习，写出来的东西也只能做到中规中矩、文法没有差错；只有从小就在家庭接受文艺熏陶的才能写出获得教育权威肯定的有文采的文章。

然而，更残酷的是符号掌握与实践掌握永远存在重大的鸿沟，缺乏文化资本的孩子根本不可能按照明确规则努力学习以弥补无法通过实践掌握的有价值文化。用布迪厄及帕斯隆的讲法，"次级教育工作"（secondary pedagogic works）只能产生"次级实践"（secondary practices），它不能产生与"初始实践"（primacy practices）相提并论的习性（Bourdieu and Passeron, 1990: 54）。举一个例子来说，要在法国及英国等具有贵族传统的西方社会爬到最高阶层的位置不能单靠高学历，还必须具备上流阶层的举止仪态，可以很自如地跟最上层的人互动。一个出身于工人阶层但野心勃勃的年轻人并没有从家庭习得这一习性；为了实现梦想，年轻人搜购教导上流社会社交礼仪的书籍，甚至雇用礼仪导师进行指导。然而他从"次级教育工作"学到的只是属于符号掌握的"次级实践"，他的言行举止还保留了原来阶层原初习性的烙印，真正的上流阶层很容易便看穿年轻人的是刻意"学得"的赝品。

"隐性教育法"（implicit pedagogy）及"显性教育法"（explicit pedagogy）是与实践掌握及符号掌握相对应的两种教育方法。隐性教育法不知不觉地传授只在实践状态（practical stage）呈现的原则；显性教育法以按部就班、精心规划的方式教导已经化诸语言符号的正规原则。隐性教育法假设受教者具备学习所需的初始习性；显性教育法则不然，施教者并不会把受教者的习性视为理所当然，他们会注意学生的背景，并思考如何因应受教者的差异调整教育策略以帮助学生循序渐进进行学习。当施教者运用隐性方法教导已具备所需初始习性的学生时，教育工作的效果一定非常理想；反之，受教者会对教学内容如丈二金刚摸不着头脑。一般而言，以文化及社会再生产为目的的教育行动倾向使用隐性教育法（Bourdieu and Passeron, 1990: 47）。因为这种教育是为了维护主导阶层的利益，施教的对象是已具备相应的初始习性的受教者。套用两位作者的一句话，隐性教育法并不生产教育工作赖以成功的条件，它假设受教者已具备可以有效地学习的习性。因此，教育工作越是以文化及社会再生产为目的，施教者就越不会把学习的方法正式化（formalized）为文字符号（Bourdieu and Passeron，1990：51）。非优势家庭出身的孩子遇上隐性教育法时难逃被淘汰的宿命。另外，以文化及社会再生产为目的的学校也容易倾向鄙视不具备所需习性但却认真看待学业、努力寻找方法学得学校知识的学生。因为在施教者眼中，这类型学生过度学究（over-scholastic）、过度认真，举止也欠从容。布迪厄及帕斯隆认为学校"学术的反学术"（academic anti-academic）的态度代表教育体系对不具备"有价值"文化资本学生的排斥（Bourdieu and Passeron，1990：128-129）。

那么，显性教育法可以打破阶级再生产的魔咒，逆转被宰制阶层子弟的命运吗？布迪厄及帕斯隆对此并不乐观。因为社会的主导阶层不会容许显性教育法占据主导性的位置，他们亦不会把孩子委托应用这种教育法的施教者，更遑论赋予他们教育权威。这导致主导阶层继续利用传统主义教育模式进行阶级再生产；弱势子弟被贬到接受显性教育法的处境。另外，非传统主义教育模式最多只能帮助缺乏文化资本的"主导阶级从属群体"（subordinated group of dominant class）——例如在欧洲工业化过程中走进历史舞台的资本家及工业家"新贵"——爬到更高的阶级地位，对大部分真正弱势的工人阶级帮助甚为有限（Bourdieu and Passeron，1990：54）。

"教育体系"（educational system）是了解符号暴力得以顺利运作的另一个关键。教育体系按其功能可分为两大类：一类是文化再生产型，目的是巩固既有的社会权力；另一类属于文化生产型，它致力于研发创新的知识及技术，可能对原有的阶级关系构成冲击。布迪厄与帕斯隆相信法国教育体系属于前一类型，它并不重视原创性的研究，与科学领域的互动也欠频繁。①为了发挥文化及社会再生产功能，教育体系必须制造让教育工作得以持续的条件，令受教者接受反复灌输后产生持久一致的习性；同时，教育体系的制度设计亦必须帮助隐藏教育行动背后的符号暴力（Bourdieu and Passeron，1990：57）。

布迪厄及帕斯隆相信教育体系的标准化（standardization）是保证学校可以持续灌输文化专断、打造受教者习性的一个重要条件。一般而言，教育体系承担的再生产功能越多，它的标准化程度就越高。因为法国教育体

---

① 许多历史学者认为法国高等教育不重视科学研究导致该国科技发展落后，然而自《再生产》法文版于1970年面世后，学者们开始质疑这种观点。对相关讨论有兴趣的读者可参阅 Day（1992）。

系的主要功能是文化再生产，它要求所有教育工作者都接受过"正统"训练，牢牢地掌控施教者的再生产。①另外，为了隐藏教育工作的专断性，提高教育行动的合法性，教育体系必须具备一定的自主性。法国教育体系的自主性来源可分为好几个方面。首先，跟其他欧洲社会一样，传统法国社会的教育与宗教是混在一起的，但在现代化过程中出现社会分化，产生了专门的教育组织、专业的教师团队，教育跟其他场域出现功能的区别，专门负责教育工作的教育体系于是拥有了一定的独立性。

其次，权力场域与教育体系的"两重委托关系"亦强化了学校的自主性。所谓"两重委托关系"是指社会的掌权阶层委托教育体系施行符号暴力，教育体系再委托前线的教育工作者执行教育行动。两重的委托导致社会权力与教育行动中间多了一层区隔，阻碍我们洞察教育工作与社会再生产的关联性。笔者在此举一个亲身经历的案例解释两种委托与符号暴力的关系。笔者多年前在香港念高中时最喜欢的科目是中文课，因为当时的中文老师教学认真，关心学生，讲课内容丰富且生动有趣。受到老师的影响，笔者很希望能够考上大学念中文系，日后当中文老师。那时从来不会想到笔者敬爱的老师的教育行动与社会权力的关系。多年后，笔者走上了另一条路，选择了教育社会学专业，博士论文研究第二次世界大战后中国香港及新加坡政治与中文教育的关系。笔者从历史资料中发现英国占领香港时的学校课程设置的目的是帮助维持资本主义在香港的殖民统治。比方说，我们当时中文课纲及课本都排除了 20 世纪 30 年代中国左派作家的作品；另外，香港教育司把中文教育的目的定义为培养学生的语文表达以及欣赏中国文学作品的能力，港英政府从来不会鼓励我们通过学习中文培养对国家民族的认同。②当时香港中文教育符合布迪厄及帕斯隆所讲的文化

---

① 一般而言，偏重文化再生产功能的学校有更强的意愿垄断施教者的再生产；文化生产型的较能接受教研人员的多元性。此外，国家掌权者越依靠学校进行意识形态再生产，教育体系就越强制要求施教者接受正统一致的养成训练。举例说，解严前台湾国民党利用教育体系打造政府认同，岛内中、小学教师都出身于政府直接掌控的师范大学或师范专科学校，接受过三四年住校的全面师资养成训练。但在英国占领时的香港，港英政府不需要利用学校打造国民身份，教育体系承担的文化再生产功能相对较轻，师资养成制度的统一性也较低。香港一直到主权回归前几年都没有师资培训的大学本科课程，大学各科系毕业生都可到中、小学执教鞭，然后以修读在职（part-time）教育文凭课程——一般为期两年——的方式取得教师的专业资格。如果不介意日后没有升职机会，具有大学本科学历的香港中小学教师甚至可以放弃进修教育文凭。

② 对英国占领时期香港中文教育与政治的关系感兴趣的读者可参阅笔者 2008 年出版的《比较霸权：战后新加坡及香港的华文学校政治》（以下简称《比较霸权》）。

专断，完全是英国掌权者委托教育体系执行的符号暴力。然而因为两重的委托关系，笔者当时每天在学校看到的只是一位教学很用心，很关心学生，讲课很有吸引力的老师，教育行动背后的符号暴力完全被隐藏起来。引用《再生产》的讲法，经过了两重的委托关系，受教者及施教者都认定教育权威来自施教者的个人能力及魅力，教育体系成功地把教育工作的专断性掩盖（Bourdieu and Passeron, 1990：65）。[①]

最后，法国教育体系能够成功执行符号暴力，是因为大部分学校是公立学校，教师都是公务员，教育工作的执行队伍被视为具有自主性、不受外在社会权力所操控。法国教育体系凭借与国家的密切关系而被视为有自主性，主要是因为该国的特殊历史条件。法国大革命后，国家一直扮演改革旧社会、挑战贵族及天主教教会特权的角色，人民把国家视为引领社会迈向共和，落实"自由"、"平等"及"博爱"等普世价值的进步力量。因为国家在法国社会的霸权地位，属于公务员的教师团队也被视为超越宗教及阶级、维护社会整体利益的专业群体，他们执行的教育行动在公众心中也就更具备合法性（Bourdieu and Passeron, 1990：66）。[②]

二 《再生产》引起的批评与讨论

《再生产》无疑是教育社会学的经典，这部作品帮助批判教育研究在新马克思主义以外树立另外一个传统，它提醒我们，符号及文化场域在社会再生产中具关键作用，学校教育的再生产功能并不局限于延续资本主义经济制度，仅仅拥有经济资本的资产阶级不一定是课程政治的主角。该书提出教育体系往往以语言风格等学校不会教导，也不能单靠努力按部就班学会的习性评核学生，借此延续文化主导阶层的权力；并指出家庭培养出来的习性与学校文化专断的距离是导致不同背景学生教育成就差异的关键因素。布迪厄及帕斯隆又提出了"原初教育工作"、"次级教育工作"、"实践掌握"、"符号掌握"、"隐性教育法"、"显性教育法"、"维旧式教

---

① 布迪厄及帕斯隆甚至认为为了掩饰教育行动与外在社会权力的关系，教育体系会容许部分施教者有个性，放任他们特立独行（Bourdieu and Passeron, 1990：125 – 126）。
② 国家被视为代表社会整体利益是法国社会的特殊现象，法国国家的霸权地位对该国教育产生了深远的影响。在英国及美国等社会，国家的地位并没有如法国般崇高，民众怀疑国家倾向维护特殊阶层的利益，缺乏制衡的国家容易腐败，因此在制度设计上要把学校体系与国家保持距离，以保障教育的自主性。

育"及"转化式教育"等重要的概念,让我们可以借此进一步探究学校与社会再生产的微妙关系。此外,《再生产》有助于我们反思为何在民主开放、自由平等、教育普及的社会,阶级不平等现象依旧存在的重要课题。

尽管《再生产》对批判教育社会学做出了重要贡献,但这部作品还是引起了极多的争论。学者们的批判包括:①抹杀行动者的主体性,把阶级再生产视为理所当然;②去历史化(ahistorical)的分析,忽略教育及社会变迁;③缺乏比较视野,把法国的特殊现象误认为具有普遍性;④功能解释,无视社会冲突对教育体系的影响。笔者在下文将逐一讨论这几点批评。然而为了公平地评估《再生产》,笔者认为有必要先对该书提出几点较为整体性的说明。

首先,两位作者在20世纪60年代写作《再生产》是为了打破第二次世界大战后欧洲社会以为只要把更多弱势子弟送入学校就能够促进社会平等的迷思。为了破除对教育的迷信,布迪厄及帕斯隆强调学校的保守性,致力凸显过往累积形成的条件如何顽强地延续不平等的社会关系,从而说明为何教育扩充后"魔高一丈"的主导阶层还是有办法继续占据优越的社会位置。因为这个原因,该书呈现的是布迪厄整个理论体系中较保守、较为强调结构决定作用的一面。其次,《再生产》是布迪厄最早被翻译成英译本的一部著作,当时英语世界的学者相对不容易通过他其他作品更全面地了解他的思想,加上许多教育学者可能只对布迪厄关于教育的著作感兴趣,没有读过他更理论性(也更艰涩难读)的作品,例如跟《再生产》英文版差不多同时间在英语世界面世的《实践理论纲要》(Outline of a Theory of Practice)。有部分对《再生产》的批评源于学者们对布迪厄的片面解读。

此外,许多抨击《再生产》的学者误认为该书试图提出一个具有普遍性的、完全的理论(universal and total theory)。公平而言,两位作者对这一错误解读也许要负上一点责任:尽管布迪厄在该书前言部分曾交代书中理论命题的基础是他们对20世纪60年代法国教育的经验研究,又重申《再生产》的理论观点必须与进一步的经验研究对话并做出修正;他们在书中的论述有时候语调非常斩钉截铁,好似在宣示普遍的绝对真理。《再生产》出版后两位作者不断透过不同渠道"灭火",致力于把该书的论点"去普遍化"(de-universalize)及"去完全化"(de-totalize)。比方说,布迪厄在20世纪80年代中后期的一个访问中重申他提出的只是一种思考方法,而并非具有普遍性的理论。他又强调尽管大部分社会都有类似的再生产机制,研究者必须小心观察不同历史脉络下这些机制的实际运作以及评估各种因素的具体作用（Mahar, 1990: 36）。另外，帕斯隆在 1986 年的一篇论文中指出，没有一个理论可以涵盖经验世界的全部，《再生产》提出的理论跟其他的都一样，都只是解释教育体系及社会再生产的部分理论（partial theory）。他鼓励学者们探索该书没有论及但影响文化及社会再生产的其他重要因素（Passeron, 1986）。笔者基本上接受两位作者的辩护。

下文对上面提及的对《再生产》的四点批评逐一进行评论，笔者希望这部分的讨论能够深化对该书理论观点的理解，有助于思考发展再生产理论的可能方向。

1. 抹杀行动者的主体性，视阶级再生产为理所当然

许多学者认为布迪厄及帕斯隆的再生产理论忽略行动者的主体性，把阶级再生产视为理所当然，这些学者批评的重点可以分为三方面，分别是针对习性、文化及初始教育的概念。

（1）"习性"与行动者主体性

《再生产》英文版面世后很快便被批评为把行动者描绘成受制于早年教育工作打造的习性，注定只能继承原有的阶级地位（Aronowitz and Giroux, 1985; Giroux, 1983; Gorder, 1980）。学者们的批评有部分是因为他们没有从布迪厄思想脉络及其他作品更全面地理解习性的真正意思。布迪厄从 20 世纪 60 年代初期开展学术生涯时，法国的知识界被划分为两个对立的思想阵营，一方面是以阿尔杜塞（Louis Althusser）及斯特劳斯（Claude Lévi-Strauss）等为代表的客观主义（objectivism）立场，他们强调客观结构——例如马克思主义者讲的生产力及生产关系及结构语言学者讲的"语言"（language）等——对人类行为的决定性作用。另一方面是包括存在主义（existentialism）、现象学（phenomenology）及民俗方法学（ethnomethodology）等的主观主义（subjectivism）阵营，它们强调人的自由意志、主体性、主观意识及行动的选择。布迪厄对两种主流立场都持保留态度，因为客观主义忽略了行动者的感知及经验是客观结构得以运作的一个先决条件，主观主义无视形塑行动者主观经验世界的客观条件。布迪厄学术研究的其中一个主要关怀是要建立一套超越两种对立立场、能够考虑到结构限制但并不抹杀行动者主体性的实践理论（Reed-Danahay, 2005: 14-16; Swartz, 1977: 52-64）。

作为布迪厄理论架构中的一个最核心的概念，"习性"无疑具有相当的客观主义元素。因为习性在客观的生存条件下形成，它是具有持久性及

转移性的身心状态，可以在行动者不完全自知的情况下影响他们对外在世界的感知，左右他们的实践行动。此外，习性是无法逆转的，一经形成，它就会成为我们的一部分，对我们产生长远的影响（Bourdieu and Passeron，1990：33 - 43；Bourdieu，1990：53 - 54）。然而，布迪厄从很早便指出习性并不等同于结构决定论，因为习性与实践行动的关系是非机械性的——尽管过往形成的身心状态会限制我们的感知及行为倾向，但我们在受限的范围下仍然可以做出选择。布迪厄称这种不完全自由但没有完全被决定的状态为"被规范的即兴演出"（regulated improvisation）（Bourdieu，1977：21；Bourdieu，1990：55）。套用史坦梅斯（George Steinmetz）的讲法，习性只限制我们实践的可能范围，但没有决定我们最后采取的具体行动（Steinmetz，2011：51）。把受习性限制下进行的实践行为理解为"被规范的即兴演出"有助于打破许多学者认为阶级原初习性必然机械式地导致阶级再生产的迷思。举例而言，出身低下阶层的孩子也许因为家庭教育而不具备学校看重的文化风格。然而，缺乏上流社会习性只是限制了他们不太可能依靠"资产阶级言谈"取得教育成就，但孩子们还是可以在余下的选项做决定。他们可以选择放弃，也可以加倍用功，并挑选相对而言不太看重言语风格的学科。①选择前者的结果是阶级再生产，选择后者的也许能晋身中产阶级，甚至有个别的还可以成为"主导阶层的从属部分"的一分子。同样的，上流阶层出身的孩子具备"资产阶级言谈"，然而"有价值"的习性只能让他们的学习可以事半功倍，优越背景出身的孩子可以选择利用这一条件，但也有可能因为种种因素——比方说，因为过于骄傲、完全不用功——糟蹋了这一优势。选择前者有很大机会可以继承优越的社会位置，选择后者也许会承受"阶级沉沦"（down classing）的后果。②

---

① 布迪厄与帕斯隆在《再生产》中没有考虑到教育体系不同类型学校及学科对风格的重视程度可能有差别。他们认定在法国不管文科或理科都十分看重语言风格（Bourdieu and Passeron，1990：73）。

② 《再生产》强调上流社会出身者因为拥有文化资本而在阶级再生产的游戏中占尽优势。但布迪厄后来的作品（例如《学术人》及《国家精英》）显示他意识到因为现代社会阶级再生产越来越倾向"学校中介模式"，掌权阶级无法确保子弟都学有所成，优越背景的孩子也要承受越来越高的风险。另外，布迪厄后来较多讨论掌权阶级再生产的不确定性，可能是因为他对文化资本有更深入的思考。他在 1986 年发表的经典论文《资本的形式》（*The Forms of Capitals*）指出文化资本的一种是"身体形式"（the embodied form）。"身体形式文化资本"会影响在学校的表现，然而要拥有这种资本必须通过一个不能假手于人的训练过程，即使具备"优越"习性的上流阶层子弟还是要通过一定的学习过程才能学有所成（Bourdieu，1986）。关于"身体形式文化资本"对再生产的影响，可参考本书第七讲。

(2)"文化"与行动者主体性

其次,有学者认为《再生产》对"文化"的处理方式抹杀了行动者的主体性。比方说,舍利(Dennis Shirley)及威利斯都批评布迪厄把文化简单地化约为"资本",以为文化的作用只是帮助它的持有者追求更高的物质及符号回报。此外,单从资本概念理解文化也容易导致学者们只根据各阶级及社群文化与"主导文化专断"的距离衡量它们的权力。把文化化约为资本令弱势社群文化在主导阶级文化霸权下显得苍白无力,使人们误以为缺乏"有价值"文化资本的被宰制阶级只能任人宰割,忽略文化对社会秩序的颠覆性作用(Shirley,1986:106-108;Willis,1977:55-56)。其实,文化的另外一种形式是第二讲中阿普尔提及的"生活的文化",它是行动者在日常生活互动中形成的意义,可以帮助我们理解身处的社会世界,指导我们对外在环境做出回应。"生活的文化"概念意味着文化不一定只帮助巩固既有的权力关系,因为它可能会被统治阶层挪用为反抗主导阶层霸权的资源——威利斯《学做工》的"小子"只是其中的一个例子(Aronowitz and Giroux,1985:84;Gorder,1980:344)。

(3)"初始教育"与行动者主体性

此外,学者们亦质疑《再生产》忽略了初始教育工作受教者主体性。布迪厄及帕斯隆相信从家庭教育养成的初始习性对后来在学校的学业成就有重要影响。然而《再生产》——甚至布迪厄后来的作品——都没有通过经验证据探讨家庭初始教育工作的执行情况,更遑论了解孩子们对家庭教育的实际反应。两位作者仿佛假设孩子们只会被动接受父母的施教,家庭必然可以顺利地把阶级文化传递给子女。[1]美国教育人类学学者列戴娜赫(Deborah Reed-Danahay)引用历史社会学大师埃利亚斯(Norbert Elias)的经典文章《父母的文明化》(*The Civilizing of Parents*)质疑《再生产》这一假设。埃利亚斯认为现代社会父母及子女的权力关系远较以前平等,一方面因为西方社会经过文明化过程后人们大都学会了控制情绪,约束自己的暴力倾向;另一方面因为避孕技术的进步,人们大都懂得计划生育,不会盲目地生下一大堆孩子。因为大部分儿童都是在父母计划下到来;都

---

[1] 有趣的是,《再生产》没有假设学校的教育行动必然具备合法性,两位作者在书中探讨学校教学树立权威的先决条件(Bourdieu and Passeron,1990:11-30)。然而他们却把家庭教育的权威视为理所当然,从来没有讨论在何种条件下家庭初始教育工作的执行者才能具备权威、家庭教育工作才能有效。

是在满足父母的情感需要，父母非常在意孩子的感受（Elias，1998）；孩子们——包括还未到上学年龄的幼童——不太可能只被动地接受父母的管教。列戴娜赫相信一旦注意到幼童的主体性，我们就不会把初始教育的效果视为理所当然。她甚至认为儿童主体性的因素可能有助于解释部分出身中上阶层的孩子因为学业表现欠佳导致阶级位置下滑的个案（Reed-Danahay，2005：64-66）。

2. 去历史化分析，忽略教育及社会变迁

不少学者批评《再生产》提出去历史化的再生产理论，对教育转变缺乏历时的分析（diachronical analysis），两位作者笔下的社会仿佛永远无法摆脱不断重复的再生产循环（Steinmetz，2011：45-46；Gorder，1980：343；Harker，1984：117）。笔者认为这类批评基本上也是源于对《再生产》过于狭窄的解读及误读。首先，有部分学者去历史化的批评源于对"习性"的片面理解，认为习性一经形成后必然会驱使行动者在不完全自觉的情况下再生产习性赖以形成的社会条件，既有的权力关系因而可以不断地维持下去（Bourdieu，1990：56）。然而，布迪厄及帕斯隆从不认为行动者的实践行为单单由习性决定，他们也没有幼稚地相信习性可以驱使行动者不断重复既有的实践模式。相反，从早年的《实践理论纲要》开始，布迪厄就指出历史事件（event）对实践行为的重要决定作用。他强调突然而快速的物质及社会条件变化往往迫使施教者改变教育行动的内容及方法，①以及令行动者不自觉地调整既有的习性（Bourdieu，1977：77；Bourdieu，1990：55-56；Harker，1984：120；Steinmetz，2011：54）。布迪厄后来甚至认为相同的习性在不同历史事件的刺激下可以引发出完全相反的实践。比方说，他在20世纪80年代进行过一项关于法国天主教主教（bishop）的研究，研究样本年纪最大的在20世纪30年代成为主教，最年轻的在20世纪80年代成为神职人员。布迪厄发现有贵族背景的主教一般都具有与资产阶级对立的习性，然而同样的"反资产阶级习性"却导致部分主教变得十分保守，有部分变成左倾。布迪厄认为主教的政治立场出

---

① 然而布迪厄这一讲法与《再生产》的非常不一样。他曾在该书中指出因为长时间而持续的教育工作是打造习性的先决条件，教育工作者都致力于维持稳定的施教环境，结果他们变得十分保守，拒绝因应社会变化而调整施教的方法（Bourdieu，1990：31-33）。布迪厄必须交代在什么时候施教者会随着环境改变，什么时候会顽固地拒变。

现重大分歧，是因为他们身处不同的历史时期以及服务于政治生态不一样的教区，从而导致部分有贵族背景的神职人员以拥抱保守传统的方式反资产阶级，另一部分选择靠拢工人阶级跟资产阶级对抗（Bourdieu and Chartier, 2015: 58）。

另外，《再生产》一书亦多处显示两位作者并没有假设文化及社会再生产是一个必然会以相同方式延续下去的过程。比方说，他们在讨论教育工作时就曾指出教育行动执行者为了可以长期施教而不断追求自我再生产，教育体系因而充满保守性，学校往往落后于外在社会权力的变化；教育与社会的落差可能导致两者的冲突（Bourdieu and Passeron, 1990: 31-32）。《再生产》下卷又指出在高等教育扩张之前，进入大学的都经过严格的筛选，受教者大都拥有领受大学教育行动所需的文化资本。这个阶段被称为"有机阶段"（organic stage）。然而教育扩张后不习惯聆听教授们"权威傲慢的言语"、无法接受隐性教育法教育、言语表达也缺乏风格的学生大量涌入。教育工作执行者与受教者越来越难以沟通，高等教育进入了"危机阶段"（crisis stage）。在一般情况下，施教者与受教者沟通不良会迫使前者反思其中的原因，可能促使他们改用"显性教育法"帮助文化资本有限的学生。然而在法国高等教育扩张的同时，教师队伍大幅扩大教授的社会背景的异质性增加，许多出身相对弱势阶级的新进教师为了证明自己真正属于文化精英阶层而坚持运用旧有的教育法（Bourdieu and Passeron, 1990: 90-95）。结果，尽管高教扩张把多元背景学生送进了大学，弱势背景的学生在学校处于边缘位置，与周遭的文化格格不入。《再生产》关于高教"有机阶段"及"危机阶段"的讨论显示两位作者意识到在不同历史条件下学校排斥弱势子弟的方式不尽相同。

帕斯隆后来继续反驳对《再生产》去历史化的指控，他在1986年发表了一篇论文解释该书的理论主要根据法国19世纪末至20世纪中期的历史经验建构，这段时间他称为"资产阶级教育体系的黄金时期"，特点是学校体系的自我再生产与社会阶级再生产紧密相连，资产阶级几乎完全可以依靠学校树立绩效主义（meritocracy）的神话延续主导地位。然而这段黄金时期只是特殊历史条件的产物，在漫长的历史中学校体系并不一直被利用或能够成功发挥社会再生产功能。比方说，19世纪以前欧洲社会的统治阶层不太依赖学校教育延续优越的社会地位（因为人们都没有质疑以继承方式取得优越地位的合法性）；从20世纪中后期开始，越来越多人质疑绩效主义的神话，学校的"教育权威"及"文化专断"也面对越来越严峻的挑战，主导阶层不容易依赖学校延续既得利益。帕斯隆鼓励我们利用《再生产》的观点反思学校可以发挥再生产功能的历史条件以及运用比较研究方法探索不同社会教育与权力的关系（Passeron，1986）。

3. 缺乏比较视野，把法国的特殊现象误认为具有普遍性

英国的阿雀尔（Margaret Archer）是采用历史比较的视角反思再生产理论的代表性学者。她批评布迪厄及帕斯隆只根据法国的历史案例进行理论建构，然而宣称探讨的是所谓"教育行动的逻辑"（logic of pedagogic action），结果把一切教育活动同质化，把法国的特殊现象误认为具有普遍性。阿雀尔从她 1979 年出版的教育社会学经典著作《教育体系的社会根源》（*Social Origins of Educational Systems*）的观点出发，指出因为国家教育体系（state educational system）的结构形态（structural features）对学校教育的内容、方法及结果都构成重大影响，一切关于文化及社会再生产的讨论都不可忽略教育体系的作用。按照阿雀尔的定义，"国家教育体系"是国土内一系列负责提供正规教育（formal education）的学校组织，它们在相当程度上受政府管控，各类型及等级的学校彼此链接但又有一定的分工（Archer，1986：3）。受到各自历史条件的影响，不同社会的教育发展轨迹存在差异，教育体系的结构特征也不尽相同。比方说，法国的教育体系倾向于"中央集权"（centralized）形态；英国及美国的较属于"权力下放式体系"（decentralized system）。学校体系的结构差异对文化及社会再生产的过程及结果都带来重大影响。阿雀尔批评布迪厄及帕斯隆单单专注于教育体系的普遍功能（执行符号暴力），忽略了不同社会的教育体系的结构差异。因为缺乏比较的视野，两位作者把法国教育的特殊现象误以为具有普遍性，阻碍了我们了解在不同历史社会场景下文化再生产的差别（Archer，1993：226 - 227）。①

阿雀尔认为受法国特殊历史条件的限制，《再生产》的符号暴力理论假设了教育体系的高度中央集权性、国家（the state）对学校牢牢的掌控、各类型及等级学校彼此紧密连接。法国大部分学校由国家直接营办，学校

---

① 其实布迪厄及帕斯隆把"教育体系"视为解释符号暴力运作的四大概念的其中一个，《再生产》一书并非没有讨论教育体系。然而正如阿雀尔所说，该书只从两位作者认定的教育体系普遍功能推论学校体系的结构特征，无法帮助我们看清楚不同社会教育体系的结构差异。

都必须按当局颁布的课程及教科书授课；教师都接受过政府主办的师资养成训练，而且都具公务员身份；考试制度也高度统一。只有在这么高度集权的体制下，教育体系才会如《再生产》所描述的那样每一个环节——包括教师、考试制度及课程等——都会紧密配合贯彻执行符号暴力。在教育体系权力下放的国度——例如英国及美国——中央政府尊重地方的教育自主权，①相当比例的学校并不直接由国家营办，大部分教师并不具公务员身份，②教育专业养成训练也不由政府包办，③国家没有颁布统一的课程及指定教科书，④考试制度亦不统一，⑤政府政策容许各种信奉不同理念、应用不同教育法的学校并存。⑥在权力下放的国度，掌权阶层的文化不易变成主导文化专断，更遑论要求学校、教师、课程及考试制度配合施行符号暴力。为了避免误用再生产理论，阿雀尔重申必须借比较研究审察布迪厄及帕斯隆理论在不同社会的适用性（Archer, 1983: 214）。

另外，从历史比较的角度出发可能有助于我们省察文化再生产的不同

---

① 比方说，美国联邦政府把大部分教育决策权下放给州政府；美国全国被划分成一万多个校区，区内的公立中小学主要由区内居民以一人一票选出的"学校委员会"（school board）负责管理。英国教育决策权被下放至属地方政府的"地方教育局"（Local Education Authorities），目前英格兰及威尔士地区共有一百多个"地方教育局"。一直到 1988 年，"地方教育局"还拥有部分高等教育的权力，管辖地区内的技职训练院校。

② 英国大部分中小学校都并非由国家直接办理；许多学校由民间组织（主要是教会）在接受政府财政补助下营办，这类型学校的教师并没有公务员身份。

③ 英国一直到第二次世界大战前夕，教会办理的师资养成课程学生人数超过官方（主要是"地方教育局"）主办的。即使第二次世界大战后国家更积极介入师资培养，20 世纪 60 年代末政府办理课程的师资培训的名额也只占总数的 2/3（Archer, 1983: 214, footnote # 61）。

④ 英国政府在 1988 年推出"国家课程"（National Curriculum）之前没有全国统一的课程。美国到今天仍一样，中小学校选用教科书的权力下放到地方民选的"学校委员会"甚至学校。

⑤ 美国没有所谓统一的国家考试，最多高中毕业生参加的"学习能力倾向测验"（Scholastic Aptitude Test，简称 SAT）的价值一直被教育界及公众质疑，不同的大学在考虑新生入学申请时对它的重视程度也不一样。另外，英国的考试制度也不统一，第二次世界大战后大部分中学毕业生都参加的"普通教育文凭考试"（General Certificate of Education Examination）其实只是一个统称，当中包括十多个不同的"考试委员会"（Examination Boards）办理的考试。

⑥ 除了大量不同宗教及族群背景的学校外，英国及美国还有各种各样的另类学校（参见第一讲关于自由学校方案的讨论），以及有相当数量学童接受在家教育（home schooling）。有意思的是笔者通过网络搜寻发现，关于法国另类教育的信息十分有限，该国接受在家教育的学童人数比例远低于英国及美国。笔者的发现似乎印证了阿雀尔对法国集权化教育体系的观察。

形式，不致误以为符号暴力一定按照《再生产》所陈述的"教育行动的逻辑"施行。布迪厄与帕斯隆所讨论的其实只是社会再生产其中的一种可能策略——一种当被统治者的文化对掌权者不构成威胁、主导阶层可以不必考虑如何在文化上改造被统治阶层时所采取的再生产策略。倘若被宰制者的文化对既有的掌权阶级构成威胁、统治阶层面对压力必须改造被统治者的文化，符号暴力施行的方式也就会跟《再生产》所描述的非常不一样。举例说，19 世纪开始大量移民从世界各地涌入美国，外来移居者有不同的语言及文化，他们的思想也可能跟美国的主流价值不一样，甚至有冲突。他们在陌生的"异域"与同乡聚居在一起，形成与外界区隔的小区并维持原有的思想文化。放任移民不管可能会影响美国的社会整合，甚至危及原来白人安格鲁－撒克逊掌权阶级的地位。为了延续自身的权力，主导阶层一方面利用政治影响力收紧移民政策，同时搬出"大熔锅"（The Melting Pot）的观念，强调美国是一个愿意让外来移民融入的开放社会，但要融入的先决条件是熟悉美国的语言文化、接受主流社会的价值观。美国政府鼓励移民把孩子送入公立学校积极学习英语、了解美国的历史及社会、接受美国自由主义及个人主义价值观的洗礼，并在文化上同化成为"美国人"。白人主导阶层的目的是透过同化政策改变移民的文化及消灭他们"有问题"的意识形态（例如从欧洲带进来的社会主义思想）。

美国对外来移民的教育政策完全符合《再生产》对符号暴力的定义，因为它的基础是社会群体的专断权力关系，企图灌输的教育内容也是无法从普遍原则推出来的文化专断。然而，因为美国主导阶层的文化再生产策略是为了同化，越多移民学会英语以及被灌输美国的主流价值观对掌权者就越有利，美国的符号暴力施行方式跟《再生产》陈述的非常不一样。首先，以改造被统治者文化为目的的符号暴力非常重视所传授的知识内容，掌权者希望学生掌握英语的听、说、写、读能力以及认识美国的历史、社会及政治。这种教育行动看重的不会是布迪厄跟帕斯隆强调的"风格"，传递的知识内容也不可能如《再生产》所说般空洞得"近乎为零"。其次，以同化为目的的教育工作会较倾向采用显性教学法，对传统主义的教学法比较有所保留。为了让被统治者学会灌输的教学内容，掌权者会较愿意思考如何确保不同背景的受教者都可以有效地学习，教学行动不会只以原来就具备"有价值"文化资本的学生为对象。相反，教育工作规划者会认真评估受教者的原初习性，并针对不同背景、拥有不同习性学生设计不同的教育方案。比方说，从 19 世纪开始美国就出现了针对母语为非英语学生的"英语作为第二语言"(English as Second Language)的教材及教学法。因此,批判教育社会学者必须借深入的历史比较研究掌握不同社会历史条件下不一样的符号暴力运作方式。

4. 功能解释,无视社会冲突对教育体系的影响

《再生产》亦被批评为偏重功能解释,忽视社会冲突对教育体系的影响。阿雀尔指出该书两位作者以学校的功能性(functionality)解释学校体系的结构形态,他们认为学校因为要发挥最主要的功能——灌输主导文化专断及再生产既有阶级秩序——它会具备中央集权但又同时拥有自主性的结构特征。功能解释忽视了教育体系被社会群体的冲突互动打造的历史过程(Archer, 1983: 202)。以法国为例,阿雀尔的历史比较社会学研究显示该国教育体系中央集权特性的根源是资产阶级挑战天主教会教育掌控权所采取的策略——而并非因为要配合掌权阶级行使符号暴力。传统法国社会跟许多其他欧洲地区一样,学校教育被教会垄断。但随着启蒙运动及工业革命等重大历史变化,资产阶级走上历史舞台,新兴的阶级力量发现教会主导的教育只为宗教服务,无法满足新时代的需要,于是结合属于第三等级(The Third Estate)的平民挑战教会对教育的掌控。当时抗争的社会力量相对缺乏经济资源,但较有政治资本。①资产阶级于是采用所谓"限制策略"(restrictive strategy)挑战天主教会对教育的掌控——革命成功后运用议会的力量关闭教会学校,没收天主教会校地以及禁止具神职人员背景者担任教师。然而,单凭"限制策略"只能破除旧有的教育制度,无法建立新时代所需的学校体系。相对缺乏经济资源的资产阶级只能转向国家,依赖公权力为共和国重建教育体制。结果催生了高度中央集权的国家教育体系——一个绝大部分学校由国家直接营办、课程及考试制度高度统一、教师属公务员的体系(Archer, 1986)。②阿雀尔重申具体的社会群体冲突互动远比"学校的再生产功能"更能解释法国教育体系的特性。

---

① 法国的资产阶级以专业人士及从事商业者为主,工业家比例较低,新兴阶级的财富不算特别庞大。然而当时资产阶级在省议会(provincial parliaments)拥有一定影响力,他们曾通过议会催生了影响深远的改革。阿雀尔因此认定法国的资产阶级相对缺乏经济资源,但却具有相当政治影响力(Archer, 1986: 14-15)。

② 阿雀尔指出英国的资产阶级包含了相当数量的工业家,他们拥有雄厚的经济资源,因此采取"取代"(substitution)策略——具体做法是大量创办符合自己需求的学校——挑战圣公会(Anglican Church)对教育的垄断。取代策略带来各种不同背景理念的学校,形成后来英国教育体系分权式的格局(Archer, 1986)。

此外，布迪厄及帕斯隆认为教育体系的自主性是为了更有效发挥行使符号暴力的功能，但笔者有理由相信冲突理论可能比他们的功能分析更能解释教育体系的相对自主性。因为国家教育官僚、学校营办人及教师等都希望利用学校组织牟取更多的物质及符号利益，教育体系自主性的形式及程度会影响到谁可以掌控学校以及学校的地位与享有的资源，学校具独立性与否对很多群体的利益构成重大冲击。因此，关于教育体系自主性的问题往往是冲突的导火线，特定历史场景下学校自主性的具体形式及程度往往是社群角力的结果。举例说，在法国因为国家被视为代表社会整体利益，人民认为国家可确保教育体系免受只为追求私自利益（sectional interests）的势力所操控，因此认定学校隶属国家是保障教育体系自主性最好的方法。法国教育体系这一形式的自主性让国家教育行政部门掌握极多资源，拥有极大权力，然而却限制了私人资本通过办理教育牟利的空间。为了创造经营的条件，经营教育的资本势力在过去一二十年结合新自由主义试图说服法国人民国家垄断教育并不符合社会整体利益、集权式教育制度只是养肥了国家官僚。他们向人们灌输不受国家束绑、能够快速有效回应市场需求的教育体系才是真正对人民有利的想法。法国教育体系未来拥有何种形式的自主性视国家教育行政体系、新自由主义者与私人资本等角力的结果——而不是哪一种形式的自主性最能发挥文化及社会再生产功能——而定。①

三 本讲小结

《再生产》绝对是批判教育社会学的经典著作。笔者1991年在美国修读博士课程的时候第一次阅读该书。在之后的20多年，因为教学及研究笔者多次重读这部经典作品，每一次都读得很辛苦，但每一次都获得新的启发，十分有收获。笔者认为这部著作——跟其他布迪厄关于教育的著作一样——是值得有志于批判教育社会学者耐心一读再读的佳作。然而，为了从布迪厄获得更多的启发，更全面深入了解他的想法，教育研究者应该至少阅读一部较能全面呈现布迪厄思考方法的理论性作品，例如《实践理

---

① 笔者曾研究过香港理工学院——今天的香港理工大学——在20世纪六七十年代时关于该学院自主权的政治角力。对社会冲突如何影响教育体系自主性问题感兴趣的读者可参考笔者在2014年发表的文章（Wong, 2014）。

论纲要》或1990年出版的《实践的逻辑》(The Logic of Practice),或者阅读一部较全面讨论布迪厄思想的高水平二手专著,例如史华兹(David Swartz)1997年出版的《文化与权力:布迪厄的社会学》(Culture and Power: The Sociology of Pierre Bourdieu)。另外,为了避免误读、误用及滥用布迪厄的理论,我们应谨记他的理论——正如布迪厄及帕斯隆一再重申——只是一种方法、一个受特定时空限制的部分理论。我们应该利用他的观点切入经验研究课题,发展有意义的研究假设,以扎实的研究继续发展再生产理论。

第四讲　课程符码、阶级与社会控制

英国教育社会学大师伯恩斯坦（Basil Bernstein, 1924–2000）是批判教育社会学的巨人。他最主要的著作是四卷本的《阶级、符码与控制》（*Class, Codes, and Control*, Vol. I to IV）及《教育法、符号控制与身份认同：理论、研究及批评》（*Pedagogy, Symbolic Control and Identity: Theory, Research, Critique*）。《阶级、符码与控制》前三卷分别初版于1971年、1973年及1975年，当时英国经历了第二次世界大战后二三十年带有社会主义色彩、追求社会平等的教育改革。第四卷及《教育法、符号控制与身份认同》分别于1990年及1996年面世，经过了撒切尔（Margaret Thatcher）11年执政，英国学校教育在新自由主义（neoliberalism）及新保守主义（neo-conservatism）思维主导下稳步朝市场化（marketization）、私营化（privatization）及解除管制（de-regulation）的方向发展。《阶级、符码与控制》第一至三卷收录了伯恩斯坦从20世纪50年代末期到70年代初期的学术研究成果。在此期间，他从社会语言学出发探讨学校的文化传承（cultural transmission），然后渐渐把视野延伸至阶级力量及社会控制的形式（forms of social control），发展出解释学校教育与社会再生产深层关系的"课程符码"（curriculum code）理论。到了20世纪80年代及90年代，伯恩斯坦一方面以"教育论述"（pedagogic discourse）及"教育机制"（pedagogic device）概念剖析教育活动中传递教育信息媒体（media of pedagogic transmission）的内部结构，回应学者们指称他忽略教育体系内部结构及相对自主性的批评。此外，20世纪80及90年代英国教育政治的变化刺激伯恩斯坦重新建构课程符码理论以及反思阶级及国家与教育传递的关系。因为伯恩斯坦的作品文字艰涩、思想复杂而抽象，本书将以两讲来讨论他不同时期的学术观点。本讲的重点是《阶级、符码与控制》前三卷的课程符码理论，第五讲将讨论第四卷及《教育法、符号控制与身份认同》两部较后期的作品。[1]

伯恩斯坦课程符码理论对批判教育社会学的意义可以分为几方面。首先，传统上大部分批判教育学者都把讨论焦点放在学校灌输的知识及意识形态内容。然而伯恩斯坦探讨学校知识深层结构（deep structure），刺激学者们思考学校知识形式（form of knowledge）与社会再生产的关系，替批判教育学者开辟了不一样的研究路向。其次，也许是因为马克思主义的影响，早期批判教育社会学者主要关注学校教育如何延续资产阶级对无产阶级的宰制，然而符码理论指出课程政治往往源于不同部分（fractions）中产阶级之间的冲突，提醒我们在讨论教育的再生产功能时不能忽略掌权阶级的"内斗"以及中产阶级的角色。此外，批判教育社会学者一直积极向马克思及韦伯（Max Weber）两位冲突学派古典社会学大师"取经"，然而被视为保守派的涂尔干（Emile Durkheim）——另一位古典社会学大师——却备受冷落。伯恩斯坦把涂尔干对社会秩序的分析结合课程的讨论，他运用"机械联结"（mechanical solidarity）及"有机联结"（organic solidarity）等涂尔干学派的概念探讨社会整合形式（forms of social integration）与阶级斗争、社会控制及学校再生产的关系。伯恩斯坦引入涂尔干的观点，大幅度地拓宽了批判教育社会学的理论视野。

伯恩斯坦于1924年出生于伦敦东部史塔尼（Stepney）一个犹太移民的工人阶级家庭。身为犹太子弟，他中学时却入读由英国圣公会在芬奇尼（Finchley）地区创办的基督书院（The Christ College）。一般相信伯恩斯坦在14岁达到最低法定离校年龄时便离开学校。第二次世界大战期间他在伦敦东部新移民（也是低下阶层）聚居地区担任社区工作，负责策划青少年文娱康乐活动，并同时处理家庭辅导个案。这些经历让他体会到弱势社群家庭及学校的文化冲突，并对不同阶级背景家庭的文化传承问题产生了浓厚的兴趣（Bernstein, 1974: 2-3; Moore, 2013: 15）。第二次世界大战后伯恩斯坦入读伦敦经济学院（London School of Economics）社会科学文凭课程，之后很快转读该校学士学位课程。因为对社教化

---

[1] 中国台湾学者王瑞贤翻译了《阶级、符码与控制》第三卷和第四卷及《教育法、符码控制与身份认同》。

(socialization)问题最感兴趣,他大量阅读相关的社会学及心理学文献,并开始接触涂尔干的作品,思考社会联结(social bond)与个人意识及经验结构(structure of experience)之间的关联。1954年伯恩斯坦取得"学士后教育文凭"(postgraduate certificate in education),之后六年于伦敦"城市日间学院"(City Day College)任教。该校学生都是很早便离开学校的在职青年,他们获得雇主同意每周回校进修一天。在"日间城市学院"的观察加上自学社会语言学促使伯恩斯坦思考阶级与语言的关系。他在这段时间研究校内不同阶级背景学生的语言形式(forms of language),研究成果发表于《英国社会学刊》(*British Journal of Sociology*)。[①]

1961年伯恩斯坦进入伦敦大学语音学系(Department of Phonetics)修读博士课程,研究焦点渐渐从语言表达形式转移到调节言谈(speech)的深层调控原则(deep regulative principles),并开始把阶级语言差别链接到家庭结构。1963年伯恩斯坦被聘任为伦敦大学教育学院教育社会学系高级讲师,并出任该院社会学研究小组(Sociological Research Unit)主任,与院内的社会学、心理学及语言学同仁合作研究幼童语言发展以及学校与家庭生活。《阶级、符码与控制》第二卷收录了多篇他及该小组同仁的研究论文。任教伦大后伯恩斯坦一方面把从早年对阶级语言差别的发现发展成为语言符码(linguistic code)理论,提出了"限制型符码"(restricted code)及"精致型符码"(elaborated code)等具有重大影响力的社会语言学概念;另一方面把符码概念从语言的范畴延伸到学校课程,提出了"分类"(classification)、"架构"(framing)、"集合型符码"(collection code)、"整合型符码"(integrated code)、"显性教学法"(visible pedagogy)及"隐性教学法"(invisible pedagogy)等剖析学校知识组织形式与社会再生产关系的概念工具。这时期伯恩斯坦呈现明显的结构转向(structural turn),他致力于把语言及课程符码与阶级结构及社会控制机制相联结。

一 从语言形式到语言符码

如上文所言,英国在第二次世界大战后施行了一系列带有左派色彩、追求社会平等的教育政策——例如把离校年龄从14岁提高到15岁,在文

[①] 关于伯恩斯坦生平的资料十分有限,相关资料散见于《阶级、符码与控制》第一章序言以及伯恩斯坦过世后伦敦大学教育学院替他举办追思活动时故旧门生对他的回忆(Power et al., 2001)。

法中学（grammar secondary schools）设立奖学金帮助优秀的工人阶级子弟升学等。[1] 然而经过一二十年的改革，工人阶级子弟的学业成就还是远比不上中产阶级出身的学生，弱势背景的孩子仍然不易借教育取得较高社会位置，学校对改变社会的作用看来十分有限。伯恩斯坦关心社会再生产的问题。他相信社会通过文化传承而延续，因为学校的主要功能是文化传承，学校的传意及沟通活动必然对社会再生产起关键作用。伯恩斯坦决定从语言——传意沟通的主要媒体——入手探讨学校与社会权力的关系。

伯恩斯坦深信孩子对学校的态度远较认知性潜能（cognitive potential）更影响他们的教育成就。他从自己就学以至担任社工及教师的经验发现工人阶级子弟较中产阶级抗拒学校教育，因而决定研究影响孩子与学校关系的因素。他认为工人及中产阶层子弟对学校态度不一致，因为他们的语言形式有异。工人阶级的语言充斥着简短的命令句，习惯使用大量情绪用语及决断性命题（categorical statement），语言表达缺乏逻辑性，并较少用非人称代名词（impersonal pronouns）。[2] 伯恩斯坦称这种语言形式为"公共语言"（public language）。相反，中产阶级的讲话语气较温和，较能抽离于所谈论的事情以及交代前因后果，又倾向采用条件性命题（conditional statement）、讲话较留有余地。这种语言形式称为"正规语言"（formal language）。中产阶级的"正规语言"意味着他们具有"工具性态度"（instrumental attitude），较能意识到"目的"及"手段"的关系，较不会因为即时情境及情感的刺激而做反应，愿意为了长远目的克制自己的行为。伯恩斯坦相信不同的语言形式导致用户不一样的符号世界，并影响他们对生活世界的态度及行动。"公共语言"因为带有极多命令式及情绪性词句，长期生活在这种语言环境会压抑孩子的好奇心、自我意识以及对外在世界逻辑性及含糊性的敏锐度。相反，"正规语言"让用户可以较自由表达复杂丰富的人、物及事。使用者的

---

[1] 第二次世界大战后英国中学实行"三轨制"（tripartite system），小学毕业生参加"地区教育局"（Local Educational Authorities）主办的"升中考试"（Eleven Plus Examination），成绩最优异者进入文法中学，次等者入读技术中学（technical schools），然后是现代中学（modern schools）。文法中学学生有机会在四五年后通过"普通程度考试"（Ordinary Level Examination）后入读"预科"（the sixth form），准备参加"高级程度考试"（Advanced Level Examination）。"高级程度考试"成绩优异者可申请入读大学。"技术中学"培养从事经济生产的技术能力；"现代中学"收容缺乏学术能力、将来从事的工作不必具备学历及太多技术能力的学生（Rubinstein and Simon, 1969: 33 - 36）。

[2] 伯恩斯坦认为使用非人称代名词会把所谈论的事情客观化，能帮助说话者把自己的情绪抽离于所谈论的人、事、物。

好奇心较易被鼓励，自我意识较强，也较懂得观察事情复杂的因果关联。伯恩斯坦认为长期浸淫在"公共语言"的孩子只看到个别事物的内容，但"正规语言"则会引导孩子观察事物之间的关系。因为学校教学偏重"正规语言"，只能驾驭"公共语言"的工人阶级子弟感觉与学校格格不入，他们自然也较抗拒学校。两种语言形式衍生的感知取向（perceptual orderings）导致阶级教育成就差异（Bernstein, 1974: 23–41）。

然而，为何工人及中产阶级出现不同的语言形式？伯恩斯坦相信是因为他们身处社会结构不同位置、面对不一样的社会关系。工人阶级因为在工作场所处从属位置，习惯接受上司的指令，加上生活在权力结构以及个人角色及身份地位都很固定的环境，语言的功能主要是强化既有的"群体联结"（group solidarity），而不是表达个人的思想感情。中产阶级在工作场所承担较多组织协调的责任，他们生活世界的角色及身份相对有弹性，有更大的空间表达个人的思想与感情（Bernstein, 1974: 72–74）。不同阶级的社会关系影响语言表达的可能性，形成中产阶级的"精致型"及工人阶级的"限制型"两种不一样的"语言符码"。"精致型符码"语言用户的句式及词汇都有较多变化；"限制型符码"缺乏变化，语言表达较墨守成规。中产阶级身处具流动性及成员具异质性的社会环境，进行沟通时不能假设对方一定熟悉所谈论的人、物及事，语言用户必须阐释事情的来龙去脉，语言表达出来的意义具普遍性——意思是任何背景的聆听者都应该听得明白。"精致型符码"假设个人高于集体，长期使用会强化使用者的自我意识。工人阶级身处缺乏流动性、成员同质性高的社会环境，语言用户假设大家都是集体的一分子，彼此具有不言而喻的默契，语言表达的意义具特殊性——意思是只有属于群体的一分子才听得懂。"限制型符码"假设集体高于个人。①伯恩斯坦又强调孩子所处的阶级会影响他们家庭的内部结构，进而影响他们的语言符码。比方说，工人阶级孩子一般生活在较传统的"位置型家庭"（positional family），家中长幼有序，尊卑分

---

① 笔者尝试以另一例子解释"精致型符码"及"限制型符码"的差别。笔者多年前留学美国时阅读《纽约时报》（*The New York Time*），发现该报的报道很容易读得懂。因为《纽约时报》是国际性报纸，读者遍布世界各地，该报新闻工作者意识到读者可能不了解所报道事件的背景，因此在撰写新闻稿时都注意交代相关的脉络。后来笔者到中国台湾地区工作，刚开始的时候往往看不懂《中国时报》及《联合报》刊载的台湾新闻。因为该两份报纸的对象主要是台湾读者，新闻工作者不自觉地假设读者都是"局内人"，都知道相关新闻事件的来龙去脉，不必多此一举地做背景交代。借用伯恩斯坦的讲法，美国《纽约时报》使用的是"精致型符码"，中国台湾《中国时报》及《联合报》使用的是"限制型符码"。

明，家庭成员的地位——例如辈分、年龄及性别——决定了彼此的权力关系，很多事情不必多说，甚至不准多说；中产阶级的是"个人取向型家庭"（person-oriented families），家庭成员的关系较民主，彼此以通过讨论沟通的方式做决定，父母管教子女时也较会耐心地解释劝说，也容许孩子表达自己的想法（Bernstein，1974：160－161）。因为"限制型符码"的模式具有普遍性，而"精致型符码"只有特殊性，①中产阶级一般都能掌握两种语言符码，然而大部分工人阶级子弟只具备"限制型符码"（Bernstein，1974：76－79，129－130）。"公共语言"及"限制型符码"导致工人阶级必须克服更多困难才有机会取得教育成就。

二 学校的角色——"表意性"及"工具性"秩序

那么，学校有否帮助工人阶级孩子克服困难，让他们逆中求胜取得较佳的教育成就呢？伯恩斯坦认为回答这一问题之前必须先了解学校的文化传授活动的本质。学校的文化传授基本上是为了建立两种秩序，一是"表意性秩序"（expressive order），目的是使孩子们融入，成为学校"道德集体"（moral collectivity）一分子，进而培养他们的品德、态度、个性及价值观。另外是"工具性秩序"（instrumental order），目的是传授知识及技术能力。"表意性秩序"一般而言有整合的效果，因为它的其中一个主要目的是把孩子融入学校生活、培养他们对团体的归属感。此外，因为学校在品德、价值观等方面对每一个学生的要求应该是一致的，着重"表意性秩序"的学校较可能会一视同仁地对待每一个孩子。然而"工具性秩序"可能导致学校的分歧，因为孩子的背景不一样，学业能力有异，学校对他们的课业表现会有不同的期待，教授知识技能的质量也会有差别（Bernstein，1977：38－39）。②

---

① 伯恩斯坦的意思是基本上每一个人都有身处"初始群体"（primary group）及"熟人社群"——例如家庭及很熟悉的朋友等——的经验，因此都有机会掌握"限制型符码"。然而并非每一个人都有机会身处流动性高、角色身份模糊及鼓励个人意识的生活世界，因而"精致型符码"的模式并不具普遍性，只有部分人能够掌握该种符码。

② 然而伯恩斯坦知道这一讲法并不是绝对的，因为学校对不同学业能力的孩子在品德行为的期待也可能不一样。比方说，学校可能只期望"放牛班"能维持最基本的教室秩序，但却期望精英班学生成为"品学兼优"的模范生（Bernstein，1977：39）。此外，学校的"表意性秩序"也可能导致学生之间的分歧对立。比方说，在20世纪50及60年代的中国，学校为了打造年轻人成为社会主义新人而重视学生的政治表现；学生们为了获得更佳的升学及就业机会而在政治活动上彼此竞争，学校重视"表意性秩序"带来学生之间的分化（Shirk，1982）。

学生对学校的投入程度基本上受到家庭对"表意性"及"工具性"两种秩序的反应所影响。家庭对学校的态度可分为五个基本类型，第一类的家庭认同学校的"表意性"及"工具性"秩序，又有条件帮助子女达到这两个目标，这类型家庭大多属于中产阶级。第二类家庭有条件帮助子女在品学上达到学校的要求，然而却不认同学校在品德及知性教育上的目标。这类家庭较可能是对主流社会感到疏离的中产阶级。他们对学校的保留态度可能阻碍子女投入学校生活。第三类认同学校的目标，但没有能力帮助子女往目标迈进。这类家庭很可能是有企图心的工人阶级，它们的父母知道学校教育对子女的未来十分重要，却因为自己条件所限无法帮孩子一把。第四类既不认同学校的"表意性"及"工具性"秩序，又没有条件帮助子女改善在学校的表现，这一类家庭大概都聚集在最穷困的贫民区。最后一类家庭认同学校的"工具性秩序"，并且有能力在学业上帮助孩子，然而对学校的"表意性秩序"有保留，认为学校灌输的价值观很有可能扩大子女与家庭及社区的鸿沟。部分移民及少数族群家庭可能是这一类型的代表（Bernstein，1977：40－43）。

　　受到学校及家庭的双重影响，学生可能对学校做出如下数种反应。第一种是"投入"（commitment），意思是积极正面地回应学校在品德及学业的教导。这类型学生极有可能来自上述第一类型的家庭，他们最有机会成为品学兼优的模范生。第二种是"抽离"（detachment），他们较有可能来自工人阶级、少数族裔或新移民的聪明孩子，家庭形态接近上面提及的第五种类型。这一类学生认同学校的"工具性秩序"，然而他们意识到学校试图灌输的价值观跟家庭及原来社区同侪社群的并不一致，因此在努力读书的同时刻意跟学校的"表意性秩序"保持适当距离。①第三类是"延缓"（deferment），指孩子对学校在学业及品德的要求持观望态度，既不投入，也不抗拒。不少工人阶级子弟入读"文法中学"初期都有类似的反应。第四类是"幻灭"（estrangement），这一类型的孩子认同学校的"工具性秩序"，但学业成绩欠理想。他们是不会挑战学校"表意性秩序"的乖学生，然而往往因为学业表现不突出而被编入顽劣学生聚集的班别。不少

---

① 伯恩斯坦讨论"抽离型"的学生，可能因为他出身犹太家庭却入读圣公会主办的中学，再加上二战期间在移民聚居社区担任社会工作，亲身经历及观察过当学校、家庭及社区"表意性秩序"不一致时孩子的彷徨及焦虑。笔者认为伯恩斯坦"抽离型"学生这部分讨论的美中不足之处是没有指出有部分聪明、原本认同学校"工具性秩序"的孩子可能因为害怕与家庭及原来的同侪社群割裂而自觉或不自觉地不敢在学业上过于进取。

"幻灭"型学生可能来自上述第三类型家庭。他们自我形象低落，对未来前景持悲观态度，学校生活带来的是创伤的经验。第五类型是"疏离"（alienation），意指孩子们既不认同学校的两大秩序，也不知道该如何做才可以在学业及品德表现上符合学校要求。"疏离"型学生最容易与学校权威发生正面冲突，他们很可能来自上述第四类型家庭（Bernstein, 1977：44-46）。

学校的文化传递活动以及它引发家庭的反应将令原本背负"公共语言"及"限制型符码"包袱的工人阶级子弟处境更为艰难。首先，不少工人阶级子女可能来自上述第三及第四类型家庭。前者的父母希望子女学业有成，但完全无法帮忙拉孩子一把；后者的父母本身就抗拒学校。这两种类型家庭的学生容易对学校产生疏离感。其次，工人阶级孩子即使具备能力及企图心，他们还须克服多重心理障碍才能取得学业成功。比方说，他们可能要有心理准备——教育成就越高，与家人及原来的同侪关系将越疏离；另外，如果他们选择成为只认同学校"工具性秩序"，对"表意性秩序"持保留态度的"疏远型"学生，他们不会对学校有真正的信任及归属感。此外，英国的教育学校在 20 世纪 60 年代越来越偏重"工具性秩序"，学校日益重视学生公开考试及升学，越来越没有兴趣打造学生对学校的集体认同，运作模式也愈加科层化。学校主管把原本语言及家庭条件欠佳的工人阶级子弟视为负累，结果弱势背景的孩子对学校更疏离，学校更无法帮助工人阶级子弟（Bernstein, 1977：39、63）。学校因素令工人阶级要借教育争取往上流动更是困难重重。

三 课程符码——学校知识的深层结构

大约从 20 世纪 60 年代中后期开始，伯恩斯坦把"符码"概念从语言延伸到学校知识范畴，发展出"课程符码"理论。"课程符码"界定教学活动"应该教授什么知识内容"（课程）、"用什么方法施教"（教学法）以及"如何判断学习者已习得传授的知识内容"（评估）。因为"课程符码"调控（regulate）个人意识中的经验结构并反映着阶级权力分配及社会控制的形式，探讨学校知识传授的深层原则有助于更深入地剖析学校内部教学活动与社会权力及秩序的关系（Bernstein, 1977：85-86）。

"课程符码"理论把学校知识的组织原则分为"分类"与"架构"两大面向。"分类"是指课程中不同知识领域以及学科之间界线的开放程度。

科目之间界线越牢固、彼此的关系越是壁垒分明,课程就越属于"强分类"(strong classification);反之便属于"弱分类"(weak classification)。"架构"界定教学传授活动的权力关系,调控施教者与受教者对教授内容、进度、先后顺序及评核标准的控制权。既定的限制越多,施教者与受教者的掌控权越少,课程就越属于"强架构"(strong framing);反之便属于"弱架构"(weak framing)。此外,学校课程对学校以外知识的开放程度亦是"架构"的一部分。学校越是要维持学校与外在世界的鸿沟,越是要把学校以外的知识排除于教学活动,学校课程便越是属于"强架构";相反,"弱架构"课程试图打破学校与外在世界的界限,致力把孩子的生活纳入教学内容的一部分(Bernstein,977:89)。

学校课程可根据"分类"的强弱程度分为"集合型"(collection type)及"整合型"(integrated type)两大类。"集合型课程"的特征是"强架构",各学科彼此泾渭分明(Bernstein,1977:81)。强架构课程可依据它们的"专门性"(specialization)及"纯一性"(purity)再细分为不同的类别。"专门性"是指中学教育阶段结束时学生参加公开考试被要求参考科目的数量。考试科目越少,课程的专门性越高。比方说,20世纪60年代英国中学预科毕业生参加"高级程度考试"(Advanced Level Examination)——中等教育阶段最后的公开考试,也是大学录取学生的凭据——基本上只需选考四个科目,跟很多国家相比,英国的是"专门集合型符码"(specialized collection code)。"纯一性"是指中学毕业生参加公开考试时参考科目是否来自同一知识领域。应考科目越是来自单一领域,课程的纯一性便越高。比方说,英国的文法中学从三年级或四年级开始把学生分为"文科"及"理科"两组,参加"高级程度考试"的学生几乎都单从其中一组选择考试科目。①英国的课程属于"纯一型"(pure type),有别于欧洲大陆要求中学毕业生应考科目必须包括人文及自然科学的"混杂型"(impure type)。②按照这两个标准,英国的课程比欧洲大陆的专门及纯一,因为后者高中毕业时考试科目比英国多,学生也不像英国高中学

---

① 伯恩斯坦在解释课程"纯一性"概念时也提到了"纯学科"(pure subjects)——指传统的学术性科目——及"应用科"(applied subjects)的区别。笔者在此讨论的"文科"及"理科"并非判断课程"纯一性"的唯一标准。
② 参加英国"高级程度考试"考生一般从同一知识畴选考四科,例如文科生可选择考英国文学、历史、地理,再加上必考科英文;理科生可选考生物、数学及化学,再加上英文。

生般可以偏重单一知识领域（Bernstein，1977：90-91）。①

另外，跟欧洲大陆相比，英国中学"文科"与"理科"、"学术性"及"应用性"科目泾渭分明，课程属于"极强分类"。然而英国课程的架构都比欧洲大陆弱，因为，首先，英国的受教者与施教者在教学内容、教学法及评估方面都相对有掌控权。比方说，英国的中学生不管念文科或理科都有课程选择权，可以放弃修读部分学校开设的科目。②其次，英国没有国家主办的统一考试，上述提及的"普通"及"高级程度考试"其实只是一个统称，其中包括由十多个被认可的考试委员会（examination boards）举办的考试，学生只需选考其中一个参考，通过后获颁"普通"或"高级程度考试"文凭。最后，英国有部分学校可以对"特殊"学生——主要是指学习能力欠佳或无心向学的学生——采用较为宽松的教学法，放宽与学校以外世界知识的区别，尽量把教学贴近学生的生活世界。伯恩斯坦认为英国中学课程的架构较欧洲大陆弱，其中一个重要原因是英国国家介入教育的程度较低，政府对课程较缺乏管控（Bernstein，1977：90-92）。③

跟"集合型"课程不一样，"整合型"课程试图把之前各自独立的学科统整于有关联的观念（relational ideas）。"整合型"课程可以分为以"单

---

① 伯恩斯坦比较英国及欧洲大陆课程"专门性"及"纯一性"这一部分非常精彩。然而可惜他并没有解释为什么英国会出现"纯一专门集合型"（pure, specialized collection type），但欧洲大陆的却是"混杂非专门集合型"（impure, non-specialized collection type）。笔者认为欧洲大陆要求学生跨越不同知识领域，因为许多欧洲国家都是在经历军事挫败、发现国家现代化程度比不上邻国时才发展现代教育。它们的掌权者都希望借历史、地理、公民及社会等学科培养学生的国家认同，不会容许高中学生专注数理科而忽略人文社科。英国因为是世界上第一个工业化国家，掌权者没有像欧洲其他国家的统治者般需要利用学校教育打造国家意识，他们较能容许年轻人在高中阶段就偏重数理科目，放弃人文社会学科。

② 比方说，笔者于20世纪70年代在香港念中学，当时香港的教育体系受英国影响，在中学四年级修读九门科目准备"中学毕业会考"——相当于英国的"普通程度考试"——但到中学五年级可以选择放弃其中一两科，参加会考时只选考七科或八科，到中六及中七准备参加"高级程度考试"时只需在必修科英文外选修三个科目。

③ 格连（Andy Green）认为因为英国是世界上第一个工业化国家，国家在推动现代化的角色扮演方面甚为有限，缺乏危机意识，国家掌权者传统上欠缺借积极发展教育以富国强兵的企图心。相反，许多欧洲国家工业化起步较晚，在经历过战争失败后才醒觉到必须急起直追；它们的掌权者较能意识到要利用教育推动国家现代化。英国与欧洲大陆现代化历史进程的差别导致前者国家对学校教育的介入程度远较后者为低（Green, 1990；1991）。英国的国家掌权者对教育的主导性较弱，政府一直到1988年才首次颁布全国性的国家课程（National Curriculum）（Chitty, 1988）。

一教师为基础的"（teacher-based）及以"多位教师为基础"（teachers-based）的两类。后者因为要求不同学科领域教师通力合作，执行起来比前者困难得多（Bernstein，1977：93）。"集合型"及"整合型"两种课程符码导致不一样的权力关系及社会控制方式。"集合型"课程学科泾渭分明，"割地为王"的教师拥有相当的自主性，他们可以采用自己喜欢的教学方法，对课题表达更多个人意见以及自行决定评估学生学习进度的方法及标准。"整合型"课程打破了学科之间的藩篱，各科目教师需彼此协调，施教者需在教学内容、方法及评估方式上互相配合。"集合型"课程让教师在学科围墙的保护下保持个性，不同科目教师的分工配合更像是涂尔干所讲的"有机联结"；但"整合型"符码令施教者难以维持个性，教师队伍更像是"机械联结"的群体（Bernstein，1977：107）。

另外，两类型符码知识组成的方法不一，对权力及社会控制亦产生不同的影响。"集合型"课程的知识从表层结构出发，一步一步地朝向深层结构，知识的不确定处——或者用伯恩斯坦的讲法，"秩序"与"无秩序"（disorder）及"知"与"不知"的交汇处——一直要到教育系统的高处、学生受教生涯较后期（例如念研究生时）才出现。在受教生涯很长一段时间（包括小学、中学甚至大学本科阶段），学校传授的知识都被认定是明确绝对的，教学关系属于"强架构"。"集合型"课程倾向采用单向传授的教学法；施教者被视为"真知"的传授者，教师的权威也被认定为理所当然，形成施教者与受教者不对等的权力关系。"整合型"课程打破了学科之间的鸿沟，各学科的知识内容都面对其他科目的挑战，加上学科本身的地位被更高的统整理念所凌驾，知识的不确定性从一开始便出现。此外，"整合型"课程的学习目的是掌握更高层次的概念及原则，它的教学法较鼓励学生批判及独立思考，施教者的角色由"真知"传授者变成学习的促进者（facilitator）。在"整合型"课程的教室，施教者不容易单凭"老师"的身份而理所当然地获得学生的尊敬。此外，因为"整合型"的"弱架构"特征，它在教学内容、教学法、评估标准以及学校与外在世界之间关系等方面的框框都较宽松，"不知分寸"的学生可能会暴露更多的个人想法及人格特质，施教者可以因应学生的特性进行更有效、更彻底的控制（Bernstein，1977：103，109）。①

---

① 当然，弱架构的"整合性符码"亦可能导致教师在看似较自由的教学关系中把更多的自我暴露于学生面前，让学生可以更有效地反制施教者（Bernstein，1977：109）。

四 "显性"及"隐性"教学法

伯恩斯坦在一篇1973年发表的文章中首次按照"分类"及"架构"概念把教学法分为"显性"及"隐性"两大类。"显性教学法"(visible pedagogy) 的特点是强分类及强架构；各学科彼此的界线十分清楚，师生关系有明显的等级性，教学进度及顺序等早已设限，考评的标准清晰具体，学校与外在世界的知识区隔壁垒分明。"隐性教学法"(invisible pedagogy) 的特点是弱分类及弱架构；它重视科际整合、师生关系看似更平等，教学进度较有弹性，考评标准较多元，学校较愿意把外在生活世界的知识吸纳成为课程的一部分 (Bernstein, 1977: 116 – 120)。"显性教学法"传统上在英国教育占主导的位置，它首先在"公立学校"(public schools) 被确立，然后被制度化为"文法中学"的标准教学法。①然而在20世纪60及70年代，"隐性教学法"出现于以新中产阶级为对象的私立幼儿园 (pre-schools)，并渐渐普及到公营幼儿园、公私立小学甚至中学。20世纪60年代初许多"地区教育局"为了打破中学三轨制而取消中学入学考试，进而推行综合中学 (comprehensive secondary schools)。中学入学考试取消后，小学有更大空间推行以儿童为中心的"弱分类、弱架构"的"进步主义教育"(progressive education) (Jones, 1987: 32; Lowe, 2005)。

伯恩斯坦指出"隐性"及"显性"教学法的支持者分别是新、旧两类型中产阶级。"旧中产阶级"是工业化的产品，他们从事物质生产 (material production)，习惯明确区隔的时间及空间安排、做事按部就班，一板一眼；②他们的家庭以"强分类、强架构"的方式教化孩子。"显性教学法"让他们的子女在学校如鱼得水，最能帮助他们的阶级再生产。"新中产阶级"出现于20世纪中后期，他们从事符号生产 (symbolic

---

① 英国的"公立学校"(public schools) 其实是由私人创办及营运，它是掌权阶层延续优越社会地位的工具，学生主要来自政治及经济的主导阶级。"文法中学"大部分属公营或由宗教团体在政府财政支持下营办。"公立学校"及"文法中学"采用"显性教学法"，课程以学科为基础 (subject-based)，教学目的主要是让学生准备应考"普通程度考试"及"高级程度考试"——两个课程内容及评分标准都十分明确的公开考试。
② 旧中产阶级从事物质生产，他们的工作场所（工厂）与家居生活的空间清楚区隔。另外，因为工业生产每一环节都环环相扣，生产的地点、时间、速度、工序及成品都受到整体流程的制约，他们工作受到"强架构"的规范。

production），因为符号控制场域（the sphere of symbolic control）的扩张而走上历史舞台。伯恩斯坦认为，从事符号控制的新中产阶级可以细分为五大类：①调控者（regulators），负责界定及监控社会生活的界限，例如警察、牧师等；②修补者（repairers），负责抚平身体、心灵及社会关系的伤痕，例如社工、医护人员及心理辅导员等；③传播者（diffusers），他们通过传播特定原则及符号刺激商品消费的欲望，广告从业员是其中的例子；④打造者（shapers），负责在艺术及科学领域形塑品味，电影及电视制作人、画廊老板、电影评论人等是其中的例子；⑤执行者（executors），包括公务员及私人机构的管理人员，负责帮助上述四大类符号控制者更有效地发挥功能（Bernstein, 1977: 128 – 130）。新中产阶级生活及工作的时间与空间的区隔及安排较开放且有弹性，处理的人事较复杂且具较高的含糊性，做事不能太一板一眼。①他们较倾向使用"弱分类、弱架构"的方式教化孩子。"隐性教学法"对他们的阶级再生产较为有利（Bernstein, 1977: 124 – 125）。

然而，新中产阶级支持"隐性教学法"使他们处于矛盾的位置。他们致力于促使幼教甚至小学采用"弱分类、弱架构"教学法。然而因为中学毕业生要参加公开考试以竞逐大学的入学资格，中学课程仍是以"显性教学法"为主。为了避免子女们在公开考试及升学竞争中处于不利位置，新中产阶级最终还是要回到传统的"强分类、强架构"课程。结果在中学接受"隐性教学法"的大多是学业能力较差、升学无望的工人阶级学生，条件较好的新、旧中产阶级中学生都接受传统的"显性教学法"。②伯恩斯坦指出，中学对"好学生"施行"显性教学法"、对"差学生"实行"隐性教学法"会导致教育体系与经济生产的不协调。因为成

---

① 新中产阶级从事符号生产，工作、家居与休闲生活的空间区隔较模糊。比方说，作家、设计师等不一定在办公室工作，他们可以回家甚至到咖啡室及户外创作及找寻灵感。另外，从事符号生产者在工作时间、速度、顺序及成品都比从事物质生产者有弹性，生产活动受到"弱架构"的规范。

② 学业能力较差的中学生接受"弱分类、弱架构"的"隐性教学法"，因为学校对他们参加公开考试的表现没有太大期望，因此不介意把课程内容减量，放慢教学步伐，调降评估的标准，不强求一定要在毕业前念完考试要求的课程。另外，为了减低他们在学校的疏离感，学校主管愿意向他们施行更轻松活泼的教学方法，以及把孩子的生活经验纳入教学内容。英国课程学者哈格里夫斯（Andy Hargreaves）批评这种"弱分类、弱架构"的课程只是帮助学校解决管理的问题，以避免出现反学校文化。哈格里夫斯认为对学业能力欠佳学生施行"隐性教学法"并非为了帮助学生，对改变阶级教育不平等更是毫无作用（Hargreaves, 1989）。

绩优异的中产阶级子弟将来在社会分工中大多数负责领导及协调，在职场的角色属"弱分类、弱架构"；学业表现欠佳的工人阶级子弟将来很有可能负责按照从上而下的指示执行简单的工序，经济生产的角色是"强分类、强架构"。在中学阶段接受的教学法将导致两个阶级的子弟难以适应日后经济生产的角色要求（Bernstein, 1977: 184 - 185）。①

伯恩斯坦认为除了新中产阶级抬头外，社会控制形式从"个体式有机联结"（individualized form of organic solidarity）转向"个人式有机联结"（personalized form of organic solidarity）亦是促成"隐性教学法"的因素。根据涂尔干的讲法，在工业化之前社会秩序建基于共同的信念及价值观，社会成员的同质性非常高，这种社会整合的方式是所谓的"机械联结"。但工业化导致更复杂的分工，从事不同行业者的工作性质差异越来越大，个人主义（individualism）抬头，社会成员的思想观念也出现重大分歧，社会秩序无法继续依赖共同的信念而维持。但是，因为分化后社会成员的分工角色变得特定及狭窄，人们比以前更加相互依赖，思想不一致的人们也愿意彼此包容，社会秩序因而得以稳定下来。这种建基于成员们相互依赖的社会整合方法就是所谓的"有机联结"（organic solidarity）（Durkheim,〔1933〕1997）。然而，伯恩斯坦认为涂尔干提出的"有机联结"只是针对工业社会早期的"个体式有机联结"，有异于后来的"个人式有机联结"。"个人式有机联结"出现的原因有二，一是文化及符号生产分工日趋复杂，衍生了各类型符号生产及控制的从业人员（见上文）。另外，随着经济生产分工进一步细致化，越来越多社会成员在生产中担任细碎及重复的工序，被高度去技术化的劳动者越来越感觉不到自己角色的重要性以及与别人的互相依赖关系，建基于"个体式有机联结"的社会秩序渐渐变得不稳定。因为这些变化，"个人式有机联结"兴起成为维护社会秩序的重要支柱。新形式的有机联结建基于"个人式的社会控制"（personalized

---

① 伯恩斯坦关于学校教学法与工作场所断裂（discontinuities）的观点直接挑战本书第一讲鲍尔斯与坚提士的"符应理论"。但伯恩斯坦认为精英阶层在中学接受"显性教学法"将导致日后不易适应就业角色期待的说法受到质疑。英国教育学者沃福特（Geoffrey Walford）指出在英国最精英阶层就读的"公立学校"尽管正规课程属"强分类、强架构"，然而因为学生都在学校寄宿，校方又提供多样的课外活动供学生自由选择参与，学校主管重视通过"非形式教育"培养学生的自律精神。课外活动及宿舍生活成为校方施行"隐性教学法"的管道。就读"公立学校"的精英阶层子弟获得阶级再生产的双重优势，他们一方面从正规课程的"显性教学法"准备公开考试及升读大学，同时从"弱分类、弱架构"的"非形式教育"培养日后担任领导及协调的能力（Walford, 1986）。

form of social control），它通过让社会成员暴露更多的个人特质而达到控制的效果。"隐性教学法"打破了学科之间以及学校与学生生活世界的区隔，又放宽了许多规范教学活动的框架。"弱分类、弱架构"的安排令受教者容易把更多的个人特性暴露于人前，有助于施教者进行更深入彻底的个人式控制（Bernstein，1977：125 - 126）。

五 伯恩斯坦符码理论引起的争议

伯恩斯坦对批判教育社会学有重大的贡献。首先，过往大部分关于教育与社会再生产的讨论都把焦点放在学校传授的知识内容，然而伯恩斯坦指出学校知识组成的形式对维持社会权力也十分重要。通过"集合型课程"、"整合型课程"、"分类"、"架构"、"显性教学法"及"隐性教学法"等概念工具，符码理论引导我们思考调控学校文化传授的深层规则，探索知识形式与阶级力量及社会控制的关系。其次，伯恩斯坦拓宽了批判教育社会学的阶级分析角度。因为新马克思主义的影响，早期许多批判取向的学者都把物质生产视为阶级形成最重要甚至是唯一的基础，并把分析的焦点集中在资产阶级与工人阶级的矛盾。然而伯恩斯坦把阶级关系定义为"社会分工中因为组织、分配、合理化（legitimize）及再生产物质及符号价值而衍生的不平等社会关系"（Bernstein，1977：viii）。[①]他的阶级概念提醒我们物质生产并非决定社会阶级关系的唯一因素，因为符号生产衍生的利益、身份认同及权力亦会促成阶级分化。此外，伯恩斯坦的课程符码理论指出除了资本家及无产阶级外，课程及教学法的斗争可能是从事物质及符号生产两种不同中产阶级的冲突，中产阶级在课程政治的影响力亦不容忽视。符码理论的洞见敦促我们在讨论教育与社会再生产时必须注意掌权阶级的"内讧"。

伯恩斯坦又极具创意地融合涂尔干的社会整合理论与冲突理论，丰富了批判教育社会学的理论视野。如众所周知，涂尔干关切社会秩序的问题，他提出了"机械联结"及"有机联结"的概念，用以解释"社会整体秩序如何形成"的经典社会学课题。伯恩斯坦把涂尔干学派跟冲突学派

---

① 伯恩斯坦早期的社会语言学研究只根据学生父母的受教育程度及职业区分中产阶级及工人阶级，"阶级"只是描述性的分类。一直到1977年他才在《阶级、符码与控制》第三卷第二版的再版序中对阶级提出这一理论性的定义。

结合，他应用涂尔干的概念探讨不同阶级的整合及社会控制模式，把阶级处理成是依据不同方式整合起来的社会团体，并把阶级冲突视为不同的社会整合及控制方式的冲突（王瑞贤，2007：32）。伯恩斯坦甚至进一步发展了涂尔干的理论——通过关于"显性"及"隐性"教学法的讨论，他把涂尔干的"有机联结"细分为"个体式"及"个人式"两大类，帮助我们观察资本主义不同阶段社会整合形式的变化。课程符码理论有助于探索符号生产场域扩张及物质生产分工进一步细致化对阶级关系、社会控制方式以及学校课程的冲击。

尽管伯恩斯坦对批判教育社会学做出了重大贡献，但他的理论引发了极多的误解及争议。许多学者认为符码理论属于"语言缺陷"（linguistic deficit）观点——意思是以低下阶层语言的不足之处解释他们教育成就低落。另外，学者们亦批评符码理论概念混淆而且欠清晰、过度偏重结构分析、对阶级形成（class formation）缺乏讨论以及欠缺历史比较的分析角度。笔者兹在下文逐一讨论关于符码理论此数项争议。

1. 关于"语言缺陷论"

伯恩斯坦早年从社会语言学出发探讨阶级教育机会不平等问题，他提出的"公共语言"、"正规语言"、"限制型符码"及"精致型符码"等概念广为社会学、教育学及语言学者所熟悉，然而他的理论也引起极多的误解。许多学者及教育实务工作者都视伯恩斯坦提出的符码理论为"语言缺陷论"，批评他把工人阶级的语言视为有缺陷的，并以此解释弱势子弟为何难以通过学校争取优越的社会位置（Atkinson，1985：2-3）。套用伦敦大学语言学大师哈列地（M. A. K. Halliday）在《阶级、符码与控制》第二卷前言的说法，许多学者误以为伯恩斯坦的意思是工人阶级的语言失败（linguistic failure）导致他们的教育失败（Halliday，1973：xvi）。"语言缺陷论"把工人阶级教育成就偏低归咎于"公共语言"及"限制型符码"以及衍生这些"劣等"语言的家庭及社区（王瑞贤，2007：17-25）。

然而，如果细读《阶级、符码与控制》相关章节，我们很难会认同伯恩斯坦提出"语言缺陷论"。首先，尽管符码理论指出不同阶级的语言表达存在重大分别以及工人阶级语言与学校语言的巨大落差，但伯恩斯坦从来没有把低下阶层的语言视为"次等"及"有缺陷"。相反，他从早年开始就不断重申"公共语言"直接简洁、富生命力及节奏感、具有其独特的美感，而绝非"次等语言"。他还指出"公共语言"的土壤是一种把人当成目标（an end）而不是手段（a mean）的社会关系（Bernstein, 1977：55，136）。其次，伯恩斯坦相信学校及政策因素对工人阶级子弟教育表现的负面影响绝不亚于"公共语言"及"限制型符码"。比方说，他在《阶级、符码与控制》第三卷指出学校文化传递方式影响学生对学校的态度，进而影响他们的学业表现。他批评英国的中学为了准备孩子们进入层阶性的经济分工而日益偏重"工具性秩序"，忽视"表意性秩序"，学校运作方式日益官僚，无法培养原来学业表现不突出的弱势背景学生对学校的认同，更遑论帮助他们克服学业的困难（Bernstein, 1977：63）。伯恩斯甚至曾经直接批评"语言缺陷"观点对阶级教育不平等成因的"误诊"。他指出1963年的"纽尔森报告书"（The Newsom Report）调查发现英国当时几乎八成的"现代中学"（modern secondary schools）都位于贫民区，学校基本设施不足，教师流动性极高，大部分学校按能力分班，对学业表现欠佳的学生持放弃态度。伯恩斯坦质疑强调学生的"语言缺陷"只会转移我们的视线，阻碍我们洞悉导致教育不平等的学校及教育政策因素（Bernstein, 1970；1977：191-192）。此外，把符码理论理解为"工人阶级的语言缺陷导致他们的教育失败"可能是对该理论的最肤浅解读。因为尽管伯恩斯坦一直强调语言对社会再生产的独立作用，但符码理论从来没有把语言单纯地看成具决定作用的主变项（independent variable）。相反，他一直追溯语言符码与阶级、社会分工及社会控制形式的关系。从他的整体理论架构来看，工人阶级在社会分工处从属位置，完全被剥夺协调及规划的权力才是他们"语言失败"及教育表现欠佳的根本原因。①

2. 关于概念混淆、不清晰的批评

伯恩斯坦的作品素以概念高度抽象、文字艰涩难懂见称。许多学者都抱怨他概念的经验指涉（empirical references）欠清晰，又批评他随意延伸概念的应用范围，把高度异质性的经验对象混为一谈，甚至同一概念前

---

① 笔者必须指出，伯恩斯坦在1990年出版的《阶级、符码与控制》第四卷强调尽管社会分工所处的位置对人们的语言符码有重大影响，然而两者的关系并非不可避免，因为决定社会分工原则的主导权力会影响行动者对不同意义取向（orientations of meaning）的接触机会（Bernstein, 1990：21）。换言之，在工人阶级相对有权力的社会，劳动者有权参与决策，争取到较佳的物质条件——例如较高的薪酬及较短的工时——他们的文化生活很可能会变得较丰富且多元，可能有机会接触甚至掌握精致型符码。

后定义不一致。英国教育学者捷普森（Rex Gibson）强调理论建构必须注意概念的精确性以及适用范围，因为一旦"溢出"至原本经验指涉以外的脉络，相关概念容易失去精确性以及分析的价值。捷普森认为伯恩斯坦对"分类"概念的处理就是随意延伸的一个例子。伯恩斯坦把"分类"定义为学校课程不同知识领域之间的区隔，又对课程的"强分类"及"弱分类"厘定精确的定义——他强调单单把特定科目的知识内容及理论引进别的科目并不构成真正的"弱架构"，"真正的"整合最低限度要把各科目的知识内容变成从属于（subordinated to）更高层次的原则及概念（Bernstein, 1977: 93）。然而，伯恩斯坦并没有对"分类"的应用范畴严格把关，他在同一部著作中把该概念延伸至其他脉络，包括知识与学生的关系（Bernstein, 1977: 92）、学校知识与学生日常生活世界知识的界线（Bernstein, 1977: 89）以及学校教育及经济生产场域的区隔等（Bernstein, 1977: 174 - 200）。更致命的是伯恩斯坦并没有对课程范畴以外的"强分类"及"弱分类"做清楚的定义。概念的滥用导致"分类"概念失去了理论的精确性，变得可以完全被日常语言所取代（Gibson, 1977: 27 - 29）。[①]捷普森又抨击伯恩斯坦"架构"的定义含混不清。如上文所述，"架构"是调控教学关系权力的原则，它规范施教者与受教者对教学内容、进度、先后顺序及评核方式的控掌权。捷普森批评伯恩斯坦把施教者及受教者的权力混为一谈，无视他们在教学关系中的权力往往此消彼长。混淆课程"架构"的规范对象导致"强架构"及"弱架构"的意思暧昧不明——"强架构"可以指施教者被赋予更大权力（当被规训的对象是学生时），也可指他们的权力被削弱（当被规范的对象是教师时）（Gibson, 1977: 29 - 30）。

此外，伯恩斯坦又把异质性极高的经验对象混为一谈。比方说，他认

[①] 捷普森的批评大致上正确，然而却也有例外。比方说，伯恩斯坦讨论学校教育与经济生产的关系时强调"分类"是指两个场域的原则、脉络及可能性有没有被统一起来。他又把教育与经济生产的"分类"关系与"系统性关系"（systemic relations）严格区分（Bernstein, 1977: 188）。伯恩斯坦指出教育市场化是教育与生产"弱分类"的例子，因为市场化把原本经济生产的主导原则应用在教育，导致两个领域都以市场原则运作，二者的区隔变得模糊。然而，国家介入引导学校配合经济生产人力需求可能只是强化了两者的"系统性关系"而没有改变它们的"分类"关系，因为两者不同的"原则、脉络及可能性"并没有被统一起来——教育由国家政策引导、经济按市场原则运作——彼此的区隔依然十分清晰。伯恩斯坦把"分类"概念延伸使用时并非都毫无例外地没有替概念厘定更精确的、超越日常语言的理论性定义。

为从事符号生产的中产阶级因为工作及生活的时间及空间安排属"弱分类、弱架构",因此"隐性教学法"有利于再生产他们的阶级权力;符码理论把新中产阶级划分成"调控者"、"修补者"、"传播者"、"打造者"及"执行者"五大类型(Bernstein,1977:128-130)。①然而,五类型中的警察(属于调控者)、公务员及私人机构的管理人员(执行者)一般而言角色的弹性较低,他们较被期待按照科层的规则执行从上而下的命令,符号世界较倾向于"强分类、强架构"。把警察、公务员及行政人员与从事心理辅导、广告设计及艺术创作的"修补者"、"传播者"及"打造者"笼统地归类为"新中产阶级"可能有碍探索"隐性"及"显性"教学法的角力。

面对概念欠清晰的指控,伯恩斯坦辩称理论最重要的目的是刺激思考及讨论,而不是对问题提出结论性的解答。他又对批评者"反咬一口",指出过度要求理论的内部连贯性及概念的精确性将导致经验研究无法进行(Atkinson,1985:8;Bernstein,1995:386)。伯恩斯坦又重申他提出的都只是暂时性的理论,并宣称只要继续进行研究及分析,一定可以逐一厘清概念的混淆处(Bernstein,1977:4)。

3. 关于结构分析的争议

伯恩斯坦的符码理论深受源于欧洲大陆的结构主义影响(Atkinson,1985;Gibson,1984;Sadovnik,1991)。结构主义者相信可以被直接观察的经验现象只属表象,无法被直接观察的深层结构才是影响甚至决定社会生活的最重要机制。结构主义者又强调整体结构先于个别的组成部分、社会分析的重点应该是结构整体。强调整体的优先性意味着作为整体组成部分的行动主体的去中心化(de-centering of acting subjects),个人行动被视为受所处的整体位置所决定,行动者的主观能动性失去重要性(Gibson,1984:8-12)。因为受结构主义的影响,伯恩斯坦的符码理论挖掘调节文化传递行动的机制,并提出"限制型符码"、"精致型符码"、"分类"、"架构"、"显性教学法"及"隐性教学法"等概念来探讨调控语言、教育及社会再生产的深层原则。结构主义亦导致伯恩斯坦呈现偏重整体以及把主体去中心化的倾向。比方说,符码理论把讨论焦点放在知识内容之间的

---

① 关于这种五类型符号生产者的定义,可参考上文介绍"显性"及"隐性"教学法部分的讨论。

界线（分类）、教学过程中施教者与被教者被赋予的权力关系（架构）以及学校教学法与宏观层面的阶级力量与社会整合模式的关联上。在伯恩斯坦"阶级、符码与社会控制"的结构整体中，个人的主观意识及行动对社会再生产的过程及结果都变得无足轻重。

符码理论的结构主义特性引发两方面的批评。首先，因为强调结构的决定性作用，伯恩斯坦像其他结构主义者一样必须面对如何证明深层的、无法被直接观察的机制确实存在的问题。举例说，英国社会语言学者积森（L. A. Jackson）质疑伯恩斯坦所讲的"限制型"及"精致型"语言符码是否确实存在。伯恩斯坦相信"精致型符码"使用者因为拥有更多词汇及句式可供选择，他们往往需要较长时间组织及选择语言表达的方式，因此在说话时会出现更频繁及为时较久的犹豫及停顿。他在一篇1962年发表、其后收录于《阶级、符码及控制》第一卷的论文中宣称他从实验确定中产阶级背景的学生较工人阶级在语言表达时出现更频繁及为时较久的停顿。他相信这项发现有助于证明中产阶级确实具备"精致型符码"（Bernstein，1974：76-94）。然而，积森认为伯恩斯坦的实验只能显示出身不同阶级孩子语言行为的差别，它不能证明中产阶级子弟停顿是因为需要更多时间选择词汇及句式以及组织下一步的表达方式，更遑论论证不同阶级语言行为的差别是因为语言符码。积森认为伯恩斯坦无法证明深层原则确实存在，符码理论所谓"精致型"及"限制型"符码的讲法只属"迷思"（Jackson，1974）。

此外，结构主义把主体去中心化、忽略行动者主观能动性也可能导致对分析学校文化传递活动时出现盲点。比方说，伯恩斯坦在讨论学校"表意性"及"工具性"两种秩序的章节指出学生家庭对两种秩序的态度影响孩子对学校生活的投入程度。然而这部分的讨论完全忽略了孩子主体性的作用，无视孩子的感受及选择很可能会中介家庭态度的影响力。比方说，如果亲子关系欠融洽，孩子可能会故意与双亲唱反调，父母认同学校的"表意性"及"工具性"秩序，他们就故意在学校捣蛋，对课业漫不经心；父母对学校的"表意性"秩序持保留态度，他们就更认同学校要灌输的价值观及意识形态。

结构取向的分析方法也导致伯恩斯坦低估了教师对学校教育的影响。作为行动者的教师可以从集体行动及在教室执行教学活动两大途径影响课程符码。在许多西方社会，教师专业团体一直致力于争取更高的专业自主性，他们希望对教育目标、课程、教学法、考试制度、教学资源以及学校行政等都有更大影响力，不甘愿受制于国家教育官僚及学校行政主管（Archer，1983：208）。教师集体抗争的结果直接影响他们对教学活动的内容、进度、先后顺序及评核标准的控制权——"架构"的强弱程度。另外，学校组织的特性可能让教师可以在教学场景影响课程符码。研究学校组织的学者很早便指出学校属于"松散链接组织"（loosely-coupled organization）。因为学校教育的目标高度抽象、教育工作没有绝对明确客观的技术程序可供依循，学校主管难以按照具体清晰的目标及技术标准严格监控教学活动、把校内每一个环节紧密连接。因此，教师们拥有一定的空间，他们只要把教室的门关上，就可以按照自己的喜好及习惯调整教学的方法、内容及进度等（Weich，1976）。学校"松散组织"的特性让具备主观能动性的教师可以中介课程符码对实际教学行动的影响。

伯恩斯坦把"架构"定义为施教者与受教者对教学活动的掌控权。然而权力的具体运作往往是相关行动者竞斗（contest）及协商（negotiate）的结果，教学场域的权力关系亦不例外。大量采用民俗志学方法的教育研究都证明了施教者与受教者的取向、观点及策略都会影响教学活动的内容、进度、顺序、评估方法以及学校与外在生活世界知识的区隔程度。举例说，麦尼尔（Linda McNeil）进入美国威斯康星州数所高中观察教室教学活动，发现教师面对学习态度欠积极的学生时往往会简化教学内容，减轻对作业的质量要求，改用更轻松的授课方式以及调降评估的标准。麦尼尔称这种教学策略为"防卫式教学"（defensive teaching），目的是通过弱化"架构"——套用伯恩斯坦的术语——在教室"维稳"，换取学生合作，使他们不会公然挑战教师的权威（McNeil，1983）。爱华赫德（Robert B. Everhart）的研究甚至发现学生在教室中可以"主动出击"左右教学的进程。例如每当学生们对授课内容感到无聊时，他们就会很有默契地做出不耐烦的表情，故意以言不及义甚至是"无厘头"的"搞笑"方式回应老师的提问，要老师"知难而退"把讲授的课题尽快结束（Everhart，1983）。因为伯恩斯坦偏重结构分析，他可能高估外在客观的课程符码对实际教学活动的影响，忽略了"分类"及"架构"在教学现场的具体强弱程度是具主观能动性的行动者角力及协商的结果。

4. 关于缺乏"阶级形构"分析的争议

如上文所言，伯恩斯坦突破了新马克思主义教育社会学者的观点，提出课程及教学法的角力往往源于新、旧中产阶级的斗争。伯恩斯坦认为社会分工的发展带来了以经济生产及以文化符号生产为主的两种类型的中产阶级。工作及生活空间属"强分类、强架构"的旧中产阶级试图利用"显性教学法"延续自己的主导位置；习惯"弱分类、弱架构"的新中产阶级支持对自己有利的"隐性教学法"。然而，阿普尔（Michael W. Apple）批评伯恩斯坦对"阶级形构"的分析过于粗糙。马克思主义学者把阶级分为"自在阶级"（class-in-itself）及"自为阶级"（class-for-itself）两大类型。"自在阶级"是指在生产关系中处共同位置，然而却还未意识到彼此的共同利益，还未形成集体行动的群体；"自为阶级"是已形成阶级意识并团结争取自身利益的集体行动者。"阶级形构"就是"自在阶级"在经历阶级觉醒后演变成为"自为阶级"的历史过程。阿普尔相信"阶级形构"并没有必然性，因为"自在阶级"能否过渡成为"自为阶级"受到许多偶发的历史条件以及一系列具有相对自主性的制度及场域——例如大众传媒、教育、休闲娱乐、宗教等——的左右。因此，要真正了解阶级与教育的关系，就必须细心研究阶级形构的历史轨迹。阿普尔批评符码理论的阶级分析缺乏历史向度，把阶级简单地看成生产关系的一系列位置，在伯恩斯坦笔下的新、旧中产阶级其实都只是在经济生产中占据相同位置的"自在阶级"。他又抨击符码理论从来没有讨论过在社会分工中分别担任物质及符号生产的两种类型的中产阶级如何意识到自身的阶级利益、形成集体身份认同以及采取行动促使学校采用对自己有利的课程及教学法。因为没有仔细考察新、旧中产阶级的形构，符码理论只能笼统地把阶级力量及教育的变化归因于"社会分工的发展"，无法清楚交代推动学校课程演变的历史原因（Apple，1992：136－137）。

　　回应阿普尔的批评，伯恩斯坦否认把阶级单纯看成在生产关系的结构位置。他辩称尽管自己的著作没有太多着墨于阶级行动，他指导的多位学生都通过经验证据验证阶级与再生产的关系，当中最有代表性的例子是曾健士（C. Jenkins）关于英国中产阶级与进步主义教育的研究。曾健士发现20世纪20至50年代英国"以儿童为中心"、"活动教学法"及"开放教育"等教育理念的推动者几乎都是来自符号控制场域的中产阶级。他重申从来没有忽略阶级行动的重要性。①另外，伯恩斯坦指出有助于阶级再生

---

① 伯恩斯坦这一回应只能证明有部分新中产阶级人士参与推动学校采用"弱分类、弱架构"课程，他并没有说明从事符号生产人士如何醒觉到"隐性教学法"有利于他们的阶级再生产以及组织集体行动改变学校课程。因此他并没有真正回答阿普尔关于"阶级形构"的批评。

产的文化传递机制（device of cultural transmission）往往不是为了配合阶级再生产的需求而出现的，教育社会学学者必须用心思考"非因为阶级再生产而衍生的机制如何变成帮助阶级再生产"的问题。伯恩斯坦认为跟阶级分析保持适当的距离有助于处理这极富挑战性、极其重要的课题（Bernstein，1995：388 - 391）。此外，20世纪90年代中期，也是《阶级、符码与控制》第三卷出版20年后，伯恩斯坦声称他的研究重点是阶级关系导致的不平等分配后果。他认为学校教育的效果对他而言是相对显而易见的，然而调节学校文化传授活动，引致不平等权力关系的机制却不然。伯恩斯坦又补一脚地抨击新马克思主义及阶级分析对讨论学校教育沟通活动的内部运作逻辑并没有太大帮助（Bernstein，1995：389）。

5. 关于缺乏历史比较角度的批评

有学者认为伯恩斯坦的理论建基于英国的特殊社会历史条件，质疑符码理论的普遍性，并呼吁运用历史比较方法检验并重构伯恩斯坦的理论命题。举例说，卡勒堡及贺西（Jerome Karabel and A. H. Halsey）认为伯恩斯坦语言符码理论明显受英国的特殊情况所影响。因为英国社会的阶级性异常鲜明，不同阶级人士的语言表达存有重大差异，所以才会出现中产阶级的"正规语言"及"精致型符码"与工人阶级的"公共语言"及"限制型符码"的差别。两位学者质疑伯恩斯坦理论对其他社会的解释力，怀疑语言符码理论可能不适用于如美国等阶级文化差别较不明显的社会（Karabel and Halsey，1977：63）。

另外，英国社会学者阿雀尔（Margaret Archer）——也是历史比较社会学经典巨著《教育体系的起源》（Social Origins of Educational System）的作者——批评伯恩斯坦缺乏教育体系的分析，以致把英国特殊社会历史条件下出现的现象误以为具有普遍性。课程符码理论指出传统上英国学校采用有利于旧中产阶级再生产的"强分类、强架构"课程，然而随着新中产阶级的崛起，"隐性教学法"挑战"显性教学法"的地位。伯恩斯坦的论述假设教育体系具高度可渗透性（permeability），阶级力量可以轻易地影响学校的教学法，外在的阶级政治直接转译成教育场域的课程政治。然而，阿雀尔指出高度可渗透性是权力下放型（decentralized）教育体系的特征，在教育决策权力高度集中的体系，阶级力量不容易左右学校课程及教学法。伯恩斯坦假设教育体系可轻易被社会阶级力量渗透，因为他把英国教育体系权力下放的特征视为理所当然。如上文所述，英国缺乏全国性的考试,在 1988 年之前没有全国统一的课程,学校教育的权力被下放至"地区教育局",地区教育行政部门对民选的地区议会负责。在权力下放的架构下,社会阶级力量较容易通过地方政治进入学校体系"促销"对自己有利的教育理念。然而在教育政策权力高度集中的国度,例如法国,国家举办全国性的考试,颁布统一的课程、教科书及考试,垄断师资培训,阶级力量不容易影响学校的课程及教学法。意图"促销"心仪教育理念的阶级行动者必须从中央层级的政治管道入手。即使得到中央政府的支持,最后落实的"课程符码"可能在经过立法程序及官僚行政体系的中介后变得面目全非。阿雀尔敦促应用伯恩斯坦理论的学者要注意不同社会教育体系的特性,以发展能够解释课程符码跨社会差别的教育社会学理论(Archer, 1983; 1995: 213 – 216)。

六 本讲小结

伯恩斯坦在 1975 年出版《阶级、符码与控制》第三卷后骥伏了十多年,一直到 20 世纪 90 年代才再有新书面世。他在 1990 年出版的《阶级、符码与控制》第四卷及 1996 年的《教育法、符号控制与身份认同》提出了"教育论述"及"教育机制"的概念以重构符码理论以回应学界对他的部分批评。另外,英国的政治及教育从 20 世纪 70 年代中期开始出现重大的转变。后期伯恩斯坦理论重建的另一个目的是要保证符码理论跟得上因为新自由主义兴起而改变的教育状况。

第五讲　教育论述、教育机制与符码理论的重构

20 世纪 70 年代初期的石油危机导致第二次世界大战后英国最严重的经济衰退、失业率节节攀升。随着经济环境恶化，社会舆论把矛头指向学校教育，批评二战后 30 多年国家教育政策"养肥"了教育官僚并过度保护包括教师等在内的所谓的"教育专业人士"。舆论又抨击福利国家思维主导的教育政策不但加重了公共财政负担，也损害了教育体系的效率与弹性，剥夺了家长及学生的自由选择权。论者又指责国家监管不力，放任地方教育行政部门以及学校推行所谓"进步主义教育"，引致教室缺乏纪律，学生学业能力日见低落，严重削弱了英国的国际竞争力。教育政策被社会大众认定是英国经济下滑的罪魁祸首。

在这一政治氛围下，1976 年 9 月英国首相卡拉汉（James Callaghan）在工党大会发表了重要的"勒斯金演说"（Ruskin Speech），呼吁教育与产业的紧密结合，首相的讲话替新右派在教育场域的兴起掀开了序幕。①1979 年保守党在大选中获胜，撒切尔夫人（Margaret Thatcher）上台，"铁娘子"领军的保守党政府推行一系列以"新自由主义"挂帅的教育改革。掌权者一方面把教育体系行政权力下放：他们鼓励学校私营化，扩大

---

① 当时工党是执政党，卡拉汉是工党党魁。他呼吁教育与产业紧密结合（一个在 20 世纪 70 年代看起来是右派的建议），很可能是因为意识到保守党将猛烈攻击工党教育政策失误导致经济衰落而先发制人，从而提出强化学校与产业的合作关系（Lowe，2007：71）。

学校营运及资源运用的自主权，又赋予家长更大的选择权力；另一方面执政党加强对教育目标及课程内容的管控：他们在 1988 年通过的"教育改革法案"（Education Reform Act）颁布英国有史以来首个"国定课程"（National Curriculum）。"国定课程"把十个科目设定为英格兰及威尔士地区学校的指定学科；①又把 5~16 岁学童的受教生涯划分成四个主要阶段，每一阶段都设定各学科的"学习目标"。"教育改革法案"规定每一位学生在 7 岁、11 岁、14 岁及 16 岁每个学习阶段结束时必须接受统一的"标准评核测试"（Standard Assessment Tasks），评估是否达到"学习目标"的要求。法案并授权主管教育行政机构公布每所学校测试的成绩，以便家长选择学校时有所凭借（Chitty，1988；Lowe，2007）。保守党政府又积极促使学校教育配合经济生产。1995 年，执政党又把全国最高教育主管机构从原来的"教育与科学部"（Department of Education and Science）改组为"教育与就业部"（Department of Education and Employment）（Aldrich，Crook and Watson，2000）。这一系列措施瓦解了第二次世界大战后二三十年带有社会主义色彩的教育政策，并确立新右派、新自由主义及新保守主义为英国教育的主导思维。

伯恩斯坦分别在 1990 年及 1996 年出版的《阶级、符码与控制》第四卷及《教学法、符号控制及身份认同》就在这样的政治氛围下面世。20 世纪 70 年代中后期开始的政治发展改变了英国社会阶级的面貌以及国家与教育的关系，并促生了崭新的课程及教学法模式。新的发展形势促使伯恩斯坦重新反思学校教育与社会再生产的关系。另外，"后期"的伯恩斯坦也尝试回应前期作品所受到的部分批评——包括忽略了教育体系的自主性以及把阶级与教育的关系处理得过于机械化等。伯恩斯坦20 世纪八九十年代的作品呈现了教育与社会再生产更复杂、更微妙的关系。

一 重建符码理论——"分类"概念的重构

早期的符码理论从"阶级"及"社会分工"——伯恩斯坦把两者分别理解为"权力"（power）及"控制"（control）——的角度解释学校知

---

① 该十个科目包括英文、数学、科学、科技、历史、地理、艺术、音乐、体育及外语。其中英文、数学及科学是"核心科目"（Gordon and Lawton，2003：163）。

识的组织形式的演变。当时伯恩斯坦的阶级分析主要专注于工人阶级及新、旧中产阶级等具体阶级力量的关系,对"社会分工"的讨论建基于"机械联结"、"个体式有机联结"及"个人式有机联结"几种受涂尔干启发的特定社会整合模式。然而20世纪八九十年代符码理论探讨的教育传递不再只局限于狭义的学校课程;伯恩斯坦意图挖掘促成文化再生产的沟通实践的普遍性深层原则,讨论对象涵盖一切教育行动者(pedagogic agents)的组织(agencies)、论述及实践(Bernstein, 1996: 17-18)。另外,"后期"伯恩斯坦也扩大了对"阶级"及"社会分工"的理解。他在《阶级、符码与控制》第四卷开首处就把阶级关系定义为"因为物质及符号价值生产、分配、再生产及合理化(legitimation)的社会分工而导致的不平等关系"(Bernstein, 1990: 13)。这一定义意味着伯恩斯坦不再简单地根据几个类型学(typologies)了解"阶级"及"社会分工"。因为对"权力"及"控制"——符码理论的两个最重要的"主变项"——的看法跟之前不一样,"后期"伯恩斯坦对文化传递深层原则的分析也跟过往有异。

跟早期一样,20世纪八九十年代的伯恩斯坦相信调节教育沟通活动的符码受到"权力"及"控制"的影响。"权力"通过建立及维护不同社群、论述及行动者的界限而运作,它衍生各种的社会范畴(social categories),导致社会空间的断裂。"控制"界定在特定范畴内沟通传意活动的合理模式。换句话说,"权力"调控不同范畴之间的界限,"控制"规范各范畴内部的沟通实践(Bernstein, 1996: 19)。通过重新诠释课程符码理论"分类"及"架构"两个主要概念,伯恩斯坦进一步解释了"权力"与"控制"如何借调控教育实践而巩固既有的权力关系。

跟《阶级、符码与控制》第一卷到第三卷的时期不一样,"后期"伯恩斯坦的"分类"概念所指的"界限"涵盖不同类别的教育行动者、组织、论述与实践的区别;指涉的范畴已不再只是学校课程各学科及知识领域之间的关系。在"强分类"情境中,相关类别各自有本身特殊的论述、身份认同、声音(voice)[①]以及调控内部沟通关系的规则;在"弱分类"的情境中,各类别在这几方面的差别则较不明显(Bernstein, 1996: 20-

---

[①] "声音"的概念来自语言学,意指规范语言表达的规则;相对于"声音"的是"信息"(message),意指在"声音"规范下表达出来的具体意义。

21)。在《阶级、符码与控制》第四卷及《教学法、符号控制及身份认同》两部后期著作中,伯恩斯坦把重构的概念结合历史角度解释"分类"如何帮助再生产社会权力。他指出中世纪时代西方社会的权力结构促生了"劳力实践"(manual practices)与"脑力实践"(mental practices)及关于"内心世界"(the inner world)及"外在世界"(the outer world)两种主要的知识"强分类"。中世纪"劳力"及"脑力"实践的关系属"强分类",因为它们不但各有不同的论述,而且两者的再生产由不同的行动者以及社会组织负责——前者由家庭及作坊的学徒制,后者由学院。由于当时关于"劳力实践"的论述一直被排斥于正规教育(formal education)以外,"劳力"与"脑力"实践的区别其实也就是"生产"与"教育"的区别。两者的"强分类"帮助巩固社会权力,因为它维持了"劳力者"及"劳心者"之间的鸿沟以及不平等关系,又保护"教育"——或者应该说负责文化再生产的论述、实践、行动者及组织——免受生产领域的直接冲击(Bernstein, 1990: 43)。

中世纪社会的另外一个重要"强分类"是关于"内在世界"及"外在世界"知识的鸿沟,具体的呈现是知识结构中"三学科"(trivium)及"四学科"(quadrivium)的区别。"三学科"指的是"逻辑"(logic)、"文法"(grammar)及"修辞"(rhetoric);"四学科"包括"几何"(geometry)、"音乐"(music)、"算数"(arithmetic)、"天文学"(astronomy)。"三学科"训练思考及言说,作用是规范受教者的内心世界;"四学科"探索外在的形、声、量以至宇宙天文,知识对象是外在世界。中世纪教廷主导下的教学传授活动以"三学科"为基础,受教者先接受逻辑、文法及修辞的训练,然后才学习"四学科"。以"三学科"为基础的教学实践意味着受教者——或者应该说"知者"(knowers)——与知识存有不可分割的关系,因此在放手让受教者展开对外探索之前要先规训他们的内心,确保他们对外在世界的探讨不会演变成威胁教廷主导的社会秩序(Bernstein, 1990: 150 - 151; 1996: 21 - 23, 83 - 86)。"劳力"及"脑力实践"与"三学科"及"四学科"两组"强分类"是中世纪社会权力再生产的重要支柱。

然而,传统欧洲的"强分类"在近代出现重大改变。首先是"生产"与"教育"之间区隔的弱化。欧洲传统知识结构带有极明显的"强分类"特征,知识世界被不同的学科(disciplines)——例如物理、化学、数学、历史及地理等——切割,学术论述都以"单一学科"(singulars)为主。

"强分类"知识结构下各学科的论述都是"自恋式"（narcissistic）的，它们高举自己学科的旗帜，以学科内部的标准评价知识的价值，衍生出内向的"内投式身份认同"（introjected identity）。"单一学科"处于"知识生产场域"（field of knowledge production）——又称为"初始脉络"（primary context），套用伯恩斯坦在讨论"教育机制"（pedagogic device）时提出的概念。"强分类"的特征导致它们忽视其他学科，甚至排斥知识生产以外场域的论述，特别是"实践场域"（field of practice）——负责生产与管理等实务场域——的论述（Bernstein，1996：23，65）。

然而，20世纪中期西方知识结构出现重大转变，"区域学科"（regions）快速兴起打破了"单一学科"垄断知识论述的局面，"教育"与"生产"的"强分类"开始松动。"区域学科"是"单一学科"知识被"实践场域"再脉络化（recontextualized）的产物。医学、建筑学、管理学及会计学等都是"区域学科"的例子。因为"区域化"（regionalization）带来知识的技术化（technicalization），新兴的"区域学科"必须兼顾实践场域的论述，不可能不重视知识的实用价值。"区域学科"衍生外向的"前瞻规划型身份认同"（projected identity），培养受教者利用知识达到外在工具性目的的倾向（Bernstein，1990：153；1996：23-24、65-66）。"区域化"是从20世纪中期开始西方知识结构的整体趋势，然而它对高等教育体系不同等级院校的影响不尽相同。在层级最高处，最有地位及声望的学府有学术明星坐镇，它们较有本钱忽视市场的压力，继续主打传统的"单一学科"；位阶较低的学府需要重视市场，难以抗拒知识"区域化"的趋势。高等教育体系不同位阶的院校不但知识区域化程度有异，打造出来的身份认同也有差异——一线精英学府的是"内投式身份认同"，越后面的越是"前瞻规划型"（Bernstein，1996：74）。

到了20世纪八九十年代，"通类"（generic）教学模式登上历史舞台，成为另一种冲击"教育"与"生产"之间"强分类"的课程理念。"通类"的出现是因为学校被批评没有好好装备年轻人扮演日后社会生活及经济生产的角色，教育政策制定者于是列出一系列所谓的生活及工作必须具备的"一般能力"（general skills）——例如逻辑思维能力、语言表达能力、搜集资料能力、团队合作能力等——并把训练这些能力设定为学校教育的目标。"通类"模式出现的另一原因是经济及生产技术急速转变，国家人力规划决策者无法掌握未来的人力需求；培养不管从事任何工作都派得上用场的"基本能力"成为看来最稳妥的做法。因为与学生未来的生活及工作挂钩,"通类"模式促生的身份认同也是"前瞻规划型"(Bernstein, 1996: 66 - 67, 72 - 73)。"通类"模式不但弱化了"教育"与"生产"的关系,也会进一步减弱"单一学科"的"强分类"。因为推行"通类"者一般都会要求各学科配合训练学生的基本能力,原本各学科的论述因而会被边缘化。比方说,历史学原来的目的是教导历史学知识甚至是培养下一代的历史研究人才;但在"基本能力"模式下,它跟其他学科一样是为了培养发掘问题及搜集资料等一般能力,历史学与其他学科论述的差异性被大幅度削弱。

此外,近代欧洲社会知识领域另一重大转变是调控"内在自我"与探索"外在世界"两大范畴知识"强分类"的弱化。如上文所言,中世纪欧洲的知识体系存在"三学科"及"四学科"之别,前者规训人的内心,后者探索外在世界。然而到了 20 世纪,"逻辑"、"文法"及"修辞"等传统学科没落,取而代之的是关于人们内心自我的社会学及心理学等纯世俗性的社会科学学科。社会科学试图借用自然科学方法了解人类行为,关于内在心灵与外在世界论述的区别因而变得模糊。此外,随着资本主义的扩张,市场原则入侵文化生产及再生产场域,教育体系的研究及教学越来越倾向于利润挂帅,传统欧洲"知者"(知识拥有者及生产者)与"知识"不可分割的关系面临严峻的冲击。为了让知识更具可流通性,更能配合市场的需求,"知识"与"知者"的关系被割裂,知识拥有及生产者越来越不会被要求具备内在特定的信念、价值观及奉献精神(Bernstein, 1996: 87 - 88)。① "内在"与"外在"知识"强分类"的弱化以及"知者"与"知识"的割裂意味着社会权力分配与符号控制方式的转变。②

"架构"是符码理论的另一个重要面向。如上文所言,"架构"的作

---

① 关于近代知识拥有者与知识的割裂,笔者尝试以医学的例子做说明。传统上西方的医学院除了传授医学知识及医疗技术外都试图规训学医者的内心,教导他们从医的目的是为了服务人群、拯救生命,而非追求个人的私利;医学院学生毕业行医前都必须按照"希波克拉底斯誓词"(Hippocratic Oath)宣誓。这是期待"知者"与"知识"、"内在"与"外在"、医者的信念与医术紧密联结的例子。然而医生的信念与奉献精神有碍医术的商品化,严肃看待"希波克拉底斯誓词"的医者不会轻易"向钱看"投身于美容医学等的医疗领域。把医生的技术与内在分割,消灭医者的信念及奉献精神有助于医疗知识的商品化。

② 伯恩斯坦关于"知者"与"知识"割裂的说法受到质疑,有学者认为这一说法缺乏证据支持(Ladwig, 1997: 125 - 126)。

用是"控制",负责调控在特定范畴内的沟通实践、界定何谓合法的沟通模式以及规范沟通活动中双方的互动关系(Bernstein,1996:27)。课程符码理论以往一个被批评之处是它只提出知识组成形式与阶级再生产及社会控制形式的关系,却没有解释不同阶级背景的学生如何选择性地习得教育实践传授的知识(Gorder,1980)。"后期"的伯恩斯坦尝试突破这一不足之处,他提出受教者的习得受"辨识规则"(recognition rules)及"实现规则"(realization rules)所决定。"辨识规则"帮助判断沟通实践的特定脉络;它对习得具有重大影响,因为受教者必须先能够分辨所处脉络才有可能对传递的信息做适当的反应。然而,因为社会权力的缘故,"辨识规则"并没有被公平地分配于不同的社群。① "实现规则"帮助受教者在辨识脉络后把相关的意义整合成适当的"文本"(text)。② 许多弱势背景的孩子即使具备"辨识规则",但因为缺乏"实现规则"而无法在分辨脉络后产出适当的"文本",结果没有被评估为已习得教学活动传授的知识内容(Bernstein,1977:31-33)。

二 "教育论述"与"教育机制"

如上讲所述,过往伯恩斯坦没有交代课程符码如何被打造,阿普尔(Michael W. Apple)及阿雀尔(Margaret Archer)等学者因而批评符码理论把教育体系与社会的关系想象得太简单直接、仿佛阶级与社会控制模式的变化会自然地导致符码的改变。然而在20世纪八九十年代,伯恩斯坦以"教育论述"概念从新诠释"架构",并以"教育机制"理论探索

---

① 伯恩斯坦引用他指导的学生贺兰特(Janet Holland)的研究说明"辨识规则"的不平等分配。贺兰特的实验是向29名中产阶级及29名工人阶级7岁儿童展示一系列的食物图片,然后要求他们把食物分类并解释他们分类的标准。研究发现中产阶级孩童有两个归类标准,一个是抽离于生活脉络的(例如他们把白菜、洋葱、胡萝卜等归成一类,并解释说因为它们都是蔬菜),另一个紧贴生活脉络(例如他们认定面包、香蕉及牛奶为同类,因为都是他们早餐的食物)。前者是中产阶级的主导性分类原则,大部分中产阶级学童在实验时都会先用抽离生活脉络的原则做分类。实验发现大部分工人阶级学生都只有紧贴生活脉络的分类原则。因为学校传授的主要是抽象性知识,以抽离生活脉络为主导分类原则的中产阶级学童比工人阶级更容易辨识教学脉络的特性,有较大机会对教学传授做适当的回应(Bernstein,1996:33-34;Holland,1981)。
② 伯恩斯坦谈论的是广义的"文本"——包括受教者对教学活动的口头、身体语言及面部表情回应等一切会吸引施教者进行评核的符号——而非只局限于狭义的书写文字"文本"(Bernstein,1996:32-33)。

"教育论述"的具体生产过程。"教育论述"与"教育机制"的概念导致符码理论更能呈现教育与社会权力之间的矛盾与断裂。

20世纪八九十年代的伯恩斯坦把"架构"定义为"教育论述"(pedagogic discourse)。"教育论述"调控在分类原则设定的界线内打造意识的沟通活动;它的组成包括"规约论述"(regulative discourse)及"教导论述"(instructional discourse)。"规约论述"界定教育活动的层级关系,它规范受教及施教双方应有的态度、操守与行为。"强架构"的"规约论述"要求受教者认真、专注、勤奋、虚心受教、对师长尊敬有礼;相反,"弱架构"的"规范约束"赋予受教者更大的主动性,发挥更大创意,并容许教学双方较平等的互动关系。"教导论述"决定教学的内容、顺序及评估标准。"规约论述"在两个论述中占主导的位置,因为一切教育活动都必须建基于让传意沟通得以顺利进行的道德秩序。因此,"教育论述"的作用是把"教导论述"镶嵌于"规约论述"(Bernstein,1986:210 - 211;1990:184 - 185)。一直以来学者们都把学校的传意功能区分为传授知识技能与培养品德及价值观两大类,伯恩斯坦批评这是错误的观念,因为一切传授知识的活动都必然隐含"规约论述"。①他直言对教育的其中一个最重大误解是以为它包含两个不同论述——尽管它其实只有一个论述;许多人都误以为教育可以单单传授知识技能而不牵涉价值观与道德秩序(Bernstein,1996:46)。

"教育机制"的作用是打造与落实"教育论述"。伯恩斯坦关于"教育机制"的讨论最早出现于1986年的《论教育论述》(*On Pedagogic Discourse*)这一篇经典文章。之后他在《阶级、符码与控制》第四卷及《教学法、符号控制及身份认同》中继续阐释了该概念。"教育机制"是指在传意活动中生产、再生产与转化意识与身份认同的媒体(medium)的社会规则(social grammar)。伯恩斯坦提出"教育机制"的概念,是因为一直以来教育社会学都没有认真看待教育过程中传递意识形态信息的媒介。他指出尽管有许多研究显示教育再生产包括阶级、性别、种族、区域与宗教等不平等关系的作用,但学者们一直只把教育传递(pedagogic communication)视为传递意识形态与外部权力关系的中性的载体

---

① 其实,伯恩斯坦早期也把知识与价值观的传授二分化,举例说,他在《阶级、符码与控制》第三卷就把学校的传意活动区分为"表意性"及"工具性"两种秩序(见第四讲相关部分的讨论)(Bernstein,1977:38 - 49)。

(carrier)。他批评教育社会学忽略教育传意媒体就好比研究声学者只注意运用麦克风的说话者而不探究麦克风的结构,以为它对声音传递的效果毫无影响。"教育机制"是对"意义潜势"(meaning potentials)做出包括选择、强化及压抑等以管控及促生教育传递的内部规则。探讨"教育机制"的内部结构有助于纠正教育社会学一直以来忽视教学沟通媒体的偏差(Bernstein, 1986: 205 – 207; 1996: 41 – 42)。

"教育机制"透过"分配规则"(distributive rules)、"再脉络规则"(recontextualizing rules)与"评估规则"(evaluation rules)建构并落实"教育论述"。三种规则之间具有等级性,位阶较低的衍生自较高的。"分配规则"界定权力、社会群体与意识形式(forms of consciousness)三者的基本关系。它是"国家(the state)、执政党以及各政党与利益团体之间关系的表述"。它借着向各社群分配不同的知识与意识而调节社会秩序(Bernstein, 1996: 44 – 45)。"再脉络化规则"打造"教育论述"。正如上文所言,"教育论述"把"教导论述"镶嵌在"规约论述"。"教导"及"规约"两个论述都是"再脉络化"(recontextualization)的产物。"再脉络化"是指按照"教育论述"的原则从"初始脉络"(primary context)——知识最初产生的场域——挪移(de-locate)论述元素(discursive elements),然后把它们重新置放(re-located)于"次级脉络"(secondary context)——把挪移论述重新组织成为新论述的脉络——并重新聚焦(re-focused)组合成为新论述的过程。每当"再脉络化"发生时,相关论述就会被"次级脉络"的规则改变。因此,论述一旦经过"再脉络化"就不会跟原先的论述一模一样(Bernstein, 1996: 46 – 47)。

论述从"初始脉络"往"次级脉络"移动时会受到"第三脉络"(the third context)——又称"再脉络化脉络"(recontextualizing context)的影响。"第三脉络"包括"官方再脉络化场域"(official recontextualizing field)及"教育再脉络化场域"(pedagogic recontextualizing field)。"官方再脉络化场域"包含制造"官方教育论述"(official pedagogic discourse)的行动者与实践;"教育再脉络化场域"制造"非官方教育论述"(unofficial pedagogic discourse)(Bernstein, 1986: 216; 1990: 191 – 193)。"规约论述"在"再脉络化"过程中发挥主导作用。因为每当"再脉络化场域"行动者从"初始场域"挪移论述时,"规约论述"会影响他们选择涵盖什么以及多少的知识内容并决定教学的速度及顺序。换言之,

"教导论述"的建构受到被期待的教育场景秩序影响。另外,"再脉络化"不但要选择传授什么知识内容,还要规范如何教以及界定施教者与受教者的角色。因此,"再脉络化场域"行动者必须同时从心理学等文化生产场域挪移论述元素打造"规约论述"(Bernstein, 1996: 49)。①

"教育机制"第三个规则是"评估规则",它的功能是具体规范教育传递的内容、定义进行教学活动的适当时间与脉络以及界定如何判断教学内容已被有效传递。评估原则监督教育论述的执行,对落实文化及意识再生产以及教育机制的运作起关键作用(Bernstein, 1990: 180-190)。

三 教育体系的相对自主性

过往许多学者批评伯恩斯坦忽略教育体系的相对自主性,然而经过后来的理论重构,符码理论呈现的教育与权力关系充满了矛盾与断裂,学校教育与阶级及社会控制模式的连接远比之前复杂。首先,20世纪八九十年代伯恩斯坦把"分类"的概念扩大到不同类别的教学行动者、组织论述与实践的区别。他特别强调欧洲社会一个最主要的"分类"是"生产"与"教育"(又可以说是物质生产与文化再生产)之间的鸿沟。教育体系的自主性取决于这分类的强度:"生产"与"教育"的分类越明显——两者的论述、行动者、实践与内在运作规则的差别越大——教育的相对自主性越高,文化再生产场域就越不容易被物质生产场域影响(Bernstein, 1990: 43-44)。②伯恩斯坦又以实际的历史案例指出随着经济体系的不断变化,教育体系的自主性往往讽刺地因为来自生产领域原则的入侵而被强化:20世纪八九十年代西方资本主义社会掌权者致力于把经济领域的市场原则引入教育场域。然而当教育场域越来越按照竞争原则运作时,市场的垄断越来越严重,生产领域越来越不背离竞争原则。来自经济领域的原则吊诡地延续了"教育"及"生产"场域之间

---

① 举例说,学校的"物理"课有"教导论述"规范教学的内容,又有"规约论述"界定教学法以及教学过程中的师生角色。两个论述都从物理学及心理学研究等文化生产场域选择性地吸取论述元素并组成关于"物理"教学内容及教学秩序的论述。构成"物理"教育论述的是"教导"及"规约"两个经过"再脉络化"而形成的论述。
② 伯恩斯坦在1977年《阶级、符码与控制》第三卷再版时就首次提出教育体系的相对自主性取决于"生产"与"教育"的分类(Bernstein, 1977: 174-200)。

的"强分类",维持了"教育"的相对自主性(Bernstein,1990：88)。①

伯恩斯坦的"教育机制"及"教育论述"概念,进一步阐释了学校教育与社会权力的不符应关系以及教育场域的相对自主性。如上文所言,"教育机制"包含"分配"、"再脉络化"及"评估"三大规则。"分配规则"通过界定权力、社群与意识的基本关系而达到社会控制的目的。然而,"分配规则"并非单纯由掌权阶级所决定,因为各种社会势力都知道掌握"教育机制"有助控制意识,"分配规则"成为各路英雄的兵家必争之地(Bernstein,1990：199)。此外,"分配规则"的抽象性也让各竞逐群体有"各自表述"的空间：为了能够联结更广阔多元的脉络,"分配规则"必须与物质世界维持一定距离;然而,一旦规则具有抽象性,它跟具体的物质世界之间必然存在论述的裂缝(discursive gap)。这裂缝可能导致对"分配规则"不同的诠释,令掌权者无法完全垄断对社群、意识及权力基本关系的界定(Bernstein,1996：44-45)。

另外,每当"再脉络化规则"把论述从"初始脉络"转移至"次级脉络"时,"第三脉络"可能衍生更多的矛盾与冲突。首先,"官方再脉络化场域"的政治行政部门及行动者的惰性与利益可能驱使他们抵制或扭曲社会掌权阶层的教学改革。其次,当"教育再脉络化场域"具备一定自主性时,它试图落实的"教育论述"可能与官方场域的出现矛盾(Bernstein,1996：48)。最后,官方及非官方"再脉络化场域"往往具有一定的内部差异性："官方再脉络化场域"以国家教育部门官僚为核心,还包括来自教育体系以及经济生产及符号控制场域的顾问与被咨询者;"教育再脉络化场域"包括大学、教育学院、学校、教师工会、教育研究学会、文教基金会及出版社等的行动者及实践。因为两个场域不同类型的行动者,"教育论述"的内涵有可能因为场域内部以及两个场域之间的冲突而出现变化(Bernstein,1990：191-193,199)。

---

① 伯恩斯坦以"分类"概念论证教育体系自主性的方式非常有创意。然而笔者对他这一部分的讨论有保留。借用费素尔(Christer Fritzell)的观点,所谓"教育与生产的论述,行动者、实践与内在运作差别很大",只是代表学校与经济体系缺乏"结构的符应"(structural correspondence),然而与经济存在"强分类"的教育体系可能就是学校能够发挥再生产功能的条件。换言之,经济与学校缺乏"结构的符应"不代表两者没有"功能的符应"(Fritzell,1987)。

四　重探阶级与课程政治的关系

早期伯恩斯坦主要从行动者从事生产物质或符号价值划分两类型的中产阶级，并提出"旧中产阶级"支持"显性教学法"，"新中产阶级"支持"隐性教学法"。符码理论被批评为把两类型的中产阶级看成铁板一块的社群，以及把阶级、意识形态与课程政治的关系想象得过于机械性。20世纪八九十年代，伯恩斯坦对"新中产阶级"的复杂性有更深的体会。他在较后期的作品中把"经济场域"（the economic field）及"符号控制场域"（field of symbolic control）视为社会组成的两大基本场域。"经济场域"调控物质生产的工具、脉络及可能性；"符号控制场域"把论述及权力相互联结，它通过创造及分配特定形式的意识帮助巩固权力关系。"经济"及"符号控制"两个场域的存在导致新中产阶级内部分化：新中产阶级通过论述资源进行符号控制，其中有部分成员（例如负责技术、管理、营销、市场分析者）掌握的论述资源跟物质生产直接相关，甚至受聘于"经济场域"；另外有部分（例如牧师、教师、社工、医生、科学家等）身处"符号控制场域"，发挥较典型的"规范化"（normalization）功能（Bernstein, 1990：136）。前者因为与"经济场域"关系密切，属于"非典型"新中产阶级；后者在符号控制场域发挥符号控制功能，属"正统"新中产阶级。两种新中产阶级可能在课程政治采取不同的立场："正统"中产阶级如早期伯恩斯坦所说般支持"弱分类、弱架构"课程；"非典型"新中产阶级与"强分类、强架构"的物质生产场域接近，他们对"隐性教学法"的支持可能被弱化。

另外，新中产阶级也可能因为受聘部门的"公""私"性质差别而进一步的分化。在"公部门"发挥符号控制功能的新中产比在"私部门"的对国家有更深的依赖，也较易受民意及选举政治的冲击。此外，新中产阶级符号实践性质的差别也导致阶级的异质化。比方说，有部分受雇于私人企业的符号控制者（例如律师、会计师、精算师等）出售的是"服务"；另外有部分（例如设计师、电影编剧、演员及编辑等）负责创作有市场价值的"文本"。生产具市场价值"文本"的组织及行动者构成所谓的"文化场域"（the culture field）——"经济"及"符号控制"以外的"第三场域"。"文化场域"由追求利润及符号创作两类型不同的行动者组成，身处其中的符号实践者受制于市场营销者，他们对所生产"文本"

最终的形式、内容及销售的掌控权十分有限（Bernstein，1990：134 - 140）。因为掌握论述资源者所处场域及部门以及具体符号实践性质的差别，新中产阶级内部存有极高的异质性。

更有意思的是伯恩斯坦相信符号控制者所处的"场域位置"（field location）往往比"阶级位置"更能决定他们的意识形态。身处"符号控制场域"的新中产阶级——例如教师、医生、社工及护理人员等——在公营部门服务的比例较高，他们对国家的依赖较强，较偏向支持政府扩大教育、医疗及社会福利等支出，对新自由主义采取保留甚至批判态度。身处"经济场域"的符号控制者较多在私营部门服务，他们较支持私营化及市场化，反对增加公共支出及福利国家政策（Bernstein，1990：134 - 140）。在"文化场域"创作"文本"的中产阶级对市场化的态度可能较暧昧。他们生产的"文本"是商品，市场是他们权力的来源，然而因为在"文化场域"中受制于市场营销者，他们对市场并非全无保留。另外，因为经济及政治等多种因素汇合的作用，新中产阶级并非如伯恩斯坦之前所说般都支持"隐性教学法"。举例而言，20世纪八九十年代英国受到经济不景气困扰，当局为了控制教育成本而把原本在"经济场域"的管理及财务专业人士引入教育体系推行"市场导向的显性课程"（market-oriented visible pedagogy），从生产场域私人部门引进的新中产阶级讽刺地成为"强分类、强架构"教学法的推动者。①

五　新自由主义下的课程政治

伯恩斯坦在20世纪六七十年代探讨课程政治课题，并提出了"集合型"及"整合型"符码以及"显性"及"隐性"教学法等深具影响力的课程类型学。然而到了20世纪八九十年代，新右派掌权改变了学校教育与阶级以及经济体系与国家的关系。这些变化导致"显性"及"隐性"两种教学法影响力的消长，也促生了新的教育论述及课程模式。为了追上教育与社会再生产的新形势，伯恩斯坦继续研究课程政治并提出新的教学法类型学。他指出20世纪70年代后"隐性教学法"的地位日见衰落，以

---

① 伯恩斯坦关于从"经济场域"回流"符号控制场域"专业人士的这部分分析意味着符号控制者曾身处的场域可能会改变他们的意识形态。关于新中产阶级的讨论可能须加入阶级行动者"场域轨迹"（field trajectory）的分析角度。

市场为导向的"显性教学法"影响力与日俱增。他后期的研究亦发现在新右派影响下重视受教主体（pedagogic subjects）内在潜能的"共同能力模式"（competence model）渐渐没落，看重受教者外显学习成果的"表现模式"（performance model）越来越占据主导地位。

"显性"及"隐性"教学法是早期符码理论对学校课程的其中一个最重要的区分——前者师生关系具有明显的等级性，教学活动的顺序、速度及标准受清楚明确的规则所约束；后者师生的权力关系较隐晦，受教者对教学活动看似拥有较大自主权。伯恩斯坦认为两种教学法都隐含着对无产阶级子弟不利的规则。首先，被"显性教学法"的"顺序性规则"（sequencing rules）调控的教学活动一般会从具体的、囿于在地脉络（local context）的知识内容出发，之后才传递抽象的知识；知识传授的顺序安排导致很早便离开学校的孩子（一般是工人阶级的子弟）的意识很可能只停留在具体的层次，缺乏抽象思维能力。其次，"显性教学法"的"进度规则"（pacing rules）对拥有学校及家庭两个"习得场域"（acquisition sites）的优势背景孩子有利；只拥有学校一个"习得场域"的工人阶级子弟一旦跟不上学校的进度便不容易做出补救。伯恩斯坦因而直言"显性教学法"最合乎经济原则，因为中产阶级的家庭——他们的第二个"习得场域"——一直在补贴其运作成本。相比之下，"弱分类、弱架构"需要有更充裕的时间及空间条件做配合；"隐性教学法"成本甚为高昂（Bernstein, 1990: 73-84）。①因为执行成本过于昂贵，"进步主义"及"儿童为中心"的教育模式可能在经济景气、国家能够编列较高教育预算时才有拓展的机会。一旦经济下滑、教育经费收缩，"弱分类、弱架构"课程的生存空间将非常有限。因此，"隐性教学法"越来越不容易以纯粹形式（pure form）出现，它较可能以"依附于显性教学法的特定教学实践"模式存在（Bernstein, 1990: 84, 91-92）。②

---

① "显性教学法"的空间成本较低，它只需要具备黑板、书桌及椅子的标准教室。"隐性教学法"的成本较高，它需要提供更大及更多样的空间让孩子活动及探索。另外，"弱架构"的教学法容许孩子按照自己的步伐进行学习，因为没有对学习进度明确设限，"隐性教学法"假设孩子们的学习生涯都很长，都可以随意延伸（Bernstein, 1990: 81）。

② 除了经济不景气，20世纪八九十年代国家推行"国定课程"亦是"进步主义教育"在英国公立学校体系的影响力式微的另一原因。20世纪六七十年代带有"弱分类、弱架构"色彩的课程理念能够从幼教扩展到小学甚至中学，因为当时的中学"综合化"（comprehensivization）趋势，许多"地区教育局"（Local Educational Authorities）都取消小学升中学的"升中考试"（Eleven Plus Examination），以"综合中学"（comprehensive schools）取代原　（转下页注）

20 世纪 70 年代的经济衰退不但逼使"隐性教学法"节节败退，也导致"强分类、强架构"课程的分化，出现"自主型"（autonomous visible pedagogy）及"市场导向型"（market-oriented visible pedagogy）两种不同的"显性教学法"模式。"自主型显性教学法"以传统的人文及自然科学学科为代表，上文提及的"单一性学科"大致上都属于这种模式，它们强调学科知识本身的价值，声称追求超越的崇高价值、"为知识而知识"。伯恩斯坦语带讥讽地称它们巧妙地把"神圣"（sacred）与"世俗"（profane）合而为一，戴着不涉俗世利益（disinterested）的面具牟取自身的阶级利益。"市场导向型显性教学法"的目标是培养具市场价值的技术能力，上文提及的"区域性学科"是这种模式的代表。"市场导向型"课程强调教育与学生未来就业的相关性，它的意识形态来源十分复杂，有部分是为了回应新右派鼓吹教育与生产紧密结合，有部分源于"进步主义"提倡学校教育必须"以生活为中心"及"从实践中学习"的教育观，甚至有部分源于左翼思潮对传统学科的抽象知识脱离学生生活现实的批评。尽管"市场导向型显性课程"推动者一再强调他们的教育理念更符合大部分学生的需要，这种教学法模式——尤其是落实在中等教育或二、三线高教院校时——很可能延续弱势子弟的弱势地位。[①]

"共同能力"与"表现"模式是"后期"伯恩斯坦从"显性"及"隐性"课程概念发展出的另外一组教学法类型学。"共同能力"模式看重每一个学习主体的主动性及可塑性，并强调习得是普遍可能的。因为平等看待每一位学习者，"共同能力"论述的基础是学习主体的"相似性关系"（similar to relations），它建构的"想象的受教者"只存有"特性"而没有所谓的"缺陷"（deficit），并强调受教者没有高低之分。"共同能力"模式教育论述的影响力在 20 世纪 60 年代处于高峰。它与当时的进步主义、自由主义甚至激进的左派意识形态有"选择性的亲近"（selective

---

（接上页注②）有的"文法"、"技术"及"现代"三类型中学。"升中考试"取消后小学生没有了考试压力，学校可以在课程及教学法方面做更多的新尝试。然而，20 世纪 80 年代实施的"国定课程"把小学纳入第一及第二个"学习阶段"，小学生在 7 岁及 11 岁要接受测试，被评估有否达到原先设定的各科学习目标，且测验结果会影响学校在全国学校的排名（Lowe, 1987; Lowe, 1997: 47 - 55; Rubinstein and Simon, 1973）。课程改革后考试压力扼杀了"隐性教学法"的生存空间。

① 许多学者都注意到"与生活相关"、"打破学校与生活世界区隔"及"从实践中学习"等"进步主义"教育理念往往被右派"骑劫"，然后被扭曲成为狭隘的"教育的职业主义"（education vocationalism）（Avis, 1991; Ravitch, 1983: 43 - 80; Sadovnik, 1991: 56）。

affinity)。"共同能力"模式的论述资源来自心理学及语言学领域，20世纪60年代经"官方"及"教学"再脉络化场域的行动者从文化生产场域挪移皮亚杰（Jean Piaget）及杭士基（Noam Chomsky）等学者的理论打造而成。"表现"模式跟"共同能力"的论述相反，它期待受教者经过学习过程后能够产出预期的"文本"，以证明已掌握传授的知识技能。"表现"模式的论述强调受教者的"差别关系"（different from relations），施教者会注意受教者"文本"未臻完美之处，并把学生做等级性的排序。"表现"模式是官方教育论述的主导模式。一般而言，"共同能力"模式的目的是为了治疗（therapeutic）、为了把个人及群体从有缺陷的处境解放；"表现"模式是为了让教育配合管理及经济生产的需要（Bernstein, 1996: 56-58, 63）。

"共同能力"模式可按照它针对的"相似性关系"——或者可以说是它要治疗的对象及采用的方法——划分为"自由进步型"（liberal/progressive mode）、"民粹型"（populist mode）及"激进型"（radical mode）三大类。"自由进步型共同能力"模式的例子包括"进步主义教育"及"儿童为中心教学法"等，它的"相似性关系"针对个人内在的潜能，强调只要采取正确的教学法及给予适当的引导，每一个受教者都可以充分发挥潜在的学习能力。这种模式是典型的"隐性教学法"，它的支持者主要是从事符号控制的新中产阶级。"民粹型共同能力"模式"相似性关系"针对的是阶级、族群及边缘区域等社群，治疗对象是处弱势的群体。这种模式的支持者强调弱势社群因为文化备受主导社群否定而处于被宰制位置。"民粹型共同能力"致力于争取对被宰制群体文化的承认（recognition），希望取得与主导社群文化平等的地位。①"激进型共同能力模式"的目的是解放在物质及符号层面受压迫的阶级，它的"相似性关系"针对个人的解放潜能，强调所有被压迫者都有反抗以及被解放的可能性，教学实践是为了提升受压迫者的觉醒意识。伯恩斯坦认为"共同能力"模式一般不会出现于"官方再脉络化场域"，②然而若"教学再脉络化场域"具有相当的自主性——例如第二次世界大战后到20世纪70年代新

---

① "五四运动"时期中国的传统主义者试图证明传统中国社会也有不逊西方的伟大的科学发明、也有民主精神的萌芽可能是"民粹型共同能力模式"的例子。
② 伯恩斯坦这一讲法可能不完全正确：随着冷战的结束、帝国的瓦解以及族群运动的兴盛，许多新兴国家及被压迫族群要求在语言文化上获得承认，不少国家的官方课程都可能带有越来越浓厚的"民粹式共同能力模式"色彩。

自由主义兴起之前的英国——它有可能以非官方教育论述的姿态出现,甚至"渗透"至官方教育体系(Bernstein,1996:64-65)。

"表现"模式可以分为上文提及的"单一学科"、"区域性学科"及"通类"三大类型。如上文所言,近二三十年来高等教育体系普遍出现知识"区域化"的趋势,传统的"单一学科"已成为最顶尖的精英学府的专利。随着"进步主义教育"及"儿童为中心教学法"的衰落,"单一学科表现模式"在中等及初等教育的主导位置越来越明显。"单一学科"具有浓厚的自恋特性,打造的应该是"内投式身份认同"。然而因为市场化及效率至上思维的影响,中、小学主管以拼业绩的心态经营学校,学生的学习态度也日趋功利,"单一学科表现模式"主导的中、小学教育产出的反而是外向的"前瞻规划型"身份认同。伯恩斯坦感慨除了顶尖的精英学府外,大、中、小学都被市场及效益的思维牵着鼻子走,教育体系充斥着"短视的功利主义"(Bernstein,1996:73-75)。

更令伯恩斯坦担心的是教育体系的发展趋势忽略了人们内心深处对明确稳定的身份认同的渴望,学校教育可能加速破坏集体生活的基础。就在教育大规模产出个人为中心的"前瞻规划型"身份认同时,资本主义的急速发展导致"先天"(ascribed)及"后天"(achieved)特征——前者包括性别及年龄等,后者包括阶级及职业等——都无法成为建立稳定身份认同的基础。在类似涂尔干所说的"失范"情景下,人们积极寻求个人的心灵治疗,也有人回应民族主义、种族主义及宗教基本教义主义的号召。这发展形势意味着当教育论述日趋世俗化的时候,学校以外的世界以复兴"神圣"的方式做回应,结果可能引发更多极端主义、更多冲突以致加速社会秩序的瓦解(Bernstein,1996:75-80)。

六 批评与争议

为了回应20世纪八九十年代政治形势带来的变化,以及处理早期著作所受的批评,"后期"的伯恩斯坦致力于重构符码理论,并做出了几方面突破。第一,早期符码理论的讨论范围只是狭义的教学传递,然而"后期"伯恩斯坦企图挖掘促成再生产的沟通实践的普遍原则,"分类"概念的指涉对象扩大至在社会整体不同范畴教育活动之间论述、身份认同、组织与实践的区别。重构后的概念帮助我们观察整体知识体系的连接与断裂对社会权力的作用。第二,针对没有交代不同阶级受教者如何习得(及不习得)教学传递知识的批评,"后期"伯恩斯坦提出"辨识"及"实现"原则,并讨论这两大原则的不平等分配如何导致不同背景学生习得的差异。第三,伯恩斯坦在20世纪八九十年代提出"教育论述"概念,并指出"教育论述"由"教导"及"规约"两大论述组成,"规约论述"在"教育论述"中占主导地位。"教育论述"概念意味着一切教学沟通都预设了特定的道德秩序,都在打造受教者的"道德自我",它提醒学者注意教学活动隐含的规训,不要误信有所谓纯粹传授知识技能的教育实践。第四,过往伯恩斯坦被批评为把教育与权力及社会控制的关系想象得过于简单直接,符码理论中的教育体系几乎没有独立性可言。"后期"的伯恩斯坦提出"教育机制"理论,并探讨"分配原则"及"再脉络化场域"衍生的矛盾如何中介"教育论述"的打造与落实。"教育机制"概念把教育与权力的冲突以及教育体系的相对自主性重新引导回符码理论。第五,伯恩斯坦区分不同类型的新中产阶级,又强调场域位置、所处组织的公私性质等因素可能比阶级位置更影响他们的意识形态。重构后的符码理论更能呈现阶级及课程政治的复杂关系。第六,后期伯恩斯坦发展了"自主型"及"市场导向"显性教学法以及"共同能力模式"及"表现模式"等课程类型学,为批判教育社会学者提供了有助于分析新右派主导下课程政治的概念工具。

然而,伯恩斯坦的理论有若干有待改善之处。其中包括:①理论取向过度以沟通传意为中心(communication-centered)、忽略学校教育的社会筛选(social selection)功能;②高估知识实用化的趋势、忽视学术场域的抗衡力量;③阶级分析过于结构取向、忽视最上层的统治阶层;④理论建构以西方为中心、缺乏历史比较视野。笔者在下文逐一阐述这四点批评。

1. 理论取向过度以传意沟通为中心、忽略学校的社会筛选功能

从早年研究社会语言学开始,伯恩斯坦一直关心社会如何通过文化传递巩固既有权力关系。为了探讨此课题,他深入挖掘规范沟通实践的基本原则,致力探索打造及落实调控教育论述的机制。伯恩斯坦的研究成果对剖析教育与权力的关系做出了甚为重要的贡献。然而,除了传递知识技能及道德价值,学校的功能还包括分配有价值的"生活机会"(life chances)——把带来物质与符号回报的升学与就业机会分配给通过筛选的竞逐者。因为焦点都放在学校的文化传递实践,伯恩斯坦没有注意到教育体系的"社会筛选"功能。另外,因为教育体系往往通过评估受教者

的学习成果进行社会筛选,"评估原则"——"教育机制"最底层的规则、负责界定如何判断受教者已习得传授的知识内容——的作用并不止于伯恩斯坦所说的调控教学实践及帮助落实"教育论述"。"评估原则"还借选取(inclusion)及排斥(exclusion)分配向上流动的机会。忽略学校的社会筛选功能导致伯恩斯坦低估了"评估原则"对落实"教育论述"的影响。

首先,评估制度的社会筛选功能可能会左右教学知识的受重视程度以及教育论述的落实。一般而言,受教者倾向轻视对升学与就业无关痛痒的课程内容。因此,倘若考评制度的社会筛选功能过于薄弱,"评估规则"将难以有效调控学校的教学实践,对落实教育论述的帮助也有限。举例说,第二次世界大战后新加坡开始脱离殖民统治,为了打造新的国家认同,把华人从"中国人"改造成"新加坡人",掌权者希望用以新加坡为中心的官方课程取代华文学校以中国为中心的课程。执政当局试图设立官方考试以迫使华人营办的华校依照政府颁布的课程教学。然而,当时的"马来亚大学"——英国殖民统治者创办的、唯一一所被新加坡当局承认的大学——排斥华文学校学生,基本上只录取英文学校毕业生,华文学校学生可以申请的公职也非常有限,而华人创办的南洋大学自行招考新生,完全漠视当局举办的考试。因为官方考试的文凭并不能换取有价值的升学及就业机会,当局主办的华文中学毕业会考不被华校学生重视,新加坡统治者无法借评估制度落实以新加坡为中心的教育论述(黄庭康,2016b;Wong,2017)。

相反,当考评具备社会筛选功能时,受教者一般不敢对教学传递的知识内容掉以轻心。然而,具有社会筛选功能的"评估原则"可能会改变受教者与教学知识的关系、师生双方的身份认同、教学互动被期待的社会秩序甚至教学知识的形式及内容,最终扭曲了原来的教育论述。因为当评估结果对往上流动机会具有决定性作用时,考评属于所谓的"高注码测试"(high-stake tests),受教者的学习心态往往会变得功利。他们会采取工具性的态度看待知识,导致官方知识世俗化、失去神圣性;受教者又会把施教者视为工具,认为老师最重要的作用是提升学生的考试表现。"高注码测试"带来的功利主义也可能改变施教者的身份认同以及对学生的期待,致使教师们视自己最重要的角色是帮助学生应试,并只把积极及有能力争取考试表现的学生视为好学生。考评制度的影响意味着"规约论述"——教育论述中调控教学互动的道德秩序的论述——极有可能因为

"评估规则"的社会筛选功能而改变。

其次,"高注码测试"也会扭曲"教导论述"——教育论述中规范应传授何种知识内容的论述。因为测试制度较容易评估受教者对技能(skills)及"数据性知识"(factual knowledge)的习得,较难评核学生的态度、情感及认同等。以评估结果分配往上流动机会容易引致学校传授的知识偏重技能及数据性部分。另外,因为评估结果对分配有价值"生活机会"的重大影响,社会大众期待考评必须客观公正。要求客观公正的社会压力可能逼使评估更偏重较容易客观评核的技能及数据性知识,甚至把原本不属于技能及数据性的知识"技能化"及"数据化",进一步扭曲"官方教育论述"。

因为上述的原因,笔者相信尽管受教者不敢轻视具有社会筛选功能的评估,"高注码测试"对落实"教育论述"的作用可能甚为有限。"高注码测试"可能是有效的排除机制(exclusionary device),它可以借把另类的、威胁既有权力关系的知识不列入考试范围而把它们边缘化,然而它可能会扭曲掌权者的"教育论述"、并非打造掌权阶级期望的意识及身份认同的有效工具。

2. 高估知识实用化趋势、忽视学术场域的抗衡力量

伯恩斯坦认为因为新右派的猛烈攻势,20世纪70年代后英国学校教育越来越讲求实用性,传统"单一性学科"节节败退,退守于顶尖的精英学府;"实践场域"节节进逼,标榜市场价值的知识实用性地位越发巩固。伯恩斯坦对"再脉络化场域"的讨论精简扼要地勾画出近二三十年"教育论述"的发展概况,然而他的分析把实用化描述成教育场域唯一的发展趋势,可能误导我们以为来自"实践场域"的"再脉络化原则"必然可以予取予夺地打造配合生产的"教育论述",知识场域对"实践场域"毫无抗衡的力量。其实,从20世纪50年代开始西方历史学及社会学者都注意到教育体系普遍存在"学术转移"(academic drift)——又称"学术化"(academization)——的现象(Aldersley, 1995; Birnbaum, 1983; Schultz and Stickler, 1965; Wong, 2014: 524–525)。"学术转移"是指学校体系中二线、较实用取向的学府借模仿顶尖的、学术取向的院校模式以提高地位的趋势,具体情况包括学校把办学方针从培养经济生产所需的技术能力转变为重视理论性的基础研究,开设伯恩斯坦所讲的"单一性学科"科系,增设人文及社会学科,开办研究院,按照研究型大学的标

准处理教研人员的聘用及升迁，增收全日制（full time）学生，缩减在职时间（part-time）及夜间部课程的规模以及从单一学科院校发展成综合型大学等（Pratt, 1997；Wong, 2014：524－525）。"学术化"的趋势意味着有部分"再脉络化场域"行动者按照学术性标准从"实践场域"抽取论述资源重组成为学术取向的论述。西方学者认为"学术转移"现象普遍存在，因为在教育体系中地位最崇高的学府几乎都是研究型大学，具企图心的二线院校都希望借着模仿它们提升自己的地位（Morphew and Huisman, 2002；Wong, 2014）。"学术转移"偏离实用性的趋势跟伯恩斯坦描述的"再脉络化场域"发展情况刚好相反。

近二三十年的市场化趋势可能压抑了高等教育的"学术化"倾向，然而"学术转移"现象并没有因此而绝迹。学者们发现院校的"学术化"受到几个因素的影响。首先，地理位置是影响"学术化"的重要因素。哈午德（Jonathan Harwood）研究法国、德国及美国的农学院及工学院，发现设在都市的农学院及位于郊区大学城的工学院——前者远离农地，后者与工业中心有距离——的教研容易偏离实务，变得越来越学术及理论化。哈午德的结论是远离实作场域的学府较易走上"学术转移"之路。其次，学校在学术场域的地位层级位置也十分重要。哈午德发现"一线尾、二线头"的学校最热衷追求"学术化"，一方面因为它们都希望跟比自己地位更低的院校"划清界限"，另一方面它们相对而言有条件"力争上游"。地位更低的学校自知"往上流动"遥不可及，因而倾向在"学术化"以外另找出路。最后，国家科研政策也是左右"学术化"的重要因素：国家积极支持基础研究、奖励研究表现优异的院校及教师，实用取向的院校便就有诱因要朝"学术化"方向发展（Harwood, 2006；2010）。"学术转移"的文献提醒我们"学术场域"——或"文化生产场域"——也有自己的论述以及分配权力的原则，"实践场域"的行动者及组织一旦进入"教育"领域，就必然受到"学术场域"标准的规范，它们可能受到压力，需要兼顾学术标准才能取得更高的地位及更多的权力。因此，当"实践场域"的"再脉络化原则"把学术性知识"再脉络化"成为实用性知识时，来自"文化生产场域"的原则也可能同时把实用性知识学术化。知识的实用化并非"再脉络化场域"唯一的发展趋势。

3. 阶级分析过度结构取向、忽视最上层的统治阶层

如上文所言，"后期"伯恩斯坦讨论"新中产阶级"的内部分化，并

探讨"新中产阶级"各组成部分的意识形态差异。然而伯恩斯坦的阶级分析还停留在结构的层面：在他笔下尽管不同部分的新中产阶级对市场化、国家的角色及课程政治有不同立场，但这些差异都是由他们所处场域位置、所服务组织的公私性质以及所从事符号实践的具体性质等因素而导致的。因此，"后期"的伯恩斯坦依旧采用结构观点处理阶级，他笔下的"阶级"依然只是生产关系客观位置衍生的"类别"（categories）。经他修正后的结构观点能够把在生产关系处不同位置的人们进行更仔细的分类，并解释他们行为及意识形态倾向。然而他的分析方法依旧无助了解身处结构位置的行动者如何经验他们的工作及日常生活、如何诠释及回应自己的处境以及在这一过程中行动者意识形态的变化。套用英国马克思主义历史学大师汤普森（E. P. Thompson）的讲法，"后期"的伯恩斯坦依旧把阶级看成"物件"（thing）而不是"事件"（event）（Thompson，1966：9 - 11）。

此外，伯恩斯坦的阶级分析忽略了统治阶级的角色。[1]英国的统治阶级至少可以分为两大类：一是在文化上极有影响力的传统贵族阶层，二是掌握经济资源的资本家。作为英国的社会学者，伯恩斯坦研究教育与社会再生产却忽视贵族阶层实在令人费解。因为跟法国相比，英国不彻底的资产阶级革命让传统贵族阶层得以延续——法国的革命把帝制以及贵族阶层推翻；但英国革命把君主的权力削弱后继续维持帝制，又让贵族阶层继续存在，保留了贵族主导的"上议院"。如果早已"寿终正寝"的法国贵族阶层还可以"阴魂不散"、影响当代法兰西共和国的教育及文化（Bourdieu and Passeron，1990），"尚在人间"的英国贵族阶层对英格兰社会文化不可能全无影响。另外，有历史研究显示英国贵族阶层对资产阶级——伯恩斯坦所讲的旧中产阶级——文化的重大影响，其中最有代表性的可能是威纳（Martin J. Wiener）的《英国文化与工业精神的衰落（1850~1980）》（*English Cultural and the Decline of the Industrial Spirit, 1850 - 1980*）一书。威纳的研究发现因为贵族阶层在英国象征着最崇高的社会地位，富有冒险精神的企业家及工业家在累积财富后都致力于攀附上流社会。资产阶级"新贵"模仿贵族阶层的文化——他们把孩子送入课程以古典人文学科为主的"公立学校"，从工业中心的城市迁移到乡村的庄园居住，学习贵族

---

[1] 其实早在20世纪70年代初期英国学者卢森（Harold Rosen）就批评伯恩斯坦的分析架构忽略统治阶级（Rosen，1972）。

阶层的休闲生活形态、礼仪及品位等。资产阶级因为模仿贵族阶级而渐渐变得保守，失去了原来进取创新的精神（Wiener，2004）。威纳的观点意味着关于英国教育与文化再生产的讨论不应该忽视贵族阶层的影响力。①

另外，"后期"伯恩斯坦跟之前一样没有注意到掌握大量经济资源的统治阶层对意识分配及社会再生产的作用。"早期"伯恩斯坦只有在1977年《阶级、符码及控制》第三卷再版时提到过经济的统治阶层，指它们"主导经济生产，能够决定生产的手段、脉络及可能性，但跟教育及文化再生产的关系较间接"（Bernstein，1977：191）。除此以外他没有对经济的统治阶层进行更深入的讨论。②伯恩斯坦忽略经济的统治阶层可能是因为他受到涂尔干的影响，认定阶级分化的源头是社会分工，低估了财富资产也是阶级权力的重要基础。以社会分工为出发点的阶级观损害了伯恩斯坦对新右派主导下教育与社会再生产的分析，因为西方社会经过了差不多30年的新自由主义霸权后，贫富悬殊进一步恶化、经济资源比之前更集中于少数人手上（Harvey，2005：15-19），财大气粗的统治阶层大举收购媒体，成立智库（think tanks），捐助高教院校，甚至直接投资教育营办学校（Massing，2016：74-76；Verger，Fontdevila and Zancajo，2016：137-150）。经济的主导阶层与教育及文化再生产的关系已不再如伯恩斯坦在20世纪70年代所说般间接，他们越来越有权力左右意识及意义的生产及分配。

4. 理论建构以西方为中心、缺乏历史比较视野

尽管"后期"伯恩斯坦声称要发掘调控再生产的沟通实践的普遍规则，他重构后的理论依旧受到英国特殊历史经验的限制，必须大幅度调整才能应用分析其他的社会。首先，英国是历史悠久、在世界体系处中心位

---

① 如果英国旧中产阶级确实如威纳等学者所说在文化上受到贵族阶层的影响，我们甚至应该重新思索伯恩斯坦的语言符码理论，反思语调温和、含蓄抽离的"正规语言"及"精致性符码"到底是源于旧中产阶级在社会分工的角色，还是因为贵族阶层语言风格的影响。要回答这些问题，必须研究英国各社会阶级语言的历史演变，以及通过比较研究观察传统上缺乏贵族阶层的社会——例如中国——中产阶级的语言形态跟伯恩斯坦所讲的"正规语言"及"精致型符码"有没有差别。

② 可能有读者不同意笔者的讲法，认为伯恩斯坦的"旧中产阶级"就是指主导经济的统治阶层。然而，伯恩斯坦笔下的"旧中产阶级"权力来自社会分工的物质生产活动，而并非拥有甚至垄断生产资源、坐拥数量庞大的财富。符码理论的"旧中产阶级"不可以跟经济的统治阶层混为一谈。

置的主权国家（sovereign state）；它具有深厚的自由主义传统，政治实行普选及多党制，政党轮替属常态；英国立国已有一段时间，民族建构（nation-building）已基本上完成。①作为西方的强国，英国知识体系的"分类"跟非西方社会就非常不一样。在许多非西方国家，除了伯恩斯坦所说的"劳力"与"劳心"及关于"内心"及"外在世界"知识的区别外，知识体系还存在"西方"与"在地"（indigenous）两个不同的知识传统。在这些地区，"西方"与"在地"知识传统的"分类"——它们的论述、行动者、实践与内在运作规则的差别程度——对社会权力分配的作用绝不下于伯恩斯坦论及的两大"强分类"。

其次，因为英国是位于世界体系中心的主权独立国家，它的"教育机制"跟殖民地及许多"边缘"（peripheral）社会的不一样。英国的"教育机制"由国内的政治及社会力量主导，然而位处"边缘"的依赖型社会，"官方再脉络化场域"及"教学再脉络化场域"有部分位置可能被位于"中心"地区的行动者及组织占据，外在力量可能更能左右"教育机制"的运作与"教育论述"的打造。此外，西方"中心"地区的"再脉络化场域"主要从国内的"文化生产场域"抽取论述资源建构"教育论述"；然而在"边缘"地区，替"再脉络化场域"提供论述资源的"初始场域"不一定都在国内。由于外在势力对"再脉络化场域"及"初始场域"的影响力，非西方社会的"教育机制"可能出现更多、更复杂的矛盾与断裂。

另外，英国国家对教育的干预程度跟许多缺乏自由主义传统、又急欲革新社会及经济的"后殖民"及"后革命"国家完全不能相提并论。在20世纪八九十年代的英国，国家加强管控课程目标及内容，但同时把学校运作权力下放；执政者以"既集权又分权"的方式"强化"对教育体系的管控（Codd, Gordon and Harker, 1997: 263 - 272; Whitty, Power and Halpin, 1998）。然而在许多刚刚独立或新近革命成功的国度，掌权者急于改造国民、灌输新的国家身份认同以及培养对国家的忠诚，他们往往以更强硬的手法控制知识及意识的分配，甚至试图垄断对学校教育的掌

---

① "英国民族建构已经基本上完成"只是相对于新独立建国的国家的讲法。严格来说，民族建构是一个持续不断的过程，即使是历史悠久如英国，在 20 及 21 世纪经历帝国瓦解及面对加入欧盟、苏格兰独立公投及"脱欧"的冲击时也需要继续进行民族建构、调整民族身份。

控。因为没有意识到第二次世界大战后的英国作为历史悠久的主权国家的特性，伯恩斯坦高估了"再脉络化场域"及"文化生产场域"的延续性，低估了"教育机制"可能出现的矛盾与断裂。20 世纪 70 年代后英国教育受到新自由主义的冲击，知识体系出现知识实用化的趋势。这一背景因素可能限制了伯恩斯坦对"再脉络化"的想象。他并没有考虑到在经历更急遽政治转变的国度——例如上面提到的"后殖民"及"后革命"社会——"再脉络化"的目的是打造有助于建立新民族及社会身份认同的"教育论述"，而并非把"自恋式"的"单一性学科"改造成为具有市场价值的"区域性学科"。它们的"再脉络化"可能遇上许多处世界体系中心的主权国家目前不必面对的挑战：首先，"后殖民"及"后革命"国家从旧社会继承的"文化生产场域"可能缺乏适合打造崭新"教育论述"的论述元素。举例而言，许多后殖民社会都希望通过新历史、地理及文学等课程培养新的民族身份认同，然而因为在殖民统治时代本土意识受压抑（或不被鼓励），加上知识生产被殖民者垄断，"文化生产场域"关于本土社会及历史的论述非常薄弱，"再脉络化场域"的行动者可能面对"巧妇难为无米之炊"的困境。另外，新近革命成功的国家掌权者可能发现在"文化生产场域"最有影响力的行动者大部分来自旧社会的文化主导阶层，"初始场域"的主导论述并不符合新时代的需要（Wong, 2002；Wong and Apple, 2002）。[①]另外，如上文所言，许多非西方社会在独立或革命成功之前都经历过"殖民"或"半殖民"阶段，独立建国或革命成功后外来势力可能还持续影响着"官方再脉络化场域"及"教学再脉络化场域"的运作。它们的"教育机制"很可能成为国内外教学行动者角力的战场，生产出来的"教育论述"不一定完全有助于国内掌权阶级的再生产需求。[②]

七　本讲小结

伯恩斯坦留给批判教育社会学极其丰富的理论遗产。他从 20 世纪 50 到 90 年代出版的五部专著，为我们提供了许多剖析教育与社会再生产的

---

① 中华人民共和国成立初中国共产党推行教育革新，试图生产打造社会主义新人的教学论述是非常值得研究的课题。它有助于了解新近革命成功社会"再脉络化场域"的矛盾及冲突。
② 对"后殖民"社会知识"再脉络化"问题有兴趣的读者可参考笔者《比较霸权》一书讨论的 20 世纪五六十年代新加坡课程改革的历史个案（黄庭康，2008：137～167）。

重要概念及理论工具。他的作品是绝对值得每一位探索学校教育与社会权力的学者一再细读的经典佳作。然而我们向伯恩斯坦汲取智慧的时候不能忽略他理论架构的限制。首先，我们要注意学校教育并非如"教育论述"理论所说的只是传递文化信息的机制，因为教育体系还肩负着分配有价值生活机会的作用，学校的社会筛选的功能可能干扰"教育机制"的运作。其次学者们在探讨"再脉络化场域"时也要避免单单注意实践场域对"再脉络化场域"的影响，我们必须要比伯恩斯坦更小心观察教育场域如何抗衡来自实践场域的"再脉络化规则"。此外，我们也要超越伯恩斯坦的阶级分析，一方面要借历史及民俗志方法深入而仔细地考究在物质及符号生产处不同位置的阶级行动者的意识形态及政治行动，避免单从结构观点分析课程政治，同时要注意上层阶层——包括坐拥庞大财富的资本家、国家高层的政治精英等——的影响力。最后，中文世界的学者必须具备历史比较的视野，注意我们社会的"教育机制"与在世界体系位于中心位置的西方国家的差别。唯有意识到伯恩斯坦理论的局限性，才能够帮助我们正确地运用他的理论了解我们的社会以及利用非西方的案例重建符码理论。

第六讲　霸权、意识形态与课程

《意识形态与课程》（*Ideology and Curriculum*）是美国教育社会学大师迈克·阿普尔（Michael W. Apple）的第一部专著，也是他的成名作。该书于1979年首次出版，有部分章节改写自他从1971至1978年发表过的数篇文章。1990年《意识形态与课程》第二版面世，再版序言运用书中的理论观点讨论了20世纪80年代新自由主义与新保守主义兴起后的教育政策。2004年，也就是"9·11"事件后三年，该书出版第三版，新添加的两个章节探讨了经历2001年恐怖攻击后美国课程政治的变化。过去30多年西方的政治氛围经历了许多改变，但该书的关怀与问题意识（problematique）一直与教育及政治现实紧密相关，它的分析角度依然能够帮助我们反思学校教育与社会权力不断变化的关系。《意识形态与课程》被公认为20世纪最重要的教育学专著之一，可谓名至实归。

《意识形态与课程》的最大贡献是把意大利新马克思主义者葛兰西（Antonio Gramsci）及英国文化批评家威廉斯（Raymond Williams）的"霸权"（hegemony）理论引入教育与社会再生产的讨论。霸权理论对批判教育社会学的影响可以分为两方面，一是把微观层面的人际互动及行动者的主观意识与宏观的不平等社会关系重新连接，建立整合英国"新教育社会学"（the new sociology of education）及新马克思主义的批判教育社会学分析架构。如第一讲所述，英国在20世纪六七十年代初有学者批评国内教育社会学偏重以结构因素——例如学生的阶级位置等——解释教育不平等。"新教育社会学"学者兵分两路把研究焦点转移到宏观结构以外：一方面从知识社会学（sociology of knowledge）的角度切入探讨课程内容及学校知识的组织形式；另一方面，运用诠释社会学（interpretative sociology）方法探索教育场景行动者的意识、感知以及师生人际互动等因素对学生学习表现的影响。然而，因为过度受到"俗民方法学"、"现象学"及"符号互动论"的影响，"新教育社会学"的目光越来越局限在微观层面，忽略了人际互动及行动者的意识与宏观权力结构的关系（Karabel and Halsey, 1976；1977：44-61）。差不多在同一时间，有教育社会学者——例如《资本主义美国的学校教育》的鲍尔斯及坚提士——探讨资本主义社会关系与学校教育的关系。然而新马克思主义者往往矫枉过正，只专注于阶级及生产关系等宏观结构因素，仿佛行动者的生活世界及主观意识对社会权力毫无作用。受到霸权理论的影响，《意识形态与课程》一方面提出"关系分析"（relational analysis），呼吁学者们细心观察学校组织、学校知识及教育工作者——教育体系的三大组成部分——如何被社会权力结构所影响（Apple, 1979：3）。另外，霸权理论强调行动者的生活世界、意识及常识假设（commonsense assumption）对维持不平等社会关系的关键作用，这有助于把学校课程、师生日常互动及教育工作者意识等"新教育社会学"的核心课题与宏观的权力结构连接起来，纠正新马克思主义学者忽略行动者主观意识的偏差。

二是霸权理论帮助阿普尔提出更能呈现教育与权力复杂而微妙关系的理论架构。早期许多批判教育社会学者（包括鲍尔斯及坚提士）声称主导阶层借学校灌输意识形态维持不平等的社会关系。他们把掌权者及被压迫者视为两个在文化上泾渭分明的阶级，并假设有助于社会再生产的意识形态完全来自统治阶层，被压迫者的文化对巩固宰制关系不起任何作用。此外，因为认定权力建基于掌权者单向施行的强制力（coercion），学者们没有考虑到社会再生产可能是因为主导阶层的妥协（compromise）及让步（concession）导致被统治者对宰制关系的"同意"（consent）、统治者可以借较怀柔的手法巩固权力。受葛兰西及威廉斯启发的阿普尔在《意识形态与课程》中有力地论证了不平等权力关系可能建基于被统治者本身的文化、掌权者采用妥协性策略往往更能有效地维持权力。

一　意识形态与霸权

阿普尔相信所有关心教育问题的人士都必须思考"什么知识被认定是

最有价值的"及"谁的知识被认定是最有价值的"两个最基本的问题（Apple，1990：vii）。这两个问题牵涉到学校教育与资本主义社会意识（social consciousness）密不可分的关系。在《意识形态与课程》出版前三年（1976年），鲍尔斯及坚提士的《资本主义美国的学校教育》提出了"符应理论"的分析架构，然而他们的理论过度强调经济分工体系对学校教育的决定性作用，忽略了意识形态的影响。阿普尔认为要引入意识形态来分析探讨文化对经济及教育的中介作用。他相信加入意识形态因素有助于解释掌权阶级如何可以不必动用强制力就达到社会控制的效果（Apple，1979：1-3）。

那么，什么是意识形态？它对社会再生产发挥什么作用？根据新马克思主义冲突论观点，意识形态可分为三大范畴。首先是"专业群体意识形态"（professional ideology），它的作用是巩固相关专业群体的地位以及把它们的实践（practices）合理化。其次是"政治意识形态"（political ideology），作用是替政治势力（包括国家及社会运动）争取更多支持，孤立敌对势力。最后是广义的世界观及视野，它们帮助人们对所处的生活世界赋予意义。意识形态的功能可以分为两方面：一是借蒙蔽被统治阶级、扭曲他们的认知及观念而维护特定阶级、社群及政治势力的利益；二是对生活世界提出解释，帮助人们理解所处的环境，解除他们在面对复杂外在世界茫然无绪所产生的焦虑。阿普尔相信意识形态的两大功能具有高度的互补性：身处复杂纷扰生活世界的人们都渴求能够理解所处的环境，以解除内心的不安；有助于延续掌权者利益、扭曲人们认知的世界观因而可以乘虚而入占据群众的心灵。因为一旦掌握意识形态，就能够有效提高权力的合法性，各种阶级、社群及政治势力都积极在意识形态领域"抢滩"打造及传播对自己有利的观念及世界观。意识形态与社会冲突的关系因而密不可分，社会权力的斗争往往以意识形态冲突的方式呈现（Apple，1979：20-22）。

阿普尔相信"霸权"概念最能进一步解释意识形态的运作。引用英国文化学者威廉斯的讲法，"霸权"理论假设有助于社会再生产的观念往往以"真正完全"（truly total）的方式存在，它们充塞（saturate）着整个社会、占据人们的意识，限制人们的认知及常识（commonsense）。因为霸权意识的影响，人们把经验到的社会世界认定是唯一可能的、无法被改变的世界。威廉斯把促成社会再生产的霸权意识形态称为"主导及有效文化"（dominant and effective culture）。"主导及有效文化"与人们的生活经验高度符应,与被压迫者原有的认知、观念及情感等彼此符应、相互强化。因为霸权根植于被统治者原有的文化,而非单纯地从外强加于被压迫者,要铲除"主导及有效文化"绝不容易(Apple, 1979: 5)。

　　阿普尔借用威廉斯的观点,指出"主导及有效文化"通过"吸纳"(incorporation)过程而产生。"吸纳"是指从"意义总体"(universal of meanings)或"文化整体"(cultural totality)——包括被统治阶层文化——当中选择性吸收部分意义,然后重组成为有助于稳定社会秩序的"选择性传统"(selective tradition)。在"意义总体"中没有被吸纳成为"主导及有效文化"的包括"另类"(alternative)及"对抗性"(oppositional)两类文化元素。①文化吸纳在社会整体(social formation)多个不同场域——包括家庭、工作、宗教、休闲及教育等——持续进行,"意义总体"的元素不断被重新吸收、选择、排斥、诠释、强化与淡化,人们在生活世界的每一天都受到这些经过吸纳与重组的意义的影响。作为知识保存及分配的重要机制,学校承担文化吸纳的重要功能。要了解学校教育与社会权力的关系,就必须深入研究学校传授的知识,把课程视为"选择性传统",并探讨打造学校知识的文化吸纳过程(Apple, 1979: 6 - 7)。

　　为了运用霸权理论进行教育的关系分析,阿普尔建议我们思考三个重要的问题,包括:①学校的日常生活如何导致学生们接受主导性意识形态;②学校正规课程背后的意识形态与社会不平等有何关系;③教育工作者的常识假设对他们的教学活动有什么影响。第一个问题与"隐藏课程"(hidden curriculum)的课题有关。"隐藏课程"是指学生在学校生活中潜移默化学习到的习惯、价值观及思考模式。跟正规课程不一样,"隐藏课程"从来不会被学校公开宣示,它的内容甚至可能与学校正规课程及声称的教育目标存有落差。②第二个问题涉及学校的"正式课程"(formal curriculum),它要求我们把学校传授的知识问题化(problematized),把学校课程视为经过文化吸纳而形成的"选择性传统"。第三个问题敦促我们反思前线教育工作者一直以来视为理所当然的意识形态立场。这三个问题

---

① 关于威廉斯的霸权及文化吸纳观念,可参阅 Williams(1980)。
② 比方说,学校声称要培养学生独立思考的能力,但实际上教师在课堂上最讨厌喜欢发问、质疑教师权威的学生,学校的"隐藏课程"其实是把孩子训练成被动服从的人。因为"隐藏课程"的"隐藏"特性,学者们不容易界定它具体的经验指涉,相关研究在 20 世纪 70 年代盛极一时,但其后日渐式微。

都非常重要，因为意识形态充斥我们的意识、通过人们不加怀疑的常识假设而运作。探究学校课程以及教育工作者的常识假设可以帮助我们了解学校教育如何协助延续社会权力。要回答这些问题，教育社会学者必须运用民俗志学方法探讨学校的日常运作，并以历史角度剖析学校体制、知识及前线的教育工作者从古至今的演变过程。阿普尔尤其重视历史分析，因为批判教育社会学的最终目的并不只是解释现状，而是要改变不平等的社会。揭露"选择性传统"的打造过程有助于质疑"既有教育实践是唯一可能模式"的迷思，进而寻求改变现状的可能性（Apple，1979：14 - 16）。

二 "正式"及"隐藏"课程——美国学校课程的"选择性传统"

尽管学校课程对人们的思想观念具有极其重大的影响，美国的教育社会学及经济学者一直对学校知识的课题不太感兴趣。他们采用"投入及产出"（inputs and outputs）的模型进行研究，讨论学校投入的资源对不同背景学生教育成就的影响。他们关心的是教育体系效率的问题，并视学校课程为中性，从来没有企图要把学校知识问题化（Apple，1979：30 - 31）。大部分教育研究的取向导致人们把学校知识视为理所当然，结果帮助巩固了霸权课程的地位。为了挑战作为"主导及有效文化"的主流教育研究，阿普尔决定深入挖掘学校的正规课程及"隐藏课程"。

阿普尔引用英国学者杨格（Michael Young）的观点深入探讨美国学校的正规课程。杨格指出社会上的掌权精英为了延续自己优越的社会地位而致力于界定何谓有价值的知识，并控制不同社群获取有价值知识的机会。美国学校正规课程最大的特色是把技术知识（technological knowledge）定义为最有价值的知识。技术知识的内容清楚明确，容易以量化方法判断知识生产的数量及学生的掌握程度。它们与经济生产密切相关，具有极高的市场价值，被认为比社会人文知识重要。技术知识占据主导位置，反映了美国资本主义体系对学校课程的"施压"及"设限"——经济体系向学校施压，要求它们传授对经济生产有贡献的知识；又设限迫使学校排斥对资本主义无用的甚至有害的课程内容。有价值知识的分配并不公平，因为社会经济条件越好的学生越有机会接受较多的教育，越可能掌握更多具有市场价值的技术知识。阿普尔援引霸权理论的观点，指出掌权阶级能够成功地把技术性知识界定为最有价值，是因为我们原来就迷信科学及追求经济成长，"主导及有效文化"与被统治阶层既有的文化及价值观高度吻合（Apple，1979：35-38）。

除了正规课程外，学校亦通过"隐藏课程"把有助于稳定社会秩序的常识观念潜移默化地渗透到人们的意识之中。为了探究美国学校的"隐藏课程"，阿普尔一方面与研究伙伴京治（Nancy King）进入一所公立幼儿园进行实地观察，另一方面又对学校课程进行文本分析。阿普尔选择调研幼儿园，是因为他们相信早年接受的观念、规范及习性会产生最持久深远的影响。两人调研的重点是要观察幼儿园日常生活如何塑造孩童们对"工作"（work）的态度。阿普尔及京治发现在学校中顺从、安静、能够自我约束的孩子较受教师的赞赏。另外，学校生活包括"工作"及"玩耍"（play）两大范畴的活动，学校的时间及空间安排以及教师们的行为等令孩子们很快便领会到"工作"比"玩耍"重要。幼儿园内有关"工作"的活动几乎都由老师引导，规范较多、较明确，也要求学生必须参与。孩子们在潜移默化的影响下认识到"工作"是必需的、"玩耍"是看个人的，并领会到"工作"的意义就是去做权威指令规定的事情。另外，教师们又鼓励学生对"工作"要参与及投入，然而对学生"工作"的质量并没有太多坚持（Apple，1979：50-57）。学校的"隐藏课程"似乎是为孩子们将来从事"异化劳动"做准备。

阿普尔又针对中、小学社会（Social Studies）及科学课的课纲及教科书进行"隐藏课程"的文本分析以挖掘学校传递的意识形态。他发现学校课程假设冲突对社会只有负面影响，又把个人片面地认定为社会制度及价值观的接受者，而不是创造者。美国学校课程不但批评冲突带来破坏，也忽略冲突对知识及社会进步的正面作用。以科学课程为例，正规课程呈现的是"科学的共识论"（consensus theory of science），它强调科学研究的"客观"方法及程序，仿佛科学进步完全是因为无私的科学工作者按照大家认可的规范默默地进行研究。学校从来不会教导学生科学社群充满利益矛盾、科学研究的方法及程序一直存有争议，更遑论告诉孩子科学发展的动力源于科学社群的冲突（例如新兴的典范被提出，挑战旧有的理论），也不会让他们知道没有冲突争议就没有科学发展。另外，科学家也有私心，也会追求权力、名誉及财富。科学工作者彼此竞争一方面推动他们不断突破前人的研究成果，另一方面也导致了科学社群的保守性。原来占据主导地位的科学家往往为了保护自身既得利益而故意忽略，甚至打压具威胁性的新兴典范。新兴起的学派必须具有挑战旧有势力的坚强意志及政治手腕，否则他们的研究成果就不容易获得肯定。科学发展其实是一部科学社群内部政治斗争的历史——一部被排除于学校科学教育"选择性传统"之外的历史（Apple，1979：88-92）。

此外，美国中、小学社会科课本都把社会描绘成由相互依赖合作的个人及社群所构成，它们忽略了社会群体其实是充满着利益矛盾的，冲突是社会生活无法避免的一部分。另外，也许是因为结构功能学派的影响，教科书把冲突描写成是损害社会秩序的，又把社会制度及价值观看成是先于个人而存在的，社会成员只能调适自己接受及配合既有的制度及规范。阿普尔批评社会科背后的意识形态假设，他借用社会学者柯塞（Lewis Coser）的观点，指出社会冲突并非只有破坏性，它还可能对社会整体有正面功能。因为冲突可以唤醒人们察觉社会的不公义，进而改善原来不合理的制度，对冲突的正确处理有助于避免社会矛盾继续恶化至不可收拾的地步。阿普尔又引用葛德纳（Alvin Gouldner）的观点批评社会科关于个人及社会制度的观念，他指出两者其实存在着辩证的关系——尽管社会先于个人存在，但追求更理想生活条件的人们不断借各种形式的实践改造原有的制度及价值观；有约束力的制度安排及观念会因为人们的实践行动而不断调整变化。柯塞及葛德纳的观点挑战了学校"隐藏课程"关于冲突以及个人与社会关系的意识形态假设，提醒我们切勿把制度安排物化（reified），视既有的社会秩序为无可避免（Apple，1979：92-99）。

三 系统管理与"助人专业"（helping professional）——教育工作者的常识假设

霸权意识形态通过人们视为理所当然甚至没有察觉的常识假设运作，因此要了解学校与社会再生产的关系，就必须探讨教育工作者——学校教育最前线执行者——的意识形态假设。阿普尔指出大部分教育工作者的意识都被效率、科学性及技术主义的观念所充塞，因而都会不自觉地认同"系统管理"（system management）的假设。信奉"系统管理"者都倾向于把教育活动区分成若干个可以清楚观察及测量的行为目标（behavioral goals），然后以"客观"的量化方法评估教学工作的成效以及厘定进一步的教学策略。他们又利用这一套看似科学的理念理解教育活动、合理化自己的教育实践行为以及抬高教育工作的专业地位（Apple，1979：105-106）。

阿普尔批评系统管理只重视效率,忽略教育的其他重要价值。他又指责这套看似科学的观念把技术及道德问题分割、回避教育实践背后的政治及伦理争议以及不愿意面对教育目标的冲突及含糊性。借用美籍犹太裔政治哲学家阿伦特(Hannah Arendt)的讲法,信奉系统管理的教育工作者因为强求确定性而排斥对意义的追求(Apple,1979:108)。阿普尔又抨击尽管系统管理高举科学性的大旗,但信奉该套理念的教育人员都对科学有错误的想象。首先,系统管理教育工作者不断强调确定性,然而实际上科学活动充满含糊性,科学家必须能够接受不确定性并与之共存。其次,科学的最重要精神是怀疑、不迷信、不盲目相信没有事实根据的讲法。然而许多头脑被系统管理思维充塞的教育人员以为教育问题——跟其他所有问题一样——都只是技术性的问题。他们天真地相信学校教育出问题都只是因为我们掌握的数据不足够,教育技术不够先进,只要假以时日累积更多量化数据,发展出更成熟的技术,教育问题也必然迎刃而解。阿普尔又语带讥讽地批评主流教育及课程学者把系统论庸俗化、没有理解该学说的真谛。系统论的创始人是奥地利生物学家冯·贝塔郎非(Karl Ludwig von Bertalanffy),他的思想复杂抽象,教育领域的系统论信众大概都读不懂他的作品,只是透过肤浅的二手材料了解他学说的皮毛。另外,系统论强调不同立场及观念并存,彼此对话以帮助系统自我修正、维持系统的生命力。该套理论的作用是显示问题的复杂性、帮助发现可能性,而不是对牵涉复杂政治及伦理争议的问题——例如教育问题——提供绝对答案。此外,系统论最早源于自然科学,然后被企业管理场域挪用。企业管理者企图借该学说控制员工、提高效率及增加盈利。令人遗憾的是教育场域并非向科学场域直接取经,而是从管理场域挪用被"阉割"后的系统论。教育工作者拥抱系统论,因为它为教育实践披上了"科学"的外衣,让教育工作看来更专业,有助于提高教育及课程工作者的地位以及争取更多权力及资源。另外,系统论衍生的技术主义思维把教育问题化约成纯技术问题,导致权力集中于教育"专家"手中。掌权精英乐见系统论主导教育论述,因为把教育问题技术化、去政治化(depoliticized)有助于维持社会现状(Apple,1979:114-118)。

除了拥抱系统管理的观念,许多教育工作者都把教育视为"助人专业"——他们抱着奉献、利他(altruistic)及人道主义的精神,并相信可以透过改变个人而改良社会。因为"助人专业"衍生的意识形态假设,前线教师特别注意学生的身心发展,遇到"有问题"的孩子便把他们归类为"学习迟缓""学习动机不良""阅读障碍"等,并设法提供更多的支援。对学生贴标签帮助教师把学生进行分类、定义所处的教育场域以及界定自己的专业角色。然而,"助人专业"应用的标签把学生的问题个人化,阻碍我们探究问题背后的社会根源。阿普尔又指出许多研究都证明了低下阶层及少数族裔的学童远比中产阶级及白人子弟更有机会被贴上"学习迟缓"等的标签,而且一经被认定为问题学生,极少孩子有机会翻身被重新归类为"正常"类别。因为意识被"助人专业"的常识假设充塞,满怀善意的教育工作者帮助延续社会不公义(Apple, 1979: 126 – 137)。

四 社会控制与自由主义——霸权课程的基础

为什么学校把技术知识定义为最有价值的知识?为什么学校的"隐藏课程"潜移默化地教导孩子们"工作"比"玩耍"重要,并否定社会冲突的正面作用?为什么教育工作者会支持系统管理的教学理念?他们又为什么拥抱"助人专业"的立场,不加批判地相信单从学生个人入手就可以解决教育及社会问题?因为学校知识是经过历史过程打造而成的"选择性传统"、霸权意识形态根植于被统治者原有的文化,阿普尔认为应该从美国"课程研究"(Curriculum Studies)的历史发展以及美国社会根深蒂固的自由主义文化传统着手解答这一系列问题。

美国课程研究出现的历史背景导致它的保守性格,该领域大约诞生于19世纪末20世纪初。当时美国社会面对移民涌入、社区瓦解以及企业型资本主义(corporate capitalism)兴起的三重冲击,课程研究的出现是为了化解社会秩序的危机。19世纪中期大量移民涌入美国,掌权的白人精英感到文化霸权受到威胁,他们希望能借学校教育把黑人及欧洲移民同化,以维持白人文化的主导地位。与此同时,因为工业化的急速发展,许多乡村地区人口外流,迁移到都市的人口越来越多。都市化导致传统社区的瓦解,复杂而疏离的都市生活令人感到焦虑不安,人们都渴望回复旧有纯朴的社区生活。美国许多早期人文社会学科——包括课程研究——的先驱都是来自乡村地区的中产阶级,他们企图借保留小城镇维持传统的社区生活形态。后来因为都市化的趋势无法逆转,他们转而渴望借建立共同的信念及道德规范、打造稳定而互信的人际关系而在都市重建"社区"(Apple, 1979: 72 – 73)。为了同化新移民以及营造社区,早期的课程研究学者参与设计学校的共同课程,企图通过学校教育达到文化同质化的目标。课程研究出现的背景导致它的保守性格,大部分课程理论的出发点都是为了帮助维持既有的社会秩序(Apple,1979:47-49;67-72)。

19世纪企业型资本主义的蓬勃发展进一步强化了课程研究的保守性,影响了学校的正规课程及"隐藏课程"。随着资本的集中化,规模庞大的工厂渐渐取代小型的作坊,生产组织也越来越层级化及科层化。资本家需要更多的技术知识,以便扩大生产及累积;教育体系受到压力要更重视技术知识,培训更多技术人才。另外,科层式生产需要大量勤奋、守时、有效率、具工作伦理的劳动力;学校必须培养学生重视"工作",把"工作"看得比"玩耍"重要。此外,因为资本主义的生产体系充满层级性,学校必须进行课程分化及筛选,借以把年轻人安排到生产分工不同的层级及位置。为了把筛选机制合理化,课程专家一方面搬出优生学"证明"不同背景学生先天能力的差异,并坚称课程分化、因材施教是唯一的出路;另一方面拥护系统管理及智商测验等让他们看起来更有权威、更客观、更具说服力的"科学"理论及方法(Apple,1979:77)。

美国根深蒂固的自由主义传统对促成教育工作者信奉系统管理及拥护"助人专业"意识形态也起着推波助澜的作用。自由主义教育理论把个人放在极为崇高的位置,个人的价值、权益及自主权都被视为神圣不可侵犯。自由主义者对既有的社会秩序抱持肯定态度,并相信渐进的、有客观科学研究为基础的改良手法可以让社会进一步完善。他们又认为社会的阶级分化并无不妥当,只要阶级位置的分配按照公平的"绩效主义"原则、完全以个人的能力及表现为依据。自由主义教育理论把教育视为改良社会的灵丹妙药。它的信众们相信只要学校能够给予所有人平等的受教育机会,"绩效主义"的理想必然得以落实。自由主义者对教育的社会改革功能持乐观的态度,因为他们认定教育是一个自主的、追求理想的领域(Apple,1979:17-19)。

因为自由主义观念的影响,"抽象个人"(abstract individual)、"改良主义"及"科学"的观念在美国深入人心,在文化领域占据主导位置。然而,自由主义把个人的价值抬举到极高的位置,过度强调个人,导致人们不容易觉察人与人、人与社会的关联性,并容易把教育问题"个人化"。自由主义对现有社会秩序过于乐观肯定使人们轻易接受改良主义的观点,结果弱化了追求彻底改革社会不公义的批判精神。另外,因为相信教育的自主性,受自由主义意识形态影响的教育工作者"自我感觉良好",他们不容易察觉教育体系也受到经济及政治权力的扭曲,也在帮助延续不平等的社会关系，更遑论对教育采取批判的态度。此外，自由主义教育家对科学的迷信误导我们以为一切社会问题都可以根据客观的数据搜集及分析而找出妥善的解决方法，并排斥"主观的""不科学的"价值判断及选择。深植人心的自由主义为系统管理及"助人专业"等霸权意识形态提供了茁壮生长的土壤。

五 1979 年后

1979 年，《意识形态与霸权》出版的同一年，撒切尔夫人（Margaret Thatcher）成为英国首相，翌年（1980 年）里根（Ronald Reagan）当选美国总统。之后新自由主义及新保守主义的影响力日渐壮大，西方国家明显出现公营事业（包括教育、医疗、住房等）市场化及私有化的趋势。第二次世界大战后通过国家、资本家及工人阶级彼此妥协而形成的福利国家体系渐渐瓦解；人们享有的生活条件越来越被他们拥有的财富所决定，弱势社群甚至连基本的权益也缺乏保障。借用鲍尔斯与坚提士的讲法，从20 世纪 70 年代末期开始，西方社会的"财产权益"（property rights）日渐压倒"人身权益"（personal rights）（Bowles and Gintis, 1986）。①另外，20 世纪 80 年代西方不单是"分配政治"（politics of distribution）出现倒退，"承认政治"（politics of recognition）的保守主义复辟迹象也日趋明显。② 20 世纪 60 年代的民权运动、女权运动及同性恋者运动等促使西方国家在文化上变得更包容，更强调多元文化主义（multiculturalism）。然而随着西方国家的经济衰退，新保守主义者抨击多元文化主义导致价值观混乱，腐蚀原来优越的传统文化。保守主义势力呼吁学校课程回归西方经典，恢复原来重视基督教信仰、重视家庭的文化传统（Apple, 1993）。

阿普尔相信从《意识形态与课程》发展出来的"霸权"概念有助于了解 20 世纪 80 年代的教育政治。他引用英国文化学者霍尔（Stuart Hall）

---

① "财产权益"指社会成员可以按照自己的财富而进入的社会关系；"人身权益"是指人们单纯因为是社会一分子就能享有的权益。以教育为例，国家向人民提供教育，让所有公民都可以入读免费的公立学校就是"人身权益"的例子；能够负担高昂学费的家长可以把孩子送入私立学校就是"财产权益"的体现。一般而言，社会的主导阶层看重"财产权益"，弱势社群希望扩大"人身权益"（Apple, 1993: 17-18）。

② "分配政治"及"承认政治"的概念来自美国女性主义文化学者费莎（Nancy Fraser）。"分配政治"是指争取更公平物质资源分配的抗争；"承认政治"是被边缘化社群争取在文化上的肯定及"去污名化"的社会运动。后者是关于符号层面的抗争（Fraser, 1997）。

的讲法，指出新右派的权力基础是"威权民粹主义"（authoritarian populism）：掌权者一方面拉近资本家及国家的关系，另一方面借民众力量削弱人们自己的"人身权益"。换言之，新右派兴起，并非因为新自由主义及新保守主义者把他们的观念强加于民众，而是因为他们能够联结普罗大众的生活经验、恐惧、渴求及愿望，打造成民众对霸权企划（hegemonic project）的同意。20世纪70年代初期的石油危机导致西方经济下滑，民众——尤其是中下阶层民众——明显感到生活质量变差。人们真实的生活经验，再加上日本等亚洲新兴国家经济实力蒸蒸日上，在政客及媒体的操弄下，人们相信"再不减税投资者都会跑光"、"太优渥的社会福利助长人们对国家的依赖，损害我们的竞争力"、"国家经济实力下滑是因为学校教育太自由，没有好好训练孩子的基本能力"等讲法。结果民众对市场化及私有化政策持默许甚至支持的态度。另外，西方社会离婚率不断攀升，年轻人越来越反叛，家庭及学校暴力事件几乎每天都在发生；日常生活的见闻及经历都令人们相信道德及宗教秩序面临严重威胁。民众的恐惧与不安成为新右派争取庶民支持市场化、私有化及回到西方原有宗教及文化传统的有利条件（Apple，1993；1988）。

　　除了运用霸权理论分析新右派主导的教育政治，阿普尔在《意识形态与课程》第二版序言中也调整了对自由主义的批判立场。在1979年《意识形态与课程》初版时他批评美国的自由主义传统让系统管理及"助人专业"等"主导及有效文化"生根及壮大，又抨击自由主义导致"抽象个人"的观念充塞人们的意识，扼杀了教育与权力关系的分析。然而，20世纪80年代新右派不断攻城略地，国家放任资本家，并把许多原本由国家负责的福利项目交由市场负责，这瓦解了第二次世界大战后西方的自由民主政治（liberal democratic politics）。①为了稳住二战后数十年西方自由民主政治抗争辛苦赢来的成果，阿普尔调降批判自由主义的力度，呼吁大家有条件地支持自由主义。他认识到尽管自由主义过度强调个人权益并缺乏批判资本主义的精神，但过去数十年在自由民主政治框架下赢得的成果仍是非常值得珍惜的（Apple，1990：xii）。

　　2004年《意识形态与课程》第三版面世，当年刚好是该书首次出版

---

① 哈维（David Harvey）又把自由民主体制称为"镶嵌自由主义"（embedded liberalism）。在"镶嵌自由主义"的大框架下，资本主义社会的国家愿意插手干预市场以保障人民的就业及社会福利等权益（Harvey，2005：10-11）。

的 25 周年。经过 20 多年新右派霸权后，系统管理思维对教育论述更具主导性，学校教育更被视为配合经济生产的工具，掌权阶层运用各式各样的评量（evaluation）及考核（assessment）管控教育体系。新保守主义主导的教育改革在英美社会没有遭遇太大规模的反抗，因为西方的经济在 20 世纪 90 年代继续走下坡路，民众更担心子女未来就业前景，更希望下一代所接受的教育能够培养具有市场价值的技能。另外，在西方经济持续低迷的同时，有部分威权色彩较重的国家和地区——例如"亚洲四小龙"——经济成长表现亮眼。有论者宣扬教育的"东方论"（Orientalism），声称"四小龙"经济发展迅速，是因为它们的学校比西方的更有纪律，课程内容更明确，更注重考试，培养出基本功更扎实、更具竞争力的学生。教育"东方论"被饱受经济衰退折腾的西方民众所接受，因而新右派更容易推动教育"回归基本能力"（back to the basics）之类的改革（Apple，2004：x、166）。

2004 年《意识形态与课程》第三版出版时美国刚在三年前经历了"9·11"恐怖袭击，该事件导致自由主义遭受进一步打击，文化氛围变得比之前更保守。2001 年 9 月后美国政府以国土安全为由对社会进行更严密的监控，对人身自由设下更多限制。经历恐怖袭击后教育领域遭受更严重的政治压力。以威斯康星州麦迪逊（Madison）——阿普尔任教学校的所在地、一个自由主义传统深厚的大学城——为例，"9·11"前有保守的州议员动议强制州内所有公立学校学生每天诵读对美国的"效忠宣誓"及唱国歌。恐怖袭击后不久该项建议被麦迪逊教育委员会（Board of Education）否决。教育委员会的决定激发了州内保守分子的强烈反抗，有群众包围教育委员会的会场，挥动美国国旗辱骂委员们"卖国"。有立场保守的报章以扭曲事实的手法攻击教育委员会"不爱国""对不起在纽约世界贸易中心失去生命的美国同胞"。尽管教育委员会顶住了保守势力的威吓，维持不强制学校每天诵读"效忠宣誓"及颂唱国歌的决定，但该委员会其中一名少数族裔背景的委员在压力下心力交瘁请辞。阿普尔感慨"9·11"后美国许多民众认定自己是邪恶外在势力的受害者，那些勇于提出"为什么激进的伊斯兰势力要针对美国""美国曾在海外做过什么事情"等敏感问题的人士都被贴上"不爱国"的标签，要做一个有独立思考能力的美国公民也越来越不容易。保守势力的影响能够轻易扩大，是因为他们的霸权企划（hegemonic project）跟经历恐怖袭击后民众的情感结构（structure of feelings）高度吻合（Apple，2004：164 - 170）。

六 《意识形态与课程》的贡献及引起的批评及争议

《意识形态与课程》对教育及权力的研究贡献良多。首先，在该书于1979年出版前英国的"新教育社会学"及新马克思主义派是西方批判教育社会学两个主要的理论传统。"新教育社会学"的研究焦点是学校的人际互动、课程及行动者的主观意识，相对忽略宏观的社会结构作用；新马克思主义学者重点探讨经济生产及阶级对学校的影响，较少注意微观层面的因素。阿普尔利用霸权理论整合这两大理论传统，提出了一个能够兼顾宏观及微观层面、结构及主观意识的批判教育社会学分析架构。其次，过往许多学者认为宰制关系建基于掌权阶层对从属阶层的强力打压；他们假设主导阶层借由将统治者的文化及意识形态强加于被统治者而建立权力。学者们把掌权阶层与从属阶层的文化视为泾渭分明、仿佛受压迫阶层的文化对维持宰制关系不起任何作用。通过葛兰西及威廉斯的"霸权"概念，《意识形态与课程》指出主导阶层可以借让步以及吸纳被统治者的文化以巩固权力，提醒我们统治者可以运用怀柔的手法、以被统治者文化为基础建立霸权。此外，阿普尔又把英国文化学者威廉斯的"选择性传统"、"文化吸纳"、"主导及有效文化"、"另类文化"及"对抗性文化"等概念引入教育社会学的讨论，对教育与权力的研究提供了极为有用的分析工具。

然而，《意识形态与课程》的论点亦有若干有待商榷之处，其中包括：①过度偏重经济及阶级因素；②视"文化吸纳"策略可行性为理所当然；③分析架构过于"知识社会学化"；④缺乏非预期霸权效果的分析；⑤高估文化及意识形态对社会再生产的作用。为了在阿普尔的基础上进一步发展霸权理论，笔者兹对以上各点批评逐一详加讨论。

1. 过度偏重经济及阶级因素

阿普尔的新马克思主义分析帮助我们更深入剖析权力与教育的关系，但这也导致他偏重经济及阶级因素，以及在没有足够证据下就认定资本主义经济的影响力。比方说，《意识形态与课程》第二章声称对经济生产有帮助的技术知识被认定为最有价值，又强调"技术知识对维护掌权阶级的利益最有帮助"。也许因为新马克思主义的立场，阿普尔把这些讲法视为"不证自明"的道理，因此没有提出证据以佐证他的观点。"技术知识被认定为最有价值"的讲法有待商榷，因为尽管与经济生产有关的技能普遍受到政府、雇主、学校、家长及学生重视,但在许多社会技术知识往往并不带来最大的权力,不少最有影响力的政治及经济精英念大学时修读的是历史、文学、经济、政治及法律等人文社会学科,而不是与经济生产技术相关的科系。研究又显示西方社会最有权力的阶层倾向于让孩子接受学术性、人文科目为主的"博雅教育"(liberal arts education)(Stevens, 2007; Cookson and Persell, 1985; Gaztambide-Fernandez, 2009);选择技术性学科的是相对缺乏权力及安全感、担心孩子未来就业前途的阶层。[①]另外,教育体系重视技术知识并不一定如阿普尔所说对掌权阶级都有利,因为"掌权阶级"内部具有异质性,技术知识地位提高意味着技术官僚(technocrats)的权力上升,可能威胁到其他精英——例如科层官僚以及权力来自经济及政治资本的资本家及政治领袖——的主导地位。此外,技术知识——如阿普尔所说——结构及内容都清楚明确,反而相对容易被缺乏文化资本的中、低阶层子弟以按部就班的方法习得;技术性知识越受到重视,有部分掌权阶级可能越会感到自下而来的威胁。"技术知识被认为是最有价值的知识"及"技术知识最能帮助维护最有权阶层的利益"的讲法值得进一步商榷。

另外,新马克思主义立场导致阿普尔跟"符应理论"的学者一样掉入了"功能解释"的陷阱,损害了他解释学校课程的严谨性。他在《意识形态与课程》的第二章及第三章提出学校最重视技术性知识,还指出学校利用"隐藏课程"教导下一代"工作"比"玩耍"重要,以及灌输"冲突带来的结果都是负面的"等观念。他把学校这一"选择性传统"的形成归因于美国企业资本主义兴起、经济体系需要学校生产更多具备技术能力及工作伦理的劳动力。他还声称经济生产体系"施压"及"限制",促使学校课程涵盖对生产有利的知识以及排斥对资本主义有害的内容。然而,阿普尔从来没有提出足够的历史证据解释生产体系的需求以及宏观的经济及社会秩序变化如何对学校知识构成冲击、如何具体地对课程"施压"及"限制"。另外,尽管阿普尔强调学校课程是经过文化吸纳过程打

---

① 美国的华人移民子弟几乎一窝蜂在大学主修工程及电算科学等就是西方社会缺乏安全感的阶层选择技术性学科的例子。有趣的是有学者发现技术性知识在中国比在西方更能带来权力,当代中国最有权力的政治精英有极高比例是念工程出身(Andreas, 2009; Li and White, 1990)。中国的掌权阶层看来并非利用没有实用价值社会人文科目进行阶级再生产。阿普尔"技术知识被认为是最有价值的知识"的讲法比较符合中国的国情。西方及中国社会精英如何借不同的学科领域取得权力是一个值得探讨的比较研究课题。

造而成的"选择性传统",但他并没有交代"选择性传统"形成的具体过程。举例说,他声称美国学校把技术性知识视为最重要的知识,因为"这类型知识最合乎资本家的利益"、"美国人原来就迷信科学及追求经济成长,重视技术性知识跟被统治者既有的文化及价值观高度吻合"(Apple,1979:35-38)。然而,他并没有借历史证据解释符合资本家利益的知识如何被吸纳、筛选成为学校的官方知识,也没有交代"迷信科学与追求经济成长"的意识形态如何从包括多元、复杂甚至矛盾元素的美国"意义总体"及"文化整体"中"脱颖而出",被选取及挪用协助巩固技术知识在课程的主导地位。因为《意识形态与课程》多处对"选择性传统"的形成过程缺乏讨论,阿普尔对美国学校课程的"解释"读起来有点像鲍尔斯及坚提士的"符应理论",连他的弟子李斯登(Daniel P. Liston)也批评他的分析架构还是充满功能解释的色彩的(Liston, 1988:61)。①

此外,阿普尔的新马克思主义立场导致他偏重阶级分析,忽略了其他社群类别的冲突,间接妨碍更全面地剖析文化在社会再生产的作用。笔者试图借"身份团体"(status groups)及族群为例讨论这一点批评。②阿普尔声称要超越"符应理论"上下层建筑的分析架构,把文化导引回教育与权力的讨论。综观全书,他谈论的"文化"大概是后来在《教育与权力》中所讲的"生活的文化"(culture as lived),意指人们从日常生活衍生出来、可以帮助我们诠释并回应外在世界的意义与实践(Apple, 1985,66)。《意识形态与课程》的文化分析探讨衍生自庶民生活世界的意义如何帮助巩固资产阶级霸权。然而,除了阶级以外,"身份团体"亦是重要的社群类别,亦是参与社会冲突的"常客",它们亦依赖文化进行权力的再生产。借用韦伯(Max Weber)的讲法,"身份团体"的基础是声望(prestige)及荣誉(honor),它的成员一般具备文化传统认定为值得尊崇的素养、生活风格(life style)及行为规范(Weber,〔1922〕1978:43-61)。因为教育对人们的素养及气质具有重大的影响力,学校是许多

---

① 阿普尔后来有尝试运用经验证据解释经济如何影响学校课程的内容。他指出美国学校教科书都是由私人出版社生产的商品。为了追求更高的利润,出版社设法争取产品成为加州及德州等几个有教科书推荐制度大州的"推荐教科书",它们不惜在编写教材时设法迎合掌握推荐生杀大权的州教科书委员会——委员会当中不少成员与工商及财经界有密切关系。美国教科书的商品化及资本家在州教学书委员会的影响力导致经济力量对课程内容产生具体的压力及限制(Apple, 1986;1991)。

② 当然,《意识形态与课程》忽略的社群类别不只"身份团体"及族群,该书也没有讨论性别(gender)对社会再生产的作用(Green, 1980:114)。

"身份团体"赖以延续主导地位的重要机制,社会上许多重要的"身份团体"都借学校体系选拔并培养新一代的成员。身份团体对学校教育的再生产功能产生重要的中介作用,其中一个原因是因为它延续了文化传统的影响力,限制了资本主义经济对知识的价值以及社会权力分配的决定作用。举例说,因为传统文化的持续影响,工业化后的英国还是尊崇具有贵族及士绅气质的"绅士"(gentleman)。作为地位崇高的"地位团体","绅士"的其中一个最重要的特质是具有追求成为文化通才、轻视实用性的"业余精神"(amateurism)。①受到"绅士"文化的影响,英国地位最崇高的学府——例如牛津大学、剑桥大学及传统的"公立学校"(public schools)——课程内容都偏重培养"绅士"品位个性的经典课程(classical curriculum)。跟经济生产有关的实用课程在英国中等教育一直被视为次等;在高等教育阶段,纯技术性学府——例如理工学院(polytechnics)——都属于二线院校,大学的技术性学科地位仍无法完全超越经典人文学科。类似情况也出现于其他欧洲国家,比方说,德国非常看重"教养"(Bildung),推崇博学、追求自我完善(self perfection)的有涵养之士;法国尊崇有品位、有气质、懂得人文艺术的"文化通才"(culture générale)(McCulloch, 1991; Ringer, 1979: 6-7; Ringer 2000: 193-194)。即使在一般人认为最没有历史及文化包袱的美国,与欧洲类似的身份团体对教育亦有一定的影响力:美国的"预备学校"(prep schools)学生大都来自上流阶层,毕业后大部分升读顶尖名牌大学,学校办学目的是准备孩子们日后继承掌权阶级的位置。"预备学校"的课程亦是偏重远离实务、看似不食人间烟火的经典人文及社会学科(Cookson and Persell, 1985: 73-78; Kahn, 2011: 29)。②

族群是经济阶级以外另一个重要的社群分类类别,也是参与社会冲突的另一位"常客"。族群文化对教育及社会再生产具有重大影响力,因为文化是建立族群身份认同的重要基础。渴望取得更多权力——以及竭力避免向下沉沦——的族群都希冀自己的文化受到认可,都期望教育体系保存及传承我群的语言、文学、历史及艺术。因此,文化是族群在"承认政

---

① 英国文化轻视实用性的"业余精神"跟孔子讲的"君子不器"的想法很相近。
② 卡勒保(Jerome Karabel)指出19世纪末"绅士"的文化理念通过美国与英国上流精英的互动而传入美国。他的研究也发现美国贵族化的"预备学校"起源于模仿英国的"公立学校",哈佛、耶鲁及普林斯顿等传统名校受英国的牛津大学及剑桥大学影响,课程注重经典人文学科(Karabel, 2005: 23-28)。

治"激烈角力的场域。另外,族群文化的地位也影响到各群体物质回报的分配:借用威廉斯及布迪厄的术语,我群文化越是被吸纳成为官方课程的"选择性传统",我群子弟在家庭培养出来的"初始习性"跟学校认可的"文化专断"越接近,我群也就越容易取得学业成就,越有可能通过学校教育再生产阶级优势(Bourdieu, 1977, 45)。因为文化对族群的"认同政治"及"分配政治"的重要作用,不同的族群往往致力于促使自己的文化被吸纳成为官方课程的一部分,并把其他群体的文化排除于"选择性传统"以外。阿普尔忽略族群政治阻碍我们更全面地观察文化因素如何中介经济与学校教育的关系。

2. 视"文化吸纳"策略可行性为理所当然

阿普尔在《意识形态与课程》中把霸权理论引入批判教育社会学,指出统治阶层往往通过吸收及改造被统治阶层文化维持权力关系。他后来又运用早期建立的"文化吸纳"理论分析新右派霸权兴起的社会基础以及"9·11"恐怖袭击后美国的教育政治。"文化吸纳"概念无疑提供了思考教育与权力的崭新观点。然而,也许是因为急于证明学校教育延续社会不平等,阿普尔把"文化吸纳"视为理所当然,没有考虑到在什么条件下"文化吸纳"才是可行的策略。因为缺乏对"文化吸纳"策略先决条件的分析,阿普尔可能让读者误以为统治阶层可以随心所欲地借收编被统治阶层文化以巩固权力。

掌权阶级身处复杂的社会关系,他们的"文化吸纳"策略可行性受到内、外两大类条件的制约。内在因素包括掌权阶级与在地社会不同阶级、族群及区域等的关系;外在条件是指来自周遭国家及国际社会的压力。①主导阶层面对的在地社会并非铁板一块,当中包括了彼此利益相冲突的社会群体。因此当掌权者向其中部分群体采取"文化吸纳"手法——一个在文化上让步的策略——可能刺激其他群体反弹,迫使它收回文化收编的策略或者调降让步的幅度。另外,掌权者的文化及教育政策也要顾及国际及邻近区域的反应,为了维持在国际社会的声望以及与邻国的和平关系,统治阶层可能无法对内部特定社群在文化上过度妥协;外在地缘政治

---

① "文化吸纳"策略可行与否取决于统治阶层所处社会关系的想法受斯考切波(Theda Skocpol)启发。斯考切波指出国家(the state)的自主性及能力(capacity)受到它与社会不同阶级及群体关系的影响(Skocpol, 1985)。

因素对"文化吸纳"策略构成限制。

举例而言，第二次世界大战后新加坡掌权者面对华文学校问题，华人社群把自行创办的学校视为延续族群文化的堡垒。华人怀疑急于打造新加坡国家认同的执政者阴谋消灭华文教育，因此发动社会运动捍卫华校。华人占新加坡人口比例超过70%，人多势众，在一人一票的普选制度下影响力绝对不容忽视。从霸权理论观点做推论，新加坡掌权者应该对华校采取"文化吸纳"策略，承认华人学校的地位，把华校吸收进入官方教育系统，然后把课程内容"驯化"及"去中国化"，改造为传播温和的、以新加坡为中心的华人文化意识。然而，新加坡岛上还有15%左右的人口是信奉伊斯兰教的马来人。当时新加坡当局计划跟毗邻的马来半岛（当时称为"马来亚联邦"）合并。马来人在半岛占总人口的比例最高、最具政治影响力；然而，马来人在经济及教育的表现一直远不如华人，他们把华人视为假想敌，施压阻止当局"善待"华校。另外，毗邻的伊斯兰教国家——包括"马来亚联邦"及印度尼西亚——一直认定新加坡为华人沙文主义大本营，又怀疑中国利用新加坡在东南亚扩张影响力。在内、外的双重压力下，新加坡当局要避免被指控偏袒华人，人民行动党对华校进行"文化吸纳"策略的空间非常有限。结果李光耀把大量华文学校吸收成为接受政府资助的"补助学校"，之后威逼利诱要它们改用英文教学，并大幅度删减课程内关于中国文化及历史的课程内容，后来甚至采用各种手法扼杀华校的生存空间（黄庭康，2008；Wong，2002）。新加坡的案例显示内、外因素都可能限制统治阶层的策略，提醒我们必须小心考究执行"文化吸纳"政策的先决条件，避免把霸权策略的可行性视为理所当然。

3. 分析架构过于"知识社会学化"

《意识形态与课程》卷首指出教育体系的组成包括学校组织、学校知识及教育工作者，并强调教育的关系分析必须探讨三者与不平等社会结构的关系（Apple，1979：3），然而阿普尔的分析过度"知识社会学化"，他对组织及人（教育工作者）的讨论都只局限在跟知识有关的层面。比方说，当他处理教育体系三个组成元素时，关于学校组织的讨论被化约成学校日常生活如何导致学生们接受主导意识形态（"隐藏课程"）的问题，对教育工作者的分析也只集中于他们的意识、认知及常识假设。阿普尔关注的焦点出现偏颇，一方面可能因为传统霸权理论主要关心意识与权力的关系；另一方面也许因为他亦深受20世纪70年代英国"新教育社会学"

的影响，因而偏重知识社会学的研究取向。①尽管《意识形态与课程》为教育与社会再生产提供了极富洞见的观点，但过度"知识社会学化"的分析角度阻碍了我们更全面地观察掌权阶层如何透过处理教育体系的组织与人而巩固权力。

霸权与学校组织的讨论不应该被化约成"隐藏课程"或是学校内部人际互动的课题，因为学校具有物质性，倘若掌权者无法对学校组织进行有效的管控，他们也不容易控制学校传播的意识形态。许多社会的被压迫群体都借自行营办学校建构身份认同、捍卫我族文化甚至反抗主导阶级的文化霸权——东南亚地区华人创办的华校（Tan, 1997; Wong, 2002; Zhang, 2010）、非伊斯兰国家的伊斯兰教学校（Liow, 2009）以及美国的"黑人书院及大学"（historically black colleges and universities）及左派政治团体创办的"星期日学校"（Sunday Schools）等都是其中的例子（Drewry and Doermann, 2001; Lovett, 2011; Teitelbaum, 1993）。面对"另类"及"对抗性"的学校组织，统治阶层可能需要采取"组织吸纳"（institutional incorporation）策略。"组织吸纳"是指掌权者把原本属于私人营办的学校收编进入官方教育体系，改善它们的物质条件，然后对它们的办学方针、人事、课程及纪律等加强管制（Wong, 2012: 588 - 589）。借用威廉斯的术语，"组织吸纳"把原本属于"另类"或"对抗性"的学校吸收后改造成为"主导并有效"的组织（Williams, 1980）。"组织吸纳"策略可根据收编的程度分为"全面"及"部分"两大类，两者的霸权效果并不一样。20世纪五六十年代新加坡政府依照"平等对待各源流学校"政策对所有华文学校提供"全额财政补助"（full subsidization），把几乎所有华文学校吸纳进入国家学校教育体系便是"全面组织吸纳"（complete institutional incorporation）的案例（Wong, 2006: 631 - 647）。②成功的"全面组织吸纳"策略把所有可能威胁既有权力关系的学校都纳入主导阶级的控管，完

---

① "新教育社会学"其中一名最有代表性的学者杨格（Michael Young）在20世纪70年代初期声称教育社会学与知识社会学两个领域已融为一体（Young, 1971: 3 - 5）。当时"新学"的研究焦点——包括"隐藏课程"、正规课程、教育场域行动者的意识等——几乎都是知识社会学主导的课题。

② 当时新加坡有英文学校、华文学校、马来学校及采用印度南部方言的淡米尔学校（Tamil Schools）四大源流学校。因为英殖民统治背景，英文学校一直获得政府最丰厚的财政资助。20世纪50年代中期"去殖民化"时掌权者为了宣示族群平等而实施"平等对待各源流学校"政策，让华、马、淡校享有跟英校一样的财政支持，但条件是要它们采用官方颁布的课程以及接受教育行政部门更严格的监控（黄庭康，2008; Wong, 2002）。

全杜绝"另类"及"对抗性"的学校组织。另外,掌权当局也可能采用"部分组织吸纳"(partial institutional incorporation)手法把部分被统治者营办的学校吸收进入官方教育体系,分化原本的"另类"及"对抗性"学校组织。成功的"部分吸纳"策略能够孤立最主要敌人,达到"分而治之"的效果。第二次世界大战后港英政府把一部分中文学校吸收成为"官立"(government)及"津贴"(subsidized)学校,同时让大部分采用中文教学的学校继续维持"私立"性质。"官立学校"由政府直接营办。"津贴学校"资金主要来自政府,但学校的日常营运及管理由办学团体——主要是教会及华人慈善团体——负责。私立学校由私人经营,财政来源主要依靠学费收入。"官立"及"津贴"学校因为获得政府的财政资财,它们的办学条件最好、教职员的待遇也颇优渥;大部分私立学校的条件远比不上官立及津贴学校。港英政府的政策导致出现三类型物质条件差异甚大、无法团结起来抗争的中文学校。中国香港的案例是"部分组织吸纳"霸权策略的成功例子(Wong,2012)。

此外,霸权理论对教育体系的"人"——包括教师、教育行政人员及学生等——的处理亦不应该如《意识形态与课程》般只局限在他们的意识。因为除了常识及认知等意识范畴的元素外,影响人们思想行动的还有较为物质性的实际利益。因为大部分人都会渴望更优越的经济条件及社会地位,掌权者也可能采取"人的吸纳"(incorporation of people)策略建立霸权。"人的吸纳"属于对被统治阶层"人"的收编,它是指主导阶级对被宰制阶层提供往上流动的通道,让他们分享较佳的物质及符号回报,借此换取他们对权力的认同。加入考虑"人的吸纳"有助呈现霸权策略的多样性及丰富性,并能帮助我们理解统治阶层可以不必过度依赖"文化吸纳"手法维持权力。比方说,20世纪60年代中期新加坡独立建国,政府为了打造国家身份认同以及与周边伊斯兰教国家维持和平关系而打压华文学校,最终导致华文学校在20世纪80年代中期"寿终正寝"。李光耀处理华文学校的手法引致华人极度反感。然而,因为实行"人的吸纳"策略,人民行动党的统治地位看来并没有因为拒绝在文化上让步而动摇。新加坡可以施行"人的吸纳"政策,因为该国的掌权阶层是接受英文教育的华人精英(English-educated Chinese elites),他们与接受华文教育的精英(Chinese-educated elites)及华人群众都是同肤色,属同一种族,两者最大差别只是语言及文化。李光耀等掌握国家权力的英化华人精英一直高举"绩效主义"的旗帜,并在打压华文学校的同时广设英文学校。许多华人子弟放弃自己的语言文化入读英校,后来凭表现晋升成为主导阶层。当局的政策为华人提供了往上流动的机会,在相当程度上化解了华人因文化被打压而导致的不满;① "人的吸纳"策略降低了掌权者对 "文化吸纳"策略的依赖,帮助人民行动党维持统治地位。② 上述新加坡及中国香港的例子显示对学校组织及人的分析不应单单采取知识社会学的切入角度,跟知识社会学保持适当距离对发展霸权理论有利无害。

4. 缺乏结构的非预期霸权效果的分析

《意识形态与课程》的其中一个重要贡献是提出霸权作为非预期后果的观念。传统上许多霸权理论学者都具有马基雅维利式的政治观(Machiavellian view of politics),他们认为霸权出于狡猾掌权者的阴谋操控,并把不平等社会关系视为主导阶层有意识地规划经营的结果(Joseph, 2002: 1; Wong, 2012: 588)。阿普尔从不怀疑掌权者确实会为了权力而施展诡计,然而单单从阴谋论观点分析霸权会阻碍观察权力更微妙的运作方式。受到葛兰西及威廉斯的启发,他指出 "主导及有效文化" 充塞了人们的意识,霸权可以通过人们视为理所当然的常识假设而运作,满怀善意的人们——例如宣称科学的系统管理方法可以改善教育质量的教育学者以及相信单从学生个人入手就可以解决社会问题的教育工作者——也可能在不自觉情况下帮助延续了社会不平等(Apple, 1979: 126 - 137)。《意识形态与课程》警惕我们不要被阴谋论局限对霸权的想象,因为不平等社会关系可能是行动者教育实践的非预期后果。

阿普尔对权力运作提出了极富想象力的分析,然而他把霸权的非预期后果完全归因于被压迫者的意识形态假设,忽略了结构因素对 "非预期霸权后果" 的促成作用。借用英国政治学者约瑟夫(Jonathan Joseph)的观点,阿普尔跟传统政治学者一样采取行动者取向(agential approach)的角度看待霸权,都把权力视为行动者实践的产物;他们的唯一差别只是阿普

---

① 跟新加坡相比,邻国马来西亚 "人的吸纳" 的执行程度就有所不如。因为马来人是马来西亚的主导族群,马来人在升学及投考公职方面都享有优先权,华人即使愿意放弃自己的语言文化入读马来文学校也难以进入统治阶层。因为 "人的吸纳" 政策施行受限制,吉隆坡当局无法借提供往上流动机会诱使华人放弃自己的文化,结果被迫在文化上做出较大让步——例如容许华人保留华文学校,默许华人社会创办收容华文中学毕业生的 "专上学院" 等。

② 当然,笔者的意思并不是说新加坡政府单靠 "人的吸纳" 策略就能够取得统治合法性,该国过去数十年经济表现亮眼,再加上当局对社会及媒体的严密控制等都是人民行动党统治能延续的重要原因。

尔认为霸权实践并不一定出于行动者有意识而为的阴谋（Joseph，2002：1）。行动者的分析角度忽略了社会是一个复杂而矛盾的结构，在特定的历史条件下社会再生产可能是结构特质以及各组成部分发展过程汇聚而产生的非预期结果。约瑟夫称这种因为客观结构因素而延续的权力关系为"结构式霸权"（structural hegemony）（Joseph，2002：38-39，128-129）。

"结构式霸权"的概念听起来十分抽象，但笔者可以引用过往研究新加坡及中国香港华文学校的具体例子加以说明。第二次世界大战后新加坡华人发动激烈而大规模的社会运动捍卫华文教育，他们反对当局打压华人语言及文化，要求政府给予华校更公平的对待。跟新加坡相比，二战后中国香港的华校运动的规模及激烈程度都远不如。笔者研究发现两地华校运动发展并不一致，因为它们华校的"文化独占性"（culture exclusiveness）不尽相同：新加坡教育系统除华校外还有英文学校、马来学校及淡米尔学校，四类型学校只有华校有教授中国语文、中国文学及中国历史科目。课程的"文化独占性"导致华校在新加坡扮演传承中华文化的异常重要的角色，当局歧视华校自然引起华人的文化危机感以及强烈反感。然而在中国香港，华文学校与主流的英文学校的文化差异性较不明显。尽管英文学校的官方授课语言主要是英文，它们的课程内容也包括中国语文、中国文学及中国历史，而且都要求学生中文须达到一定水平，中文科及格是升级的其中一个条件。①因为英文学校亦开授中国语言文化相关课程，中国香港的中文学校的"文化独占性"较低，②中文学校被歧视甚至没落并不构成

---

① 第二次世界大战后中国香港的小学几乎都以粤语教学。中等学校分为三种。一是中文中学，教学语言是粤语。另外是"中英文学校"（Anglo-Chinese Schools），官方授课语言是英文（但如下面注所言，实际上却往往采用粤语教学），学生绝大部分都是华人。这类学校数量十分庞大，笔者按香港的惯例称它们为"英文学校"。第三类是所谓的"英童学校"，学生大都是外籍人士（例如当时政府从英国聘用的高级公务员、外资公司中高层人士）的子女，学校以英文教学。"英童学校"为数有限。

② 中国香港中文学校"文化独占性"不高的另一重要结构因素是因为被占领时几乎所有华人都会广东话，许多"英文学校"教师（绝大部分是华人）因为本身英语能力所限，或者因为学生听不懂英语而采用粤语授课（尽管大部分教材是英文课本），学生彼此亦以粤语沟通。大部分所谓的"英文学校""挂羊头卖狗肉"，实际上非常依赖粤语教学；真正采用英语授课的学校只属少数。新加坡因为多元族群的背景，英文学校有部分学生是印度及马来人，再加上华人由好几个不同的方言群（福建、潮州、客家等）组成，彼此没有共同语言，英文学校只能用英语授课，学生亦更依赖英语彼此沟通。被占领时期中国香港绝大部分华人都会讲粤语让英文学校可以依赖粤语，并导致英文学校与中文学校的文化差异大幅下降，进一步压抑了中文学校的"文化独占性"。

华人文化消失的危机意识，中国香港中文教育社会运动的动员能力及抗争的激烈程度因而远远比不上新加坡。

为什么中国香港华校的"文化独占性"远低于新加坡？如果套用传统霸权理论的观点，我们可能会猜想是因为中国香港被占领时的统治者比较高明，懂得处心积虑地把中国语言及文化吸纳成为英文学校"选择性传统"的一部分，防患未然地让反抗势力无法借华校议题动员抗争。然而本人的研究发现影响新加坡和中国香港华校"文化独占性"最重要的原因是两地结构条件的差异。首先，中国香港位处中国南部，它是英帝国主义者挺进中国的踏脚石。因为要保证中国香港能够扮演中西桥梁的角色，帝国主义的教育营办者——包括港英政府及西方教会等——都要避免把香港人"全盘西化"，致力于培养具备中、英两种语言及文化素养的华人精英。他们创办的学校一方面传授西方语言文化，另一方面又要求学生修读中文、中国历史等学科，以保证接受西式教育的华籍学生都具备中文能力，对中国文化有一定了解。从19世纪开始中国香港的官立及教会学校又规定华籍学生入学时必须通过严格的中文测试，在校时必须修读中文课，中文课不合格者不具备升班资格（黄庭康，2008：120-121）。相反，新加坡远离中国，位处伊斯兰文化的势力范围。第二次世界大战前新加坡与柔佛海峡对岸、同样被英国人殖民统治的马来半岛在行政上紧密相连，形成所谓"泛马来亚"（Pan-Malayan）的架构。① 加上英国通过与马来酋长的"英马条约"殖民马来半岛，马来人在宪法上被承认是唯一的"土著"。因为新加坡殖民统治者与马来人关系较密切，他们认定马来文化是唯一的在地文化，完全忽视华人的地位，更遑论把华人的语言及文化吸纳成为殖民地主流学校（英校）的"选择性传统"。另外，中国香港基本上是单一族群的华人社会，港英当局不必面对其他族群的压力，英国人有较大空间可以在文化上向华人让步，把他们的语言文化赋予官方知识的地位。相反，新加坡是多种族社会，毗邻的地区一直视它为华人"沙文主

---

① 第二次世界大战前马来半岛的组成包括四个"马来联邦"（Federated Malay States）及五个"马来属邦"（Un-federated Malay States）。每一个邦名义上都由马来酋长负责统治，英国人的角色是向马来政治领袖"提供意见""协助统治"。当时新加坡与马来半岛西岸的槟城及马六甲两个城市共同组成为一个直接被英国管治的行政单位，统称"海峡殖民地"（The Straits Settlements）。驻在新加坡的海峡殖民地总督同时兼任马来半岛的行政长官，柔佛海峡两岸的公务员系统被视为同一政府的两个分部，两地的官员可以互相轮调（黄庭康，2008：47~48）。

义"大本营。为了避免刺激马来族群及周边地区,掌权者不容易把华人语言及文化吸收成为官方知识的一部分(黄庭康,2008;Wong,2002)。因为这一系列结构条件差异,"文化吸纳"策略不知不觉地在中国香港运作,成为英国统治的"结构霸权",但在新加坡却几乎完全被排除。

5. 高估文化及意识形态对社会再生产的作用

阿普尔把文化因素引入教育与权力的分析,他认定因为"主导及有效文化"充塞人们的意识,人们把经验到的世界视为唯一可能的世界,霸权因为人们视为理所当然的常识假设而得以延续。然而他在《意识形态与课程》中从来没有提出证据证明他认定的"主导及有效文化"充塞人们的意识,更遑论论证他所讲的文化因素确实帮助掌权者巩固既有权力关系。举例而言,阿普尔在该书第六章指出因为教育工作者拥抱标榜"科学"的系统管理意识形态,不平等社会关系因而得以延续。然而,他并没有提出任何证据证明教育工作者确实普遍迷信科学、相信系统管理的一套。而且根据过往的观察,笔者有理由相信教育工作者其实都具有葛兰西所讲的"好意识"(good sense),都不迷信"科学",都不相信"科学性"教育改革能够帮助改善教育。比方说,笔者 20 多年前研究英国占领末期香港的中、小学课程改革,当时香港政府推行的多项改革项目——例如"目标为本教育"及"掌握学习"(mastery learning)等——都标榜科学性,带有阿普尔所说的系统管理色彩。笔者研究发现大部分前线中小学教师对这些所谓"具科学性"的改革项目都不以为然,认为它们"扰民",不会对提高教育素质产生真正的效果。有部分相信老师的学问、人格及风范对学生的感染力,对学科有强烈认同的教师(例如因为身为中文老师而感到骄傲的中文科教师、相信历史教育可以开拓学生人文视野的历史科老师等)对所谓"科学性"的改革项目尤其有所保留,他们批评课程改革把教育"去人化"、物化以及把学科知识"琐碎化"(trivialized)。更令笔者惊讶的是,笔者在后来访谈改革项目的执行者时发现,其实他们大部分也不真正相信新的课程计划可以帮助改善香港的教育,有部分受访者甚至在被追问课程改革背后的理念时都显得不知所措,不敢替改革项目辩护(Wong,1995)。上述教育工作者不迷信"科学",不真正认同系统管理主导教育改革的情况很有可能具有相当的普遍性,而并非香港的特殊现象。如果要说服我们被宰制者的常识假设确实导致社会再生产,阿普尔必须提出具体证据证明人们的意识确实被他所说的"主导及有效文化"充塞,并以经验证据交代被压迫者视为理所当然的意识形态假设导致社会再生产的过程。

七 本讲小结

大约 40 年前,《意识形态与教育》把葛兰西及威廉斯的霸权理论引进教育研究,拓宽了教育学者的理论视野、为早期批判教育社会学在英国"新教育社会学"及新马克思主义以外提供了另外一个理论的选择。在过去数十年,该书提出的观点启发了一代又一代的学者,并帮助我们了解统治阶层如何在不断改变的政治氛围下利用学校教育巩固权力。然而《意识形态与课程》的分析架构还有未臻完善之处,需要学者们进行理论重建。为了进一步强化阿普尔提出的理论架构,笔者建议在运用霸权理论时要注意经济阶级以外群体(例如身份团体及族群)的影响力,探讨影响"文化吸纳"策略可行性的社会条件,维持霸权理论与知识社会学之间的适当距离,挖掘导致非预期霸权效果的结构因素,以及以扎实的经验研究论证教育场域行动者常识假设与社会再生产的关系。对《意识形态与课程》采取批判态度有助于维持霸权理论的生命力,让研究教育与权力的学者不断获得更有效的分析工具——笔者确信这也是阿普尔教授所乐见的结果。

第七讲　资本的形式与转换

　　学校教育在现代社会发挥重要的社会再生产功能，教育体系的一个最重要功能是生产及分配文化资本（包括知识、技能及学历文凭等），越来越多社会位置依据人们从学校取得的文化资本而分配。教育研究学者一直关心学校教育、文化资本及社会再生产的课题。然而，文化资本是什么？它跟其他资本有什么不同？为什么文化资本的社会再生产功能如此重要？不同阶级背景的学生是否具有相同机会取得有价值的知识、技能及学历？权贵阶层可否直接利用金钱及权力换取文化资本以延续主导的地位？当代教育社会学者都试图回答这一系列的重要问题。布迪厄是探讨教育、文化及权力的一个最具权威性的学者，他的《资本的形式》（*The Forms of Capital*）可能是讨论文化资本与社会再生产最有影响力的学术作品。该文于1986年首次发表，刊载于理查森（John G. Richardson）编辑的《教育社会学理论与研究手册》（*Handbook of Theory and Research for the Sociology of Education*），其后文章不断被转载，刊登于多种教育社会学读本。"谷歌学者"（Google Scholar）的网络数据显示该文面世至今30多年来被广泛引用，次数高达29600多次。因为《资本的形式》极其深远的学术影响力，本讲以该篇经典论文为基础讨论文化资本的社会再生产作用。

　　《资本的形式》对教育社会学的贡献可分为几方面。第一，该文进一步阐释了布迪厄早期提出的资本多元性的观点。《资本的形式》引用罗素（Bertrand Russell）的模型，指出资本跟能量一样具有多元的形式。尽管不同的资本在一定的条件下可以相互转化（conversed），但各类型资本有各自的特性，它们不可互相化约（mutually reduced），也没有任何一种类型的资本是所谓"一切形式资本的根源"。①因为资本的多元性，要了解资本如何再生产不平等权力关系就不可以把目光单单放在其中一种资本上，社会科学工作者的责任是探究不同形式资本的特性以及资本转化的规律。第二，《资本的形式》把布迪厄早年提出的"文化资本"概念进一步细致化，区分为不同形式的文化资本。他在该文提出的更细致的概念工具可以帮助学者们更深入地剖析文化资本的特质以及对社会再生产的作用（Bourdieu, 1990: 300）。第三，《资本的形式》延续布迪厄早期对经济主义（economism）的批判。该文从资本的性质出发，指出经济资本缺乏符号权力、单靠建基于金钱财富的权力关系缺乏合法性，并论证以经济资本换取文化及社会资本是一个带有风险的过程。《资本的形式》有力地证明了资产阶层无法单靠经济资本在阶级再生产的竞逐中为所欲为，拥有财富者并不等于拥有绝对的权力。

一 经济行为与符号资本

布迪厄认为社会世界是具有历史积累（historical accumulation）的世界，"资本"的概念帮助我们了解这一积累的过程及结果。资本的基本特性可分为三方面。首先，资本是"积累的劳动"（accumulated labor），任何形式资本的累积都需要投入时间及心力。行动者必须借行动、实践及策略囤积资本，他们不大可能在短时间内不劳而获地坐拥庞大的资本。其次，资本有可能衍生利益回报。比方说，利用经济资本作投资可能赚取更多的经济资本，学历文凭等文化资本可以换取带来更高的物质及符号回报的职位，人脉关系可以衍生更多的资源及机会。资本的这一特性引发人们竞相争取更多的资本。再次，资本有再生产的倾向：拥有经济资本者希望继续保有甚至拥有更多的财富；拥有文化资本者希望维持在文化上的优势；人脉关系充沛者希望认识更多有钱、有影响力的"贵人"。最后，资本拥有者不单试图在自己的一代积累更多的资本，也希望把资本传承给下一代，帮助孩子享有财富、地位与权力（Bourdieu, 1986: 241-242）。

---

① 就好比物理世界的能量有热能、动能及光能等形式，在一定条件下它们可以相互转化，然而没有一种能量是所谓"一切能量的根本形式"。

因为"积累的劳动"取决于过往的策略及实践行动,行动者拥有的资本数量及类型都不一样,争夺优越社会位置的成功机会也不尽相同。套用博弈的比喻,社会再生产的竞逐会受之前角力的结果所左右,它并非每一局都重新"洗牌",上一局的赛果并非对下一局毫无影响。因为积累资本的作用,社会世界的角力并非所有"参赛者"都有均等的取胜机会。相反,行动者已经拥有资本的数量与类型影响他们的主观意识以及客观的结构位置,资本的积累性导致社会再生产呈现一定的规律。不同类型及次类型资本的分布状态形成各种的可能性及约束,左右社会权力的运作,决定谁的及什么样的实践较有机会取得回报(Bourdieu, 1986: 241-242)。

布迪厄强调要了解资本的分布,必须先跳脱主流经济学理论对资本的狭隘定义。经济学者一般把经济行为单纯视为行动者有意图地追求利益的行为(一般是指涉及金钱交易的行为),他们把其余的实践一律视为非经济、"不涉利益"(dis-interested)。主流经济学理论对经济的狭隘观念不经意地在论述(discursive)层面打造了一个看似"非经济"的文化实践场域,误导人们以为文化场域的行动者都无意追求个人私利,天真地认定文化的生产及再生产实践与一切个人、阶级及社群的利益无关。布迪厄强调广义的经济行为涵盖一切自觉及不自觉地追求物质及符号回报的实践活动。为了更有效地牟取利益,行动者都设法令自己的经济实践具有符号资本(symbolic capital)——意思是把背后的经济动机隐藏,让行动看起来不是为了牟取个人或部分团体的私利。具有符号资本的实践被人们认定为具合法性。主流经济学打造的一个看似自主、不从属任何阶级、不为世俗利益服务的文化场域正好可以被掌权阶层利用累积符号资本。布迪厄抨击经济学者对经济行为的狭隘理解阻碍我们建构"关于实践的一般性经济科学"(a general science of the economy of practices)(Bourdieu, 1986: 242)。

为了区别狭义及广义的经济行为,布迪厄把"资本"区分为经济、文化及社会三大类。主流经济学者最重视的是经济资本,它可以转换为金钱,也可以直接转赠及继承,并可能被制度化成为产权(properties rights)。然而经济资本只是众多资本中的一种,经济学者最大的错误就是把它误认为是唯一的、最重要的资本形式。因为涉及金钱的交换行为一般被视为为了追求私利,掌权者单靠经济资本维持主导地位容易招惹公众的质疑,社会再生产必须依赖更具符号资本、更具合法性的资本形式。文化及社会资本正可弥补经济资本此方面之不足(Bourdieu, 1986: 242)。

布迪厄早期使用文化资本的概念研究不同阶级出身子弟教育成就的差别。他抨击教育经济学者只关心国家发展教育投入的财政资源以及所带来的社会回报（例如"平均国民所得"等被视为对"社会整体"有益处的结果）。经济学者忽略私人的教育投资，也没有考虑到身处不同阶级位置的行动者因为拥有的资本类型及数量不同（比方说，有些以经济资本为主，有些则偏重文化资本），他们投资教育的策略也有差异。主流教育经济学者此认识的缺失显示他们没有把教育投入联结社会阶级的再生产策略，并且忽略了文化的阶级再生产作用。布迪厄相信学生的能力及学业表现深受家庭文化的影响，家庭传递文化资本是一种隐藏的、对提升学业成就以及争取优越社会地位最有效的投资策略。他抨击主流的教育经济学犯了"经济主义"的谬误，只注意到经济资本对教育成就的作用。布迪厄强调学业成就取决于家庭文化资本、学生取得教育成就后的回报率要视家庭的社会资本而定，他又重申家庭文化及社会资本都是家庭成员之前投资经营积累的成果。因为文化及社会资本对社会再生产具有重大影响力，《资本的形式》深入剖析此两类型资本的特性以及它们与经济资本的关系（Bourdieu, 1986: 243 - 244）。

二　文化资本的三种形式

文化资本主要以三种形式呈现，分别是"身体形式"（embodied form）、"客观形式"（objective form）及"制度形式"（institutional form）；三者的特性影响着行动者的策略选择以及社会再生产的过程及结果。"身体形式文化资本"是指经过行动者的学习劳动过程（labor process of learning）而习得的知识、技术及能力。一旦习得后，资本与资本拥有者的身心融合，成为他们习性（habitus）的一部分。举例说，学校教授语文及算术等知识技能，学生投入时间和心力上课听讲、下课后回家复习，渐渐具备写、算、读能力的文化资本；小孩子每天到球场踢足球，日积月累掌握了控球、传球、盘球及射门等技巧，足球技术也内化成为他们"身体形式文化资本"的一部分。此类型文化资本可以按照习得的方式再分为两类型，一种是经过有意识的训练培养出来的，例如我们从音乐教室学会的乐器演奏技巧、到语言学校学习的外语能力等。另一种是通过长时间耳濡目染、不自觉学会的，例如生长在音乐世家的孩子在音乐的浸淫下成长，不知不觉就培养出对音乐的鉴赏力；外交官的孩子从父母身上潜移默化的学会观言察色、看场合讲话的能力。"身体形式文化资本"最大的特点是必须亲力亲为，亲自学习才能够习得，它的学习劳动过程绝对不能假手于人。另外，因为融合于身心，这类型资本也会随着资本拥有者身体的变化而改变，最后也会因为身体的死亡而消失。此外，此类型文化资本不可以金钱交换或购买的方式转移，掌权阶层无法利用财富或权力直接取得。经济及政治的主导阶级想要具备有价值的知识及技能，除了"亲自操刀"投入时间及努力学习外别无他法（Bourdieu，1986：245）。

培养"身体形式文化资本"的难易程度取决于学习者的"原初习性"（primary habitus）——他们在进入学校前在家庭培养出来的习性。如本书第三讲所言，"原初习性"越接近学校要传递的"文化专断"，学习的效率越高；反之，学习者要投入更多时间及心力才有机会具备此类型资本。布迪厄相信主导阶层的"原初习性"较被宰制阶层的更接近学校文化，他们的孩子在累积"身体形式文化资本"的竞赛中占有优势。另外，家庭背景影响孩子们开始累积文化资本的时间：主导阶层的父母很早便开始替孩子在文化上做准备，他们的子女在争取学业成就的起跑点上占尽上风（Bourdieu，1986：246；1990：42）。

"身体形式文化资本"的特性让它成为社会再生产的有效工具。首先，因为要获取此种形式资本必须经过亲自学习的劳动过程，经过努力学习而累积的知识技能被视为辛勤耕耘的成果。资本拥有者不会被视为不劳而获，他们较受人尊敬，取得的优越地位也被认定为具合法性。其次，因为"身体形式文化资本"与拥有者融合为一，人们容易把拥有者的知识、技术及能力等（尤其是耳濡目染并非有意识地习得的文化资本）视为他们的天赋，不容易察觉此类型资本生产、传递及分配的不平等社会条件。因此，利用"身体形式文化资本"再生产的权力关系与"绩效主义"——相信应该按照个人天赋及努力分配社会位置的意识形态——高度吻合，以它为基础建立的社会秩序具有极大的合法性。

然而，"身体形式文化资本"的特性也增加了阶级再生产的不确定性。因为此类型资本的习得及积累必须当事人亲自操刀投入学习，优势阶层背景的学生尽管"原初习性"与学校的文化较接近，但倘若他们不愿意投入时间及心力努力学习或者因为资质有限而学不来，他们还是无法积累足够的文化资本。碰上此情况，权贵阶层的父母不一定能够依靠金钱及影响力做补救，他们的孩子可能要承受阶级往下沉沦（down classing）的痛苦（Bourdieu，1986：245-246）。

文化资本的第二种形式是"客观形式",它是指物质形式的文化资本,家里拥有的藏书、钢琴、艺术品等便是其中的例子。"客观形式文化资本"跟经济资本非常相似,它比较可以通过金钱换取,也像经济资本一样可以直接传承转赠——拥有财富者可到书店购买书籍充实家中的藏书,到画廊、拍卖行收购名画;父母可以直接把收藏的书籍及艺术品转赠给孩子。然而,运用(appropriate)客观形式文化资本的技巧却跟运用者身心不可分割,它跟其他一切"身体形式文化资本"一样需要亲自学习培养,无法直接转赠及传承。比方说,拥有财富的暴发户尽管可以利用金钱大量采购西方的人文经典,书房的书架可以在一夕之间放满了柏拉图、亚里士多德、莎士比亚、尼采及萨特(Jean-Paul Sartre)等文史哲大师的著述,但他们不可能从原本很低的文化水平马上变成具备阅读、理解及欣赏经典作品的能力及品位,更没办法很快便能够跟饱学之士如数家珍般谈论艺术、文学及哲学,借文化融入上流社会。同样的,经济资本拥有者可以利用金钱购买名牌钢琴,然而倘若不愿意投入时间及心力学习,他永远无法掌握弹琴的技巧,更遑论借音乐扩大社交网络、积累社会资本。因为运用"客观形式文化资本"必须先具备相关的"身体形式文化资本",金钱能够换取的只是文化的物质形式,单靠经济资本取得的文化资本阶级再生产作用受到限制。①

　　文化资本的第三种形式是学历及文凭等"制度形式",它的作用是作为拥有"身体形式文化资本"的凭据,并替文化资本的价值设定较明确的标准。非制度形式文化资本(例如自学获得的学问、艺术家的创作技术等)市场价值不确定,社会人士无法判断应该给予资本拥有者多少回报。"制度形式文化资本"代表拥有学历文凭者具有相关的知识、技术及能力,借此人们不需要一直要求他们证明确实具备相关的文化。另外,"制度形式文化资本"的价值受法律保护,它跟经济资本的"兑换率"相对明确,拥有学历文凭者大概可以预估在市场换取到的报酬高低。文凭学历是一种客观形式的文化资本,它存在的先决条件是一个成熟的教

---

① 当然,拥有经济资本但缺乏"身体形式文化资本"的阶层并非完全无法利用文化领域牟取个人的私利。布迪厄曾指出拥有大量财富者可以借从狭义经济学角度看来不对等的交易行为(例如大笔的捐赠)换取庞大的符号及社会资本(Bourdieu, 1990: 122 - 123)。不懂文学及艺术的生意人可以借由斥巨资兴建及捐赠图书馆、艺术馆及音乐厅等"物质形式文化资本"提高个人的声望,洗刷掉一点铜臭,为在经济领域"掠食"的自己增加符号资本。

育体系。① "制度形式文化资本"出现后成为分配社会位置的客观机制、进一步强化文化对社会权力的冲击（Bourdieu, 1986: 246-247; 1990: 120-130）。

照理来说，拥有"制度形式文化资本"者应该都具备文凭学历所代表的知识与技能，然而实际的情况并不一定如此。比方说，文凭拥有者可能因为身体的变化，或者长时间没有应用而失去了曾经拥有的"身体形式文化资本"。另外，"制度形式文化资本"原本是为了省却"身体形式文化资本"拥有人需不断证明自己的麻烦；然而，"身体形式文化资本"形成后会发展出具有相对自主性的生产及再生产机制——比方说，教育体系会设计制度，规定修满若干学分、通过一定程序的学生就具备获颁发文凭学历的资格——与原来代表的"身体形式文化资本"可能渐行渐远。此外，文凭的颁授必须经过评核的过程，有时候因为许多复杂的因素，例如，老师为了巴结有权势的学生而在评核时放水，评核的方式没有准确测量要评估的知识能力——评核缺乏效度（validity）——等，拥有"制度形式文化资本"者不一定具备文凭学历代表的知识及能力。然而，尽管"制度形式文化资本"存在这些争议，但现代社会还是越来越依据学历分配不同的位置，文凭带来明确、绝对及持久的社会差别（Bourdieu, 1986: 247-248）。②

三 社会资本与资本的转换

社会资本是左右社会再生产过程及结果的另一类型资本，它由持久的社会网络及人际关系所构成。拥有社会资本者与网络其他人士共享群体成员的身份，他们有权要求享受作为网络一分子应有的权益以及动员网络的人际关系以增加可动用资本种类及数量。社会资本与其他资本关系甚为密切，因为"客观类同性"（objective homogeneity）往往能够促成人与人的

---

① "制度形式文化资本"存在的另一重要条件是国家（the state）愿意替教育体系颁授的学历文凭背书。
② 教育社会学经典《文凭社会》（*The Credential Society*）的作者柯林斯（Randall Collins）对文凭学历制度的看法跟布迪厄差异甚大。柯林斯认为"制度形式文化资本"是社会上不同的职业团体竞逐权力的武器。为了抬高自己的形象及专业地位，很多职业团体都致力于把从业员的养成交托给学校，又设立文凭制度，规定只有具备相关证照、学历符合规定者才有资格成为职业团体的一分子（Collins, 1979）。柯林斯不会认同"制度形式文化资本"的出现是为了作为谁拥有"身体形式文化资本"的凭据。他相信文凭的作用只是让许多职业团体的从业人员看来具备高技术能力，"制度"与"身体形式文化资本"可以完全分离。

接触及交易关系,在不同领域有权力地位者较容易彼此吸引走在一起。此外,因为资本具有吸引资本的特性,不同类型资本的拥有者往往彼此联结,借以发挥互通有无的效果。因此,拥有大量经济或文化资本者即使没有太刻意经营人脉,许多周边人士还是试图主动"投怀送抱"、渴望加入他们的人际网络。资本拥有者远较其他人士更容易积累社会资本(Bourdieu, 1986: 249)。

然而,社会资本不能被简单地化约为经济及文化资本,首先,社会资本和其他资本一样是"积累的劳动",网络及人脉不会自然而然地生成及存在,它们都是不断投入时间及心力耕耘的结果。其次,关系的建立及维护需要策略及技巧,最成功的社会资本必须具备符号资本——意思是令当事人感觉到彼此关系是基于尊重、友谊及互相欣赏,而不是功利的互相利用。不擅经营及维护人际关系者不但难以扩张网络,甚至会破坏已有的关系。再次,经营人际关系的技巧也是"身体形式的文化资本"的一种,有人从小耳濡目染就学会,有人想学也学不来。最后,社会资本无法像经济及"客观形式文化资本"般直接传承——很有人脉的爸爸也许可以帮助孩子结识更多有权有势的叔叔、伯伯,然而要真正继承父亲的社会资本,孩子必须懂得并愿意亲自经营关系(尤其是父亲过世后)。因为人脉经营策略是积累人脉关系的先决条件,只有文化及经济资本但缺乏足够的投入及技巧不足以建立社会资本(Bourdieu, 1986: 249)。

从早年开始布迪厄就强调文化及符号资本的重要性,试图论证掌权阶级无法单靠经济资本再生产他们的主导地位。《资本的形式》延续此议题,从各类型资本的性质及转换的规律进一步阐释经济权力在社会场域所受到的限制。布迪厄强调主导阶层有可能利用经济资本换取其他类型的资本,但资本的转换有不同程度的附带成本及风险。"客观形式文化资本"可能是最容易可以用经济资本直接兑换的。然而如上文所述,符号地运用(symbolically appropriate)此类型文化资本的先决条件是要具备相对应的"身体形式文化资本"——一种无法直接以经济资本换取的资本。单单依靠经济资本取得"客观形式文化资本"对再生产阶级权力帮助有限。经济资本亦有助于累积"社会资本",然而成本及风险都较大。比方说,拥有财富者可以运用经济资本经营人脉。然而为了隐藏背后的功利考虑,他们施惠后不但不可以要求受惠者马上做回报,还得用各种"高尚"的理由粉饰自己的行为。但是时间久了,对方可能忘记曾受过的恩惠而没有"感恩图报"。受惠者亦可能误读了彼此的关系,以为对方确实是出于高尚的情操、崇高的理念而施惠，从来没有"投桃报李"的想法。此外，受惠一方亦可能从一开始就抱着占便宜的心态，从来没有想过要报答"恩主"。碰上这情况，试图运用经济资本取得社会资本的"投资者"只能自叹倒霉。

另外，资本传承的规律导致资产阶级无法借经济资本在再生产竞逐上为所欲为。因为资本传承的难度及风险取决于是否涉及资本形式的转换以及资本传承的隐藏性。一般而言，传承越直接越是不牵涉资本形式转换，再生产过程越缺乏隐藏性，衍生出来的权力关系合法性越受质疑；相反，经过资本形式转换而打造的权力关系具有隐藏性，合法性也越高，然而再生产的风险也越大。比方说，拥有经济资本的父母把财富传承给子女是最简单直接、不牵涉资本形式转换的再生产策略，然而继承庞大经济资本的子女可能被人讥为"富二代""纨绔子弟"，符号资本极低。而且在讲求平等及民主的社会，国家可以依法向富人后裔征收高额的"遗产税"，从而影响直接传承经济资本的再生产效果。此外，现代社会财富其中一种重要的形式是企业的拥有及管理权。随着生产的科层化，资产阶级的子女必须具备管理技术（一种"身体形式文化资本"）及相当的学历（"制度形式文化资本"）才能真正继承家族企业。缺乏文化资本但被父母安插在企业领导层的"富二代"只会沦为众人的笑柄。因此，经济主导阶层越来越不容易单靠直接传承经济资本的方式进行跨代阶级再生产（Bourdieu, 1989; Bourdieu and Boltanski, 1977）。相反，利用经济资本转换"身体"及"制度形式文化资本"的再生产策略隐藏性较高，人们比较不容易察觉影响文化生产及传承的不平等社会条件，生产出来的权力关系也较具合法性。然而如上文所言，此文化中介（culture-mediated）的再生产策略风险较高。因为文化资本的特性，即使文化资本丰厚的家庭也没有绝对把握子女能够习得有价值的"身体形式文化资本"以及取得高学历。

四 争议与讨论

《资本的形式》是批判教育社会学的经典作品。通过更细致的概念分类，该文提出三种形式的文化资本，提供教育社会学者更精致、更有力的分析工具。布迪厄又在文中剖析资本的多元性，以及不同类型资本的性质，并论证文化资本的特性导致它较其他类型资本更具符号资本，因此文化在现代社会肩负越来越重要的再生产功能。《资本的形式》又借讨论不同资本转换的成本及风险阐释经济权力的限制，解释为什么以经济资本为主的掌权阶级无法完全掌握权力的再生产。布迪厄启发许多教育社会学者研究不同背景的家庭如何运用资本帮助孩子争取更佳的教育表现及更高的社会地位。

然而《资本的形式》也有值得商榷之处，也跟其他所有理论一样，需要进一步讨论及修正。笔者认为布迪厄资本再生产理论可能引发如下的几点争议：①关于符号资本对维持权力的重要性；②关于文化资本打造的社会秩序是否普遍具有合法性；③关于主导阶级与教育体系的关系；④关于"制度形式文化资本"与学校入学筛选制度的关系；⑤关于私人资本及公共资本与阶级再生产的关系；及⑥关于出国留学对资本累积及转换的作用。笔者将在下文对各点逐一讨论。

1. 关于符号资本对维持权力的重要性

布迪厄视符号资本为最重要的资本形式，他一直强调最具合法性的再生产策略就是最具隐蔽性、最能够把背后的牟利动机隐藏起来的实践。因为认定符号资本的关键作用，《资本的形式》不断重申"不涉利益"文化领域的重要性，反复论证利用文化资本的再生产策略最具合法性，并强调成功的社会资本经营者必须把关系包装成为无涉个人私利。然而，有学者可能会认为布迪厄夸大了符号资本的作用，他们会列举许多实例证明不具合法性的权力关系及制度也可以长时间屹立不倒，以证明符号资本并非维持不平等现况的必要条件。此外，社会交换学派（school of social exchange theory）学者可能会批评布迪厄对人性的看法过于天真，以为人们只会在相信对方不为私利、只为真诚的友谊与尊重的情况下才愿意建立关系。按照交换理论者的观点，人们愿意建立关系是因为估计可以从对方身上换取到利益，大部分人其实并不害怕被别人利用，只怕在被利用后得不到自己想要的（Blau，1964；Homans，1974）。社会交换学派相信符号资本对累积社会资本并没有如布迪厄所谓般重要。

另外，有学者可能会认为社会资本的建立有赖关系网络中的制裁机制（sanction mechanism）而不是符号资本。比方说，已故美国芝加哥大学社会学大师科尔曼（James S. Coleman）相信要维持恒久、可信赖的人脉关系，网络的成员必须能够惩处在网络中不尽本分、不感恩图报、背叛其他成员的"黑羊"。科尔曼认为此"防小人"的制裁机制必须建基于关系网络中的"社会紧密性"（social closure）。社会紧密性是指网络中的成员彼此关系的密度（density）。以图7-1为例，图中的线代表被连接起来的两个人相互认识。在图7-1的最左边，A认识B及C，但B和C彼此不认识；中间的是 A 认识 B 和 C，而 B 及 C 彼此也互相认识。两个图相比较，中间一个的社会紧密性比左边的高，网络中的成员也拥有较多的社会资本。最右边的关系中四个人都互相认识，紧密性更高。

图 7-1 社会紧密性示意

科尔曼相信关系脉络的紧密性有助于约束个人行为，让人们较放心彼此互动互助。举例说，在图 7-1 的左边，当 B 向 A 接近，希望建立关系时，A 可能心存戒惧，决意要保持距离。但在图 7-1 中间的情况，A 可以向认识 B 的 C 君打听，从侧面了解 B 的底细，确定他是否可靠。另外，A 知道 B 及 C 彼此认识，较有把握 B 为了顾及在友侪中的声誉不会乱来，所以比较敢于与 B 互动，彼此帮忙，互动的结果是增长了大家的社会资本。在图 7-1 的最右边，A 有更多渠道（C 及 D）可以了解 B 的品性为人，B 的行为受到更多人际关系的制约，每一个人拥有的社会资本比图 7-1 中间的更多（Coleman, 1988; Coleman and Hoffer, 1987）。科尔曼大概会认为社会紧密度衍生的制约机制比符号资本更有助于积累社会资本。①

按照社会交换理论及科尔曼的观点，不具备符号资本的权力及制度不见得无法延续——只要掌权者能够恩威并施，一方面让部分被统治者从现况中得到好处，换取他们的支持或默许，另一方面设立有效的制裁机制震慑反抗者。然而，布迪厄可能会回应说尽管符号资本对稳定权力及建立人脉网络非常重要，但他从来没有声称它是积累社会资本及"维稳"的唯

---

① 科尔曼与布迪厄两位社会学大师的社会资本理论有极大的分歧。科尔曼认为社会资本对社会整体带来正面作用（例如他相信紧密的人际关系可以改善社区治安、节省经济活动的交易成本及提高学校的教育效能等）；布迪厄却认为社会资本帮助再生产不平等社会关系。另外，布迪厄强调资本是"积累的劳动"、资本有吸引资本的倾向，他相信因为人们之前积累的资本不一样，要建立关系网络的难易程度也不一样；科尔曼倾向把网络中的个人单纯地看成"没有历史包袱"的理性行动者，较不考虑行动者过去的策略及实践累积的资本对现在的影响。澳大利亚社会学者康奈尔（Raewyn Connell）批评科尔曼的理论完全把行动者"去历史化"（Connell, 2006: 241）。

一及必需条件。此外，布迪厄学派学者可能会承认社会秩序及人际关系确实可以建基于实际的利益交换以及对成员的制约机制，然而他们仍会坚持符号资本的重要性。他们会辩称纯粹建基于现实利益及制约机制的关系稳定性及素质一定都比不上具备符号资本的关系——就好像一对男女因为利益交换而结为夫妻，之后因为无法承受离婚带来的人际压力而继续维持婚姻，他们关系的质量及牢固度一定比不上一对彼此相信对方真心爱自己的夫妻。

2. 关于文化资本打造的社会秩序是否普遍具有合法性

布迪厄撰写《资本的形式》的重要目的之一是要解释为什么文化资本肩负越来越重要的社会再生产功能。他相信文化资本最具符号资本，文化的生产与传承较其他形式资本更隐蔽，借文化取得的权力在公众眼中最具合法性。然而，所谓文化资本最具符号资本的讲法可能并不具普遍性，笔者认为通过学校产生的权力关系合法性可能受到几个社会历史条件的影响。①首先是社会对所谓"有价值"文化定义的共识，共识越高，以文化资本建立的权力关系越具合法性。比方说，法国社会因为传统贵族文化具有主导地位，借文化资本分配社会位置的做法可能较容易被人们接受。然而在多元文化、族群冲突激烈的社会（例如美国、马来西亚等国家），人们对所谓"有价值"文化较缺乏共识（Lamont, 1992；Lamont and Lareau, 1988；Lareau and Weininger, 2003），依赖文化资本建立的权力关系的符号资本也可能较低。

其次，文化资本是否具有合法性也要视教育领域"不涉利益"的迷思是否曾被强有力的社会政治运动撼动而定；文化领域曾被运动猛烈攻击，学校教育打造的权力关系的符号资本就较低。举例说，在1949年至改革开放前的中国，政治运动不断冲击文化教育"不涉利益"的迷思（Andreas, 2002；Andreas, 2009；Pepper, 1996；Unger, 1982）。政治及社会运动"揭发"了教育文化领域与特定阶层社群的利益关系，打破了知识分子"以天下为己任"、知识学问是为了"为天地立心、为生民立命"的迷思。因为这些历史背景，依靠文化资本再生产的权力合法性也容

---

① 布迪厄可能会辩称他从来没有说"文化资本最具符号资本"是放诸四海而皆准的铁律。然而他从来没有有系统地讨论在什么条件下借文化资本打造的权力关系具有符号资本，大部分应用布迪厄理论的学者也没有反思影响文化资本合法性的社会历史因素。

易受到质疑。

此外，教育机会平等是依赖文化资本建立的社会秩序具备合法性的另一个重要条件。在教育设施充裕、民众享有大致均等的教育资源、个人就学成本低廉的社会，大部分人都有机会学习有价值的知识能力及争取学历文凭；无法通过教育体系取得更多文化资本者只能怪自己努力不够或者资质不如人。然而在教学设施不充裕、就学成本高昂、不同阶层及区域享有教育资源落差甚大的国度，人们很容易察觉到特权阶层有更大机会累积有价值的"身体"及"制度形式"文化资本，借学校教育再生产的社会秩序可能失去合法性。另外，教育机会分配机制是否被民众视为公正也十分重要。如果权力、金钱及关系明显可以左右教育机会的分配，有权有势的父母有很多方法可以把子女送入更好的班级或学校，借文化资本打造的权力关系也不会太具符号资本。

文化资本建立的社会秩序具备符号资本的另外一个条件可能是教育竞逐失败者还有别的出路以及具有一定的保障。要是"输者全输"，失败者完全没有后路，败下来的会"输不起"，会用尽所有方法找理由指控升学竞赛不公平。相反，如果"读书不成"者还有其他出路，则他们比较容易洒脱地转身而去，在别的领域另寻发展。就好像20世纪90年代以前的中国台湾，没有太高学历的可以选择学习一技之长，然后等待时机创业当中小型企业的老板。另外，如果社会的福利制度让"不成功"者也可以过有尊严的生活，竞逐学历游戏落败者比较容易接受赛果，没有挑战教育体系公平性的必要。①

3. 关于主导阶级与教育体系的关系

布迪厄强调教育体系通过文化再生产巩固统治阶层的权力。从早期的《再生产》到后来的《资本的形式》，他一再重申学校体系借替主导阶级的文化专断"祝圣"（consecrate）延续不平等社会关系（Bourdieu，1986；1990）。然而，他对主导阶层与学校体系关系的处理有两个可以斟酌之处。第一，布迪厄偏重讨论经济及文化主导阶层，基本没有注意

---

① 法国的特殊社会条件可能导致布迪厄深信文化资本具符号资本。法国的教育机会有一定平等性，在民主政治及自由媒体的制约下教育机会按照法定程序及制度分配，人们比较相信高教育成就是因为努力及天赋。另外，因为左派具有政治影响力，法国的社会福利政策替人民提供了一定的保障，没有借教育取得更高社会地位者也比较不会被"逼上梁山"挑战权力的合法性。

政治主导阶层的作用。布迪厄忽略政治掌权阶层，可能是因为现代法国是社会力量成熟、政治高度民主化的社会，政治权力受到民间力量的制约，"国家"行使权力的方式也较隐晦。法国的"国家"特性可能影响了布迪厄理论对其他社会的适用性。因为在社会力量被压抑、国家占主导地位的国度，政治掌权者视学校教育为政治工具，他们敢于插手干预学校体系，甚至实施令经济及文化主导阶层不悦的教育政策。另外，在刚刚革命成功的国度，因为底层群众支持而取得权力的政治掌权者可能回应民众要求打压经济及文化的主导阶层，压制经济及文化资本的再生产作用。

第二，布迪厄较少讨论文化主导阶层与教育场域的矛盾。文化再生产理论指出随着文化资本发挥越来越重要的再生产功能，经济掌权阶级再生产的不确定因素与日俱增；相比之下，文化主导阶层拥有接近学校"文化随意"的"初始习性"，它们可以顺利依赖教育体系维持权力。然而，学校施行的符号暴力不一定对文化精英完全有利。首先，教育体系的独立性可能导致学校与文化掌权阶层的分歧。布迪厄在《再生产》一书中曾指出学校必须具有一定自主性才能隐藏教学行动背后的权力，更有效施行符号暴力（Bourdieu, 1990: 57）。然而一旦具有相对自主性，教育体系可能衍生出自身的利益以及再生产实践及规则，学校教育的运作不再只是要帮助掌权阶层（包括文化的掌权阶层）延续主导地位。其次，文化掌权阶层与大部分教育工作者在权力结构的位置差异可能进一步扩大彼此的分歧。教育体系包括从幼儿园、小学到大专及研究生等复杂的组成部分。在高等教育担任教研工作的人员拥有大量的文化资本，他们属于"文化主导阶层的主导部分"（the dominant fraction of the culturally dominant class），在职场享有更大的自主性；但人数占最多的中小学教育工作者拥有的文化资本较少，他们属于"文化主导阶层的从属部分"（the subordinated faction of the culturally dominant class），在职场受到较多科层规条的约束。①

---

① 笔者依据文化资本拥有的数量把文化精英及中、小学教师区分为"文化主导阶层的主导部分"及"文化主导阶层的从属部分"是受布迪厄的启发。他在《国家精英》（*The State Nobility*）一书中把经济及文化掌权阶层分别称为"主导阶层的主导部分"及"主导阶层的从属部分"（Bourdieu, 1996）。一般而言"从属部分"因为享有较少权力，他们比较有颠覆既有秩序的倾向。然而因为在文化领域的"从属部分"主要负责文化再生产，他们的保守性格可能被强化。读者可从本书第八讲相关部分进一步了解"主导阶层的主导部分"及"主导阶层的从属部分"的区别。

"文化主导阶层的主导部分"有部分成员来自教育体系的高等教育院校,有部分在教育以外场域(例如私人企业)发挥文化及符号生产及再生产功能,他们与大部分教育工作者处于不同的权力结构位置。此外,教育体系的主要功能是文化再生产(尤其在初等及中等教育阶段),然而"文化主导阶层的主导部分"有相当比例的成员扮演文化生产者的角色。因为在符号场域扮演不一样的角色,以文化再生产为主且"人多势众"的前线教育工作者可能远比文化的统治阶层保守——就如布迪厄曾在《再生产》中所言,因为教学工作的目的是培养须经长时间才能养成的习性,教育工作者会致力于维持生产习性的条件,因此文化再生产的执行者大都充满保守性格,他们的观念往往跟不上社会的变化(Bourdieu,1990:31-33)。因为权力及实践性质的差别,文化掌权阶层与大部分教育工作者对教学理念、目标及方法等都可能有不同看法,彼此习性也可能差异甚大。套用伯恩斯坦的讲法,文化主导阶层的文化可能偏向"弱分类、弱架构",但教育工作者相对是"强分类、强架构"(Bernstein,1977)。①因此,研究资本再生产作用的学者不应假设文化主导阶层家庭培养的"初始习性"与学校教育实践"文化专断"存在必然的一致性,以致低估了高文化资本家庭借教育再生产阶级优势的难度。②

---

① 除了权力及在文化场域的功能外,文化主导阶层与前线教育工作者的另一个重要差别可能是性别。普及教育出现后越来越多女性加入教师行列,教师队伍出现"女性化"(feminization)趋势,教育前线工作者女性的比例很可能远高于从事文化生产(并享有更大权力)的文化主导阶层。关于教师队伍"女性化"对教育工作的影响,可参阅 Apple(1986)。

② 许多应用布迪厄文化再生产理论的教育社会学研究——当中包括广为人知甚至被学界奉为"经典"的作品——都把焦点放在"学校与家庭联结"(school-family linkages)上。他们把学校前线的"管门人"(gatekeepers)——例如校长、教师等——期待学生及家长应有的态度及行为等视为教育场域的"文化专断";并把表现符合学校期待的家庭认定为具有文化资本(Carter,2003;Blackledge,2001;Lareau,1987;Lareau,1989;Lareau,2003;Lareau and Horvat,1999;Lareau and Weininiger,2003;Reay,1998)。"学校与家庭联结"无疑是文化再生产的重要环节。然而布迪厄曾指出教育体系必须具有一定独立性才能有效施行符号暴力,他还强调权力场域与教师之间存在两重的委托关系——掌权阶层委托教育体系、教育体系再委托前线的教育工作者施行教化(Bourdieu,1990:60-65)。因为教育场域具有相对自主性,社会的掌权阶层与教育工作者之间存在差距,前线教师对学生及家长的要求标准可能并非在权力场域委托他们执行教学行动的主导阶层——包括在经济、政治及文化领域的掌权者——期待的"文化专断"。

4. 关于"制度形式文化资本"与学校的入学筛选制度的关系

现代社会大部分学历文凭须通过教育体系而取得,争取"制度形式文化资本"的先决条件是要取得入读学校的资格,关于资本与社会再生产的讨论都应该重视学校入学选拔机制的课题。然而,尽管布迪厄一再重申"制度形式文化资本"在现代社会越来越重要的再生产功能,但他跟大部分应用他理论的学者一样都没有深入探究教育体系的入学筛选制度。

学校的收生标准是资本转换规则的重要部分,它对资本的用途、转换的方式以及家长及学生的再生产策略产生深远的影响。举例说,从1954年到20世纪90年代教育改革运动之前,中国台湾的高中毕业生都参加"大学院校联合招生考试"(简称"联考"),"联考"几乎是入读大学的唯一途径。除了少数院校(例如美术、音乐及体育等学院)及科系之外,所有院校都单单按照"联考"分数高低(当然还有申请人填写的志愿)录取学生,考试分数是大学收生的唯一标准。"联考"的游戏规则限制了资本的用途及家长的策略选择。当时大学入学申请人的分数即使只是因为一分之差落榜也完全没有其他补救余地;老爸的财富、人脉及权力等都派不上用场,也没有所谓的面谈机会可以让学生展示文化资本、争取"逆转胜"。在"联考"的年代,父母要利用家庭的经济、文化及社会资本帮助子女,唯一的方法是设法把这些资本转换成为孩子的应考能力——一种"身体形式的文化资本"。具体的做法包括聘用补习老师、亲自监督及帮助孩子的课业,把子女置于重视课业的同侪及优良的学习环境。另外,"联考"的命题方式亦限制了家庭文化资本的作用:为了确保考试的公信力,排除阅卷人主观判断因素的干预,"联考"采用选择题、填空题及简答题作为主要的命题方式,评核的重点是考生对客观数据性知识的掌握;学生的写作风格、文字流露的气质及知识深广度等"不客观"因素几乎完全无法发挥作用。"客观化"命题方式导致家庭具有文化资本考生的优势打了折扣;家庭缺乏文化资本的孩子较可以通过"劳动密集"的方式培养应试的"身体形式文化资本",争取累积"制度文化资本"的入场券(入读大学的资格)。

然而,经过20世纪90年代教改运动冲击后,中国台湾的大专入学制度出现了很大变化,资本的再生产用途与以往有别。在"多元入学"政策下,当今台湾高中毕业生可以选择用"申请入学"及"推荐甄试"方式申请入读大学,参加联合考试已不再是进大学的唯一途径。

此外，大学处理"申请"及"推荐"个案时亦不会单单考虑申请人的学业表现，它们要求学生呈上自传、课外活动、社会服务等资料，甚至还会安排面试。改革后的大专入学选拔制度改变了家长们运用资本的策略。拥有经济资本的家庭不但聘用补习教师提升孩子的学业能力，还会设法利用金钱替子女换取多样的"身体形式文化资本"——例如安排孩子学习才艺、参加各类型课外活动、寒暑假到国外游学等。在"多元入学"的游戏规则下，"多才多艺""见多识广"的孩子申请入读大学时呈上的个人资料往往较别人亮丽，面试表现也容易占上风。台湾教改后的大学入学筛选制度让拥有财富的家庭可以利用经济资本转换成多样"有价值"的文化资本，强化子女竞逐学历文凭的优势；缺乏经济及文化资本的学生不容易像"联考"时代般可以单靠努力弥补家庭资本的不足。

因为教育体系的入学筛选左右资本转换的可能性及限制，不少阶级及社群都希望影响学校的选拔标准，好让自己的资本派得上用场并排斥其他的竞争者。举例说，美国"常春藤联盟"（The Ivy League）最顶尖的三所大学哈佛、耶鲁及普林斯顿——合称"三大"（The Big Three）——从18世纪开始帮助掌权的"盎格鲁-撒克逊白人新教徒"（Anglo-Saxon White Protestants）子弟延续在美国政治及财经的主导地位。传统上"三大"都以学业表现作为录取学生的最重要（如果不是唯一的）标准，有意入读三所顶尖大学者必须在中学学业成绩优异，参加大学入学考试表现突出。然而，20世纪初期大学领导层发现犹太裔申请入学人数越来越多，而且其中很多学业成绩都非常优秀、参加入学考试成绩异常突出。以学业表现为标准的入学制度让大量犹太子弟成功取得入读"三大"的资格。为了维护族群利益，白人新教徒主导的学校领导层决定改变入学方式，加入考虑申请人的个性（character）、领导才能、体育及课外活动表现等标准。改革后的入学制度让白人新教徒可以较容易地把犹太人阻挡于"三大"门外。首先，随着加入个性、领导才能等不容易客观化的入学标准，三所大学有较大空间可以排斥他们"看不顺眼"的申请人。其次，新的入学方法把学业表现贬为入学的其中一个（而且可能不是最重要的）条件，犹太子弟无法继续依赖他们原来在学业"身体形式文化资本"——对学科知识的掌握、应试能力——的优势换取哈佛、耶鲁及普林斯顿的入学资格。此外，白人新教徒的教育一直比较"全面"、比较不太会以书本及智性为中心。比方说，美国盎格鲁-撒克逊精英子弟入读的中学"名校"——模仿英国上流社会"公学"（public schools）而设的"预备学校"（prep schools）——一向积极鼓励学生借各类型体育活动锻炼身体、培养竞争精神，又安排多样的课外活动训练他们的领导及组织能力。①传统白人新教徒精英的子弟较符合"三大"改革后要求的入学条件，新的收生标准让他们更容易借他们特有的"身体形式文化资本"兑换"制度形式文化资本"。相反的，犹太人的教育较偏重智性、比较以文字及书本为中心。新的入学政策对他们较不利（Karabel，1984；2005）。因为大学入学制度影响不同类型资本与"制度形式文化资本"的转换规则，文化再生产理论必须重视教育体系选拔学生制度的课题，不可忽略学校收生制度引发的冲突斗争。

5. 关于私人资本及公共资本与阶级再生产的关系

布迪厄的文化再生产理论探讨行动者如何利用个人拥有的资本争取优越的社会地位，他批评传统教育经济学者目光只及于教育的公共投入（public inputs）、忽略了私人的教育投入。然而，布迪厄可能犯了矫枉过正的错误，他的分析架构忽视了公共资源对私人资本再生产功能的影响。公共资源的多寡及分配模式影响私人资本的再生产作用。一般而言，公共资源越充足，私人资本的作用越受限制；公共资源的分配越能惠及弱势社群，私人资本导致的社会不平等也越会受到抑制。公共资源的来源可以分为两大类，来自政府及民间组织。政府提供的资源影响个人资本的再生产作用。举例而言，戴芬（Fiona Devine）研究第二次世界大战后到21世纪初期英国及美国不同时代的教育与阶级再生产。她发现20世纪五六十年代英国实施福利国家政策，政府投入大量公共资源发展教育。当时就学（包括上大学）基本上都是免费的，考上大学的清贫子弟都可以申请助学金。同时期美国公立中小学财政资源充足，公立大学学费十分便宜。充裕的公共教育资源让许多家庭背景较差的年轻人有机会上大学，争取更高学

---

① 英国"公学"重视培养锻炼体格、竞争精神及领导才能，一方面，因为学校领导要消除企业家"新贵"对子弟接受人文经典教育后失去男子气概（masculinity）的恐惧；另一方面，传统上"公学"肩负培养大英帝国下一代领导人才的使命。许多"公学"学生日后要到偏远的亚、非地区开拓及管理殖民地，学校要帮助他们在身体素质、品性及领导能力方面做预备。关于英国"公学"的教育理念，可参阅 Mangan（1981）、McCulloch（1991）及 Turner（2015）；关于英国"公学"教育模式对美国白人基督教精英教育的影响，可参阅 Karabel（2005：13-38）；对美国精英"预备学校"感兴趣的读者可参考 Cookson 和 Persell（1985）及 Kahn（2011）。

历。另外，宽裕的教育经费亦保障了公立中、小学校的素质，中产阶级家长不必把子女送入私立学校，大部分家庭都不需要太依赖私人经济资本换取有质量的教育。然而从 20 世纪 70 年代开始，英、美国家不断削减教育支出，公立中、小学的水平日趋参差不齐，大学（包括公立大学）学费一年比一年昂贵。公共教育资源萎缩导致许多家庭要动用更多的私人经济资本换取子女的受教育机会。今日在英国及美国，不单工人阶级不容易借教育争取往上流动，很多中产阶层家庭也感受到孩子教育支出带来的沉重压力。不少经济资本不算充裕的中产阶层（例如中、小学教师、中级公务员等）眼见公立学校水平下滑，但又无力负担私立学校的高昂学费，他们唯有更多利用自己的文化资本、投入更多时间及心力帮助孩子的课业，甚至亲自到子女就读的学校当义工支援学校（Devine, 2004）。英、美的历史经验显示，政府提供的公共资源会影响个人资本的阶级再生产作用，提醒我们讨论资本转换的课题时不可以抽离具体的政治经济脉络。

另外，民间组织提供的公共资源也会影响个人及家庭资本的再生产功能。举例说，第二次世界大战后很多"志愿团体"参与香港的教育发展。当时积极投入办学的组织包括基督教及天主教教会、华人慈善团体（例如"东华三院"及"保良局"）、商会、同乡会、宗亲会等。它们与政府合作办理的"津贴学校"成为香港中、小学教育的主力，数目超过政府亲自营办的"官立学校"。办学团体提供了开办学校的部分资金及负责学校的日常营运，它们的投入大幅降低了政府的财政负担，增加了二战后香港的公共教育资源（Wong, 2015）。"津贴学校"让更多低下阶层出身学童可以以颇低廉的学费换取质量不错的教育，降低了家庭经济资本对争取"身体"及"制度形式文化资本"的决定作用。

然而，民间社团能否帮助扩大公共教育资源要视国家的态度而定，因为民间力量参与意味着掌权者需要跟非官方组织分享教育权力，当局可能要在办学方针、课程及教学法等方面做一定的让步。此外，民间团体慷慨奉献资源兴办教育有助于它们累积庞大的符号资本，提高在社会的影响力。要是政治掌权者认为民间组织壮大会对他们的权力构成威胁，他们可能会选择限制非官方组织的教育投入。第二次世界大战后的新加坡就是其中的一个例子，因为担心教会及华人影响力扩大刺激到马来族群及周边伊斯兰教国家的神经，李光耀领导的人民行动党政权压抑基督教及天主教会及华人社团的教育参与（Wong, 2015）。然而，1965 年独立后新加坡经济发展迅速,掌权者在压抑民间组织兴学的同时有能力大量创办由官方出资并亲自经营的公立学校,人民行动党借"包揽"提供公立教育资源保障缺乏私人资源的孩子也获得就学机会。在政府财政并不充裕或者掌权者不愿投资教育的国度,压抑民间团体教育投入会导致公共教育资源的萎缩,最终让私人的经济资本主宰了阶级再生产的过程及结果。

6. 关于出国留学对资本累积及转换的作用

跟目前所有批判教育社会学理论一样,布迪厄的文化再生产理论源于世界体系"中心"位置的西方社会,理论建构深受西方社会的特殊条件所影响。英、美、法等"中心"国家的学校体系在国际教育体系占据"龙头"的位置,社会精英主要依靠国内的教育体系延续主导阶级的地位。此特殊的历史条件导致西方教育社会学理论带有浓厚的"方法论民族主义"(methodological nationalism)色彩——把民族国家(nation-state)理所当然地认定为分析的单位,忽视外在制度、行动者及实践的影响。① 西方教育社会学者很少考虑国内教育体系与国外学校的关联,更遑论探究人们如何借由赴国外留学进行资本转换及阶级再生产。受西方此特殊条件影响的教育社会学理论无法完全适用于其他社会,因为许多非西方国家处世界体系边陲位置,国内学校被认定为逊于"先进"国家的学府,从西方国家取得的学历文凭往往比国内的更具市场价值及符号资本,许多有能力的家长都设法利用国外的教育体系帮助子女累积更丰厚的资本。

出国留学对非西方国家的资本转换及阶级再生产的具体影响要视留学生收容国吸收外国学生的目的而定。根据过往的研究及观察,笔者认为出国留学模式至少可分为三大类,它们对留学生输出国资本转换与阶级再生产的影响不尽相同。第一类是"人才吸收型",处世界体系较中心位置的国家为了从外吸收更多高质量人力而在边陲国家招收留学生。20世纪五六十年代,大量中国台湾大学生毕业后到美国念研究所可能是此模式的一

---

① 美国斯坦福大学的梅耶(John W. Meyer)可能是例外。他根据从19世纪开始一百多个国家学制及课程的数据提出"世界教育体系的制度理论"(Institutional Theory on World System of Education)。梅耶指出,因为世界上最富强国家的教育体系被广泛地认定为富国强兵的关键,其他国家都竞相模仿它们的制度,结果形成全球性的教育模式"趋同"现象(Meyer, 1977; Meyer, Kamens, Benavot and Cha, 1992)。然而,梅耶只注意到教育体系的跨国符号作用——先进国家教育体系象征现代化所带来的影响——而忽略了学生及教研人员跨国流动对国际及个别国家内部的再生产作用。

个例子。在当时的冷战氛围下,美国为了在科技上维持领先优势而积极投资研究所教育,并设立大量奖助学金名额吸引优秀的外国学生。美国提供的机会让学业成绩优越但家庭缺乏经济资本的中国台湾大学毕业生可以利用学业"身体形式文化资本"换取到国外争取更高、更有价值"制度形式文化资本"的机会。许多中国台湾留学生取得高学历后留在美国发展,累积更多经济、社会及符号资本;有部分在美国取得成就后回流中国台湾占据领导的位置。因为"人才吸收型"政策的目的是要从外引入高质量的人力,吸收国要求学生具有相当的学业能力,吸收的都是学业精英;留学生输出地的掌权阶层无法单靠经济及政治资本帮助子女借此途径出国争取更多有价值的资本。

第二类是"向钱看型",留学生吸收国的目的是为了赚取学生的学费及其他支出。近年英、美大学因为政府教育经费紧缩出现财政困难,它们希望借多收支付全额学费的外国学生增加财政收入是这一类型政策的例子。另外,近十多年新加坡政府企图借吸收大量自费外国学生发展教育产业也是"向钱看"政策的实例(Olds,2007)。因为"向钱看"政策是为了赚取财政利益,留学生吸收国的政府及学校都较愿意降低对学生学业能力及过往学业表现的要求。"向钱看"留学生政策让非中心地区部分家长可以运用财富替子女换取到取得国外文凭学历的机会,借经济资本弥补孩子学业"身体形式文化资本"的不足。这类型政策会强化私人经济资本在非西方社会的再生产作用,扩大"边陲"国家内部的教育机会不平等。

第三类是"统战型",学生吸收国目的是借提供教育机会换取国外地区人民的认同。以统战为目的的留学生政策一般而言都希望尽量扩大收容学生人数,吸收国倾向设法减轻学生前来就学的负担,调降对申请人学业能力的要求,尽量降低学生的入学标准,并提供大量奖学金及财政资助以吸引学生。"统战型"政策让留学生输出地区许多经济资本不充裕、学业"身体形式文化资本"也不太丰厚的青年有机会出国争取"制度形式文化资本"(黄庭康,2016;Wong,2016)。

五 本讲小结

布迪厄的《资本的形式》是批判教育社会学的经典作品,该文对经济、文化及社会资本的特性提出了细腻又有创意的洞见,并对文化资本做出了进一步的分类,帮助学者们了解为什么文化资本在现代社会发挥越来越重要的再生产功能。因为《资本的形式》的重要贡献，该文是所有研究教育与权力的学者必须阅读的经典佳作。然而，布迪厄的文化再生产理论还有进一步改善的空间。首先，布迪厄相信借文化资本打造的权力关系最具符号权力，然而他没有考虑到经由学校再生产的社会秩序合法性可能因时而异，更遑论有系统地提出影响"学校中介再生产"符号资本的历史社会条件。布迪厄把经济及文化的主导阶级视为社会掌权阶层的两大部分，他相对忽略了政治掌权阶级的影响力，又认定文化主导阶层的家庭文化与学校文化非常接近，没有注意到具备相对自主性的学校可能衍生跟文化主导阶层不一样的"文化专断"，以致低估了高文化资本家庭借教育再生产优越地位的难度。其次，尽管布迪厄一再强调学历文凭对阶级再生产的作用，他的理论完全没有探索"制度形式文化资本"与学校入学制度——要取得学历文凭必须通过的关卡——的关系。再次，布迪厄批判主流经济学只注意到公共的教育投入，忽略了私人资本的社会再生产作用。然而他矫枉过正，他的理论单单专注私人的经济、文化及社会资本，完全没有考虑政府及民间的公共教育资源如何影响私人资本的再生产作用。最后，因为法国是位于世界体系中心位置的西方国家，受到法国特殊条件的影响，布迪厄假设社会各阶层都借国内教育体系竞逐优越的阶级位置，忽视了出国留学是非西方国家阶级再生产的重要策略。因此，我们在向布迪厄汲取智慧时必须努力突破这些限制，并借扎实的经验研究进行理论重建，打造超越布迪厄而且适用于非西方社会的文化再生产理论。

第八讲　学术人与教育场域的自主性

　　《学术人》(*Homo Academicus*)是布迪厄主要的教育社会学作品之一。该书法文版于1984年出版，四年后英文版面世。① 该书以法国巴黎高等教育体系为研究对象，内容涉及不同等级学校教授与学生的出身背景、大学与阶级再生产、大学内部权力关系、高等教育的自我再生产(self-reproduction)模式以及教授们的政治行为等。《学术人》的重要性可以分为几方面。首先，传统教育社会学一般以中、小学为研究的对象，就算是研究大学，焦点也是放在高等教育政策、院校与学生，极少研究教授。② 这是教育社会学的一大遗憾，因为大学位处教育体系顶端，高等教育教研人员是重要的文化生产及再生产者。他们拥有充沛的符号资本，被外界认定为(或被误认为)追求真理、客观公正的"社会良知"。布迪厄甚至称大学教授是社会生活"分类者中最重要的分类者"(supreme classifers among classifiers)(Bourdieu, 1988: xi – xii)，他们对社会问题的立场影响社会

---

① 贵州出版社于2006年出版了《学术人》中译本，译者王作虹把该书名译为《人：学术者》。
② 例如2002年Routledge Falmer出版的《教育社会学百科全书》(*Sociology of Education: An Encyclopedia*)内有数章讨论教育社会学对高等教育的研究。从该书可见，相关研究的焦点主要是探讨不同背景的学生上大学的机会、毕业后的出路、各国高等教育制度的演变等问题，几乎没有学者研究大学教授(Levinson, Cookson and Sadovnik, 2002)。社会学者较少研究教授，可能因为他们本身也是大学教研人员，也害怕揭露大学不纯洁的一面而得罪同行。

权力的合法性，是"符号暴力"的有效执行者。《学术人》以批判的角度切入研究大学教研人员，正好填补了教育社会学这一片空白，可帮助我们更深入了解教育与社会再生产的关系。①

其次，布迪厄与不少晚近的教育社会学学者一样，都注意到教育体系的矛盾性格——它一方面灌输保守的意识形态，帮助来自优势背景的学生维持优越的社会地位，另一方面鼓吹批判思维，鼓励人们怀疑甚至挑战既有的权力关系（Apple，1985；Carnoy and Levin，1985）。《学术人》其中一大贡献就是以布迪厄之前发展出的资本（capital）、场域（field）、习性（habitus）及策略（strategy）等概念解释大学这一矛盾的性格。布迪厄以各类型大学教授所拥有的资本、在场域所占的位置、他们的习性及由此而衍生的策略解释为何有些教授倾向保守、有些教授思想离经叛道。此外，《学术人》亦丰富了关于教育体系相对自主性的讨论。如本书前面各章所言，自从鲍尔斯与坚提士于1976年出版《资本主义美国的学校教育》后，批判取向的教育社会学学者一直关注教育体系相对自主性的问题（Apple，1979；Apple，1982；Apple，1985；Apple and Weis，1983；Bernstein，1986；Bernstein 1996；Giroux，1983；Willis，1977）。布迪厄讨论教授及学生在大学场域的位置如何中介（mediate）他们的政治立场、各院系内部结构如何导致它们对外在冲击（例如高等教育普及化及社会运动）做出不同的反应。《学术人》帮助学者们更深入思考学校与社会既互赖又冲突的关系。

布迪厄在《学术人》的英文版序言中一再强调他对高等教育的批判反思并非对科学做虚无主义式的攻击。相反，他为的是要了解知识生产的社会世界，进而掌控影响知识论述以及社会生活的条件。然而，因为社会学者本身是高等教育体系一分子，对学术圈进行批判反思必须跳出原本熟悉的生活世界，以外来者眼光观察影响学术人的客观结构性因素。这就是他所讲的"把熟悉的事物变成充满新鲜感的异国风情"（exoticize the familiar）（Bourdieu，1988：xi–xiii）。布迪厄通过"场域"概念以新颖及客观的眼光观察熟悉的学术界。

---

① 布迪厄研究学术人的敏感问题可能跟他的个人背景有关。布迪厄出身于法国西南部乡村地区，父亲是邮差，家庭背景并不是特别好，小时候讲的是地区方言而不是法文。尽管布迪厄很努力读书，考上法国最顶尖的学府巴黎高师，他入学之后发现身边很多巴黎出生家庭背景很好的同侪一直没有接受他是精英的一分子。这种"进去之后被排斥"的边缘人经验导致他对法国高等教育界非常不满（Reed-Danahay，2005：1–5；Swartz，1997：15–19）。《学术人》可能是布迪厄报复心态的产物。

一　从场域到大学场域

布迪厄把场域理解为"相关位置客观关系的网络"。因为资本决定了主导的（dominant）及被支配的（dominated）位置的分配，也影响进一步争取利益的机会，不同行动者所拥有资本的差别形成了权力的关系。行动者在场域所占据的位置是由他们所拥有的资本的总量（volume）及类型（types）决定的。布迪厄虽然承认资本的多样性，但他相信经济及文化是两种最基本的资本类型，个人拥有两种资本的总量及比重决定了他或她在社会阶级场域的位置（Grenfell and James, 1998: 15 - 16; Swartz, 1997: 154 - 55）。① 拥有资本总量多的阶级的地位较高，以经济资本为主的一般比偏重文化资本的更有权力。然而以文化资本为主的阶层并非对经济的主导阶层毫无招架之力。因为阶级斗争的核心是"竞逐合法的世界观"（struggle over legitimate vision of the world），文化资本比经济资本更具符号资本，以文化为主的阶层更有能力影响大众对既有权力关系的看法，经济的掌权阶层须依赖文化主导阶层的符号劳动（symbolic labor）合理化他们的优越位置（Bourdieu, 1985; Bourdieu 1991; Swartz, 1997）。

布迪厄把社会整体视为社会空间（social space）或社会阶级场域（field of social classes）。如图 8 - 1 显示，社会空间由资本的种类与总量两个向度组成，个人的阶级地位取决于其在空间所占的位置。

资本的种类

	文化资本	经济资本
多	主导阶层的从属部分	主导阶层的主导部分
资本的总量		
少		

图 8 - 1　布迪厄的社会阶级场域

---

① 布迪厄当然知道阶级只是社会分化的一种形式，其他的社会群体——例如族群及民族的（ethnic and national）分类——也有可能是冲突的源头。然而他始终相信以经济及文化资本作划分的阶级才是最重要的，以阶级为动员基础的社会运动最具持久性。相比之下，族群及民族群体往往因成员之间经济及文化资本的差异而分裂（Bourdieu, 1985: 726）。

行动者所处的位置越是在图 8-1 的上方，表示他的资本总量越多；反之就越少。越靠近左边的，越是以文化资本为主；越靠近右边，越以经济资本为主。跟大部分资本主义社会一样，法国的社会空间基本上存在三大阶级，分别是①拥有大量资本的主导阶层；②拥有中量资本的中产阶层；及③只有少量资本的低下阶层（Bourdieu, 1984; 357）。每个阶层又可按经济资本及文化资本的相对比重而划分不同的阶级部分（class fractions）。举例说，主导阶层有部分白手兴家的大企业家拥有极丰富的经济资本，然而文化资本相对较少。同一阶层的名作家、大学教授及艺术家等则刚好相反，他们的文化资本极丰厚，然而经济资本却相对较少。因为一般而言经济资本比文化资本更能带来权力，以经济资本为主的掌权者属于"主导阶层的主导部分"（the dominant fraction of the dominant class）；以文化资本为主的是"主导阶层的从属部分"（the subordinated fraction of the dominant class）（Swartz, 1997: 158-60）。①跟主导阶层一样，中产阶级可以依照拥有资本的类型划分成两部分。中小学教师、社工、中层技术人员、管理人员及媒体工作者等偏重文化资本；中小型企业老板等主要依赖经济资本（Bourdieu, 1984: 122-123, 339-341）。他们分别处于图 8-1 社会阶级场域中层的左边及右边。在社会空间最底层的是工人阶级，他们的资本总量非常少，然而其中有部分——例如技术工人——相对而言较具文化资本。②

大学教研人员在整体的社会空间中属于"主导阶层的从属部分"，他们的权力源自丰厚的文化资本。布迪厄将文化资本细分，把以文化为主的主导阶层做进一步的区别。他指出大学教授依靠学历文凭取得教席，跟作家及艺术家等相比较偏重"制度形式文化资本"（institutionalized form of cultural capital）。③这类型文化资本使他们往往具有"科层式的职业生涯"（bureaucratic career）及固定的收入。跟作家及艺术家相比，大学教授比较类似高级公务人员，他们在高教院校任职、薪酬来自国家（the state）

---

① 在社会空间身处"主导阶层的主导部分"及"主导阶层的从属部分"之间的是公、私营部门的高级管理及专业人员，他们拥有高学历、高收入，同时兼具大量经济及文化资本（Swartz, 1997: 159）。
② 布迪厄对工人阶级着墨甚少，他的研究焦点集中在主导阶层（Swartz, 1997: 161）。
③ 布迪厄曾把文化资本分为三类：①身体形式文化资本，例如学者的学问、足球员的球技、画家的画功及作家的写作技巧等；②物质形式文化资本，例如家中收藏的书、艺术品及钢琴等；③制度形式文化资本，主要是指学历及文凭（Bourdieu, 1986）。关于三种文化资本的区别及作用，请参阅本书第七讲。

的财政支持。①大学场域在文化场域中的位置与世俗权力（temporal power）关系较密切，他们在社会空间的位置影响他们与既存秩序的关系。布迪厄发现大学教授比作家及艺术家愿意结婚及生育儿女，这意味着他们与社会有较紧密的联结（Bourdieu, 1988：36-37）。这种社会联系相当程度上导致他们的保守性，这当然也会影响到他们的文化生产活动。

除了整体阶级场域外，学术人也身处社会空间内的大学场域（university field）。阶级场域在历史发展过程中往往衍生出不同的次场域（例如艺术场域、文艺场域、体育场域等）。次场域特有的资本（例如艺术资本、文艺资本、体育资本等）为次场域的诞生创造条件。尽管无可避免会受到整体社会空间的影响，次场域的成熟发展导致场域特定资本对内部权力分配的作用变得重要、外部力量不容易控制它的再生产、次场域的自主性也越来越高。布迪厄注意到"大学场域"或"高等教育场域"也有类似的发展趋势。最早的时候大学教授是由掌握政治权力者任命，为政治权力服务；其后大学自行聘用教授，大学教研人员变得专业化。他们从事独立研究，与世俗权力保持距离，甚至与政治统治者格格不入。同时，随着大学场域的发展，单单具备经济及社会资本、缺乏大学场域资本（例如学历、学术能力及高教院校管理经验）者在高等教育界也不容易取得权力（Bourdieu, 1988：37）。

然而，学术界并非单一同质的群体，高等教育场域存在内部分化。布迪厄指出大学场域跟其他一切场域一样都存在着经济与文化资本的对立，总是有部分人士的权力来自经济资本，有部分依赖文化资本——前者为"经济主导文化的从属部分"，后者是"文化主导经济的从属部分"，布迪厄称这相似之处为"类同结构"（homologous structure）（Swartz, 1997：138-40）。②跟其他场域一样，经济及文化资本也导致法国大学场域出现分歧。举例说，大学法学院及医学院的地位主要是基于它们与外在俗世权力（例如国家司法部门、大型律师事务所、国家医疗体系、药厂与其他政治势力）的关系，它们属于大学场域的"世俗性主导部分"（temporally

---

① 名作家、画家及表演艺术家跟大学教授一样都是以文化资本为主，都是"主导阶层的从属部分"。然而他们比较不依靠学历文凭，对科层的依赖程度远较大学教授低，劳动的回报方式也不是靠领取固定的薪资。

② 布迪厄讨论"经济主导"或"经济从属"阶级时往往把政治因素同时纳入。因此，"经济主导"的意思是指权力来自外在政经关系的主导阶层；"经济从属"是指与政府、政治组织、企业及财团缺乏关系者。

dominant fraction),比较没有那么重视学术研究。相反的,文学院及理学院与外在经济及政治权力的关系较疏离,它们较倾向追求知识的创新,是大学场域的"文化主导部分"(culturally dominant fraction)(Bourdieu,1988:41)。

二 大学场域与阶级再生产

大学场域的世俗及文化两极与权力场域存在"类同结构"关系,高等教育体系通过对教授的选拔再生产了社会空间的阶级关系。统计数据显示世俗性主导的法学院及医学院教授及学生较多来自以经济资本为主的"主导阶层的主导部分";文化主导的文学院及理学院的学生较多出身于以文化资本为主的"主导阶层的从属部分"(Bourdieu,1988:41)。①布迪厄从学院的差别推论大学场域存在"社会等级"(social hierarchy)及"文化等级"(cultural hierarchy)两大敌对的分层原则(principles of hierarchization)。"社会等级"的分层标准是经济及政治资本,它意味着大学场域对俗世权力的依赖;"文化等级"是科学权威与学术声望的资本,它代表了高等教育场域对自主权的坚持。"社会等级"及"文化等级"大致上是相当于"整合"(integration)及"抽离"(detachment)的二元对立。"整合"是对既有社会秩序的认同;"抽离"则相反,是对社会现状的批判。法学院及医学院的教授倾向整合于社会,因为他们专业的目的是应用已有的法律及医学知识维持"正常"的秩序:前者是指法律秩序;后者指的是类似福柯(Michael Foucault)所讲的"医疗秩序"(Medical Order)。文、理学院(特别是理学院)刚好相反,它们重视学术研究,鼓励创新以及超越既有的想法,院内教授们也倾向对现存采取抽离的态度。法、医学院教授在整体生活上也较文、理学院的更易融入现有的社会秩序:他们较为活跃于保守的罗马天主教教会,在学术圈外拥有更多的政治及经济权力,也较愿意生儿育女。两大分层原则的对立显示整体社会场域中经济权力与文化权力的紧张关系亦渗透到以文化生产与再生产为目的的大学场域(Bourdieu,1988:47-51)。

布迪厄比较了大学场域支持两类分层原则者与权力场域的关系。他发

---

① 布迪厄指出一个有趣的数据:23%的文学院教授的父亲亦是大学教授;但医学院只有约10%(Bourdieu,1988:41)。

现文、理学院教授出身较卑微，他们缺乏经济资本、社会资本以及与有权势者建立关系所需的文化资本，相对而言是单靠学业成就晋身主导阶层的。统计数据也显示文、理学院教授在中学阶段学业成绩优于法、医学院的教授；他们倾尽全力投资在大学场域，较少在其他领域（例如经济及政治）建立权力。相反的，法、医学院大部分教授来自布尔乔亚阶层（bourgeois class），他们往往把大学赋予的权威结合外在的政商关系增加自己的权力。也许因为在权力场域处从属地位，文、理学院教授的思想较具批判性（Bourdieu，1988：52）。布迪厄又发现大学场域"社会"及"文化"两类分层原则看重不一样的文化资本。比方说，要成为一名优秀的律师不能单靠熟读法律条文，更重要的是要具备法律场域所要求的说话谈吐与人际技巧。这种能力属于"实践掌握"（practical mastery）的范畴，其养成有赖早年从家庭长时间的耳濡目染，而不是依靠正式的、有客观程序的训练。相反，科学研究的能力属于"符号掌握"（symbolic mastery）的范畴，比较可以依循客观化的程序习得。[①]因此，出身于文化资本较差的家庭的学生不易成为优秀的律师，然而他们较可能透过不断努力，按部就班地培养出从事科学研究的能力（Bourdieu，1988：58-59）。

"社会"及"文化"两大分层原则的冲突不单存在于学院之间，也存在于学院之内。以医学院来说，教导学生做临床实践者与从事基础医学研究的教授就是明显的例子。前者较多出身于"主导阶层的主导部分"，与大学场域以外的俗世权力关系较密切，政治态度较保守；从事医学研究者家庭出身背景较差，缺乏政经人脉，政治态度也相对左倾（Bourdieu，1988：59-61）。

布迪厄引用康德（Immanuel Kant）"上级职别"（the higher faculty）及"下级职别"（the lower faculty）的概念进一步阐释"社会"及"文化"两大分层原则。"上级职别"的功能是替政府向人民施行最强与最持久的影响。协助执行这一任务者（例如大学场域的法学院及医学院）较直接受政府影响，相对而言自主性较低。"下级职别"与世俗权力疏远，它根据自己场域内部的律则行事，理学院及文学院是这方面的代表。由于大学场域负责"上级职别"学科的主要目的是培养忠诚的执行者，它们选拔教师及学生时极为看重候选人的习性是否与学院原有的目标相符合，并会先发制人把有"异端"思想的候选人排除。相对而言，文、理学院

---

① 关于布迪厄"实践掌握"及"符号掌握"的区别，读者可参阅本书第三讲。

因为较不受世俗权力的约束，它们选拔教授及学生时较为开放，较可能接受特立独行之士（Bourdieu, 1988: 62 – 65）。

上文讨论了法、医及文、理学院的差别，那么，社会科学又如何呢？布迪厄认为社会科学在法国高等教育场域取得合法地位加剧了"上级职别"与"下级职别"的对立。历史显示社会科学的出现是为了替国家提供管治所需关于社会的知识（Bourdieu, 1999: 56）。从这点而言它扮演"上级职别"的角色。然而，社会科学也有"下级职别"的特点。因为不少社会科学学者都强调学科的自主性，自许对社会进行独立的、科学的研究及批判（Bourdieu, 1988: 68 – 69）。[①]

三　权力、文化生产及再生产

布迪厄一直强调大学场域具有相对自主性。高等教育的独立性导致大学相当程度掌控了自我再生产，并进一步分化大学场域的权力。大学场域有所谓"学术权力"（academic power），它的基础是对大学场域其他位置及位置占据者的掌控，属于组织再生产的权力。"学术权力"的拥有者控制了场域其他参与者的遴选、升迁以及事业发展（Bourdieu, 1988: 84）。与"学术权力"相对的是"科学权力及智性声望"（scientific power and intellectual renown）——或可简称为"科学权力"（scientific power）。"科学权力"是对学术研究资源的掌控、在学界的声望以及为受过教育的公众所认识的程度（Swartz, 1997: 241）。不同学院对两种权力的重视程度不一样。文、理学院较强调学术研究，它们相对重视"科学权力"，因而把专注累积"学术权力"的学术人（例如一心只求当校长、学院院长及系主任的教授）看成较次等的。然而在"社会层级"主导的法学院及医学院，权力分配主要不是看学术研究的成就，专注于"学术权力"者得到的负面评价较少，一心一意在行政方面发展的教授也较多（Bourdieu, 1988: 73 – 74）。

"学术权力"类似韦伯（Max Weber）所讲的法理理性权威（legal-

[①] 很可惜《学术人》没有讨论教育学院，没有研究它较偏重"社会"还是"文化"等级原则、发挥"上级职别"还是"下级职别"功能。我们应该探讨教育学院与权力场域的关系，剖析教育学院教授在高等教育场域的位置对他们文化生产及再生产实践的影响。因为教育学院训练中、小学教师，它们的教研人员拥有相当的符号资本，对教育问题表达的意见被政府及公众重视，是"文化再生产者的再生产者"（reproducers of cultural reproducers）。教育学院教授理应成为批判教育社会学研究的对象。

rational authority）（Weber，1947：324－340）。这种权力由大学的法规章程赋予在科层体系占据决策位置者，跟个人的才干能力没有必然的关系。由于"学术权力"的基础是科层的等级制度，权力层级的距离以年资、年龄及经验计算，权力的竞逐者必须懂得尊重科层的辈分差距。这导致掌握"学术权力"者比具有"科学权力"的更为保守（Bourdieu，1988：84）。比方说，在学术界没当过系主任的教授不可能比当过院长的更快当上校长，年轻、资浅、缺乏行政经验的教授不容易打败年长、资深、拥有行政经验的教授而取得"学术权力"，追求"学术权力"者不可以有"没大没小"的习性。但年轻后进的教研人员可以借有突破性的研究成果挑战辈分及学术声望远高于自己的大师，凭借优秀的研究表现得到比资深教授更高的学术声望，竞逐"科学权力"的教授相对没有那么"封建"。因为累积"学术权力"必须投资大量时间及心力，有条件在学术研究上有所突破的教授大都较审慎地考虑要不要竞逐"学术权力"。不少教授是因为估计自己不会有太大学术成就才选择争取"学术权力"，他们在内心深处抗拒学术研究的创新（Bourdieu，1988：95－99）。

那么，"学术权力"竞逐者与整体社会权力场域的关系又如何呢？布迪厄发现他们大多数来自"小资产阶级"，属于中产阶级的文化主导部分，大概来自在图8－1社会空间的图中间排左手边的位置。他们跟"主导阶层的从属部分"一样缺乏经济资本及社会资本，完全依靠学业成就爬升到大学教授的位置；然而跟"主导阶层的从属部分"出身的相比，他们的原生家庭文化资本较少，"大学场域"是他们唯一的"救赎"——布迪厄尖酸刻薄地称他们为学院中的"修士"（oblates）。[①]他们因为出身于小资产阶级，继承的文化资本并不丰厚，学术研究创新的能力有限。对大学场域的绝对忠诚加上缺乏累积"科学权力及声望"的条件导致他们选择以"学术权力"为目标。"学术权力"拥有者不单不会挑战大学体制，相对薄弱的文化资本使他们的学术工作亦充满保守性格。他们较倾向于从事教科书、字辞典及其他工具书籍的编写，较少进行有原创性的研究。他们容易把自己所熟悉的一套知识看成是绝对唯一的，因此他们的教学及学术作品限制学生及读者的视野，甚至鼓励人们对另类的文化世界无知甚至敌视。用布迪厄的话说，他们是文化再生产者而非文化生产者（Bourdieu，

---

① 修士把一切都寄托在教会，他们没有条件在外面的世界竞争，也容不下挑战既有宗教秩序的"异端"，是宗教场域最保守的力量。

1988：100-102）。大学场域中以文化再生产为主的院系一般而言对"学术权力"有较高的接受程度。布迪厄发现法国文学院的正典学科（canonical discipline）——例如法国文学、哲学等——与"学术权力"的兼容性较高。正典科目传统上是为了传授"正统"法国文化，本来就具有浓厚的保守性及文化再生产的倾向。此外，不少正典科目也是中学的学科，它们的教学须与中学的教学及考试配合，与中学教育的联结进一步强化了它们的保守格局（Bourdieu, 1988：101）。习惯文化再生产、以正统文化自居的学术人当然较容易适应保守的"学术权力"世界。

与上述以文化再生产为主者相反的是大学场域一群全心投入研究工作、追求"科学权力及声望"的教授。他们比较集中在边缘化的学术机构（例如在巴黎以外地区新成立的大学）、新兴的学系［例如社会学、语言学、印度研究、汉学及埃及学（Egyptology）等］或者较愿意采用革新方式进行研究的传统学科（例如强调社会史取向的历史学系等）。他们处在边缘位置，相对不受权力场域再生产机制的约束。此外，新兴学科一般都不是中学课程的科目，不必顾虑与中学教育的衔接，教授们可以较自由地选择自己有兴趣的、较具创意的研究课题及方法。选择累积"科学权力及学术声望"者一般出身的家庭文化资本远较"学术权力"竞逐者丰厚——布迪厄发现前者来自"主导阶层的从属部分"，父母较多是大学教授、高级工程师等；后者较多是小学教师，中、低层技术人员的儿女。来自"主导阶层的从属部分"的文化资本较充沛，较有条件从事原创性的研究。另外，追求学术创新带有一定的风险，出身"主导阶层的从属部分"比出身"小资产阶级"的教授较具备承受风险的心理素质跟物质条件（Bourdieu, 1988：105-109）。

大学场域中负责文化再生产的"修士"与追求"科学权力及声望的"虽然表面上格格不入，但实际上两者有着共赖互补的"共谋"关系。因为他们都通过对方来定义自己。此外，大学场域多个权力原则并存亦有助于把学术人竞逐的目标多元化，避免发生霍布斯（Thomas Hobbes）所讲的"一切人反对一切人"（all against all）的悲惨局面。因为不同的教授可按自己的资本选择较有可能成功的策略，没有能力从事学术研究的教授也能获得意义重大的"安慰奖"（Bourdieu, 1988：112-114）。

四　大学场域的相对自主性

《学术人》在讨论过大学场域内部结构后探讨教育体系自主性的问

题。布迪厄提出三个判断大学场域自主性的标准。第一是要看高等教育体系的内部结构有没有中介外在因素对它的冲击；第二是要看行动者在高教场域的位置有没有中介了他们的政治立场；第三是大学场域能否引发其他场域的危机、影响社会运动的发展。布迪厄相信学校体系越具有自主性，它的内部结构就越能够中介外来因素的冲击，师生的政治立场越受他们在教育场域的位置所左右，教育体系越可能影响社会抗争的进程。

《学术人》以法国二战后高等教育普及化对院校自我再生产的冲击为例解释第一个标准。自我再生产是指在正常情况下大学从一代的师生到另一代的平顺过渡，高教场域一代一代按部就班地找到具备适当习性的接班人。大学场域的延续有赖教研人员"学术习性"（academic habitus）的稳定性及同一性。"学术习性"令教授们肯定学术工作的价值，引导他们自发遵守有助于维持学院稳定的不成文规则。举例而言，大学场域有界定常态的事业发展轨迹的潜规则。这些规则内化成"学术习性"，让不同年龄及职级的教授都知道自己在不同的生涯阶段应有的表现、可以合理期望的回报以及大约估计到晋升的标准及所需等待的时间。大学场域的时序结构（temporal structure）是教授"学术习性"的一部分，它排除了教研人员不切实际的期望，稳定了高教院校的秩序。然而，高等教育扩张导致20世纪五六十年代法国大学场域出现自我再生产的危机。首先，学生人数急剧增加，教师队伍出现人力短缺，大学被迫放松遴选教授的标准，引入了缺乏适当"学术习性"、对学术界理念不太认同的人员。其次，高等教育普及化破坏了教授队伍"学术习性"的稳定性及同一性：随着教授人数快速增长，在大学任教职的社会声望比以前大幅下降；新聘教授很快发现担任教研人员的回报并没有预期高。最后，大学在短时间增聘大量的教员，助理教授等级的人数增长过速，晋升比以前困难，结果破坏了高教场域原有的时序结构（Bourdieu，1988：145）。

尽管高等教育普及化对整体大学场域的再生产带来冲击，但不同院系受影响的程度因为几个因素而有所差异。第一是学生增长的速度：学生数目增加速度越快的科系面临更大压力要扩大教师队伍，它们自我再生产的平衡也越容易被打破。一般而言，历史悠久、地位崇高的传统名牌大学或学院学生数目较不受教育普及化影响，扩展速度较慢，比较不会因为教授队伍过速扩大引发再生产危机。因此，法、医学院学生人数增加的速度远较文、理学院为慢,所受的影响也较少。①传统学科的扩张也远不及新兴学科迅速,比较能够维持师资队伍的稳定性。

第二是教授候补队伍的规模——后备队伍数量少的科系不容易找到与原来教授"学术习性"接近者的生力军,自我再生产危机也越严重。举例说,法国一直有许多文学、历史学、哲学、数学及物理博士在中学任教或在研究机构任职,他们"血统纯正"、训练背景及习性跟大学对口科系的教授非常相似。当高等教育扩张,大学须多聘教授时,他们就成了重要的生力军。庞大的教授候补队伍让传统院系在扩张的同时维持自我再生产的平衡。然而新兴科系(例如心理学及社会学等)面对扩张压力时就没有太多具适当学术训练背景的后备军可供选择,因此会受到严重的再生产危机所困扰(Bourdieu,1988:40-141)。

第三是招聘新晋教授的标准是否明确,标准较明确的,高教扩张导致再生产危机的可能性也较低。传统学科具有悠久的历史,知识体系发展成熟,系内教授都清楚知道申请人应该具备怎样的学术训练背景。它们招聘的大都是"正途出身"的教授。但是新兴学科的知识体系尚未定型,聘人标准欠明确,可能会引进一群习性落差很大、跟传统教授截然不同的教研人员(Bourdieu,1988:135-136)。②上述三个因素的差别中介了高等教育扩张对不同院系的冲击。

第二个判断相对自主性的标准是师生在大学场域的位置有否中介了他们的政治立场。1968年法国爆发了大规模的社会运动(以下称"五月风暴")。当时法国人民因为对国内贫穷、失业及戴高乐总统(Charles de Gaulle)的保守政策不满而发动群众抗争。运动最高峰时估计有一千万工人参与罢工,大学被激进的学生占领,也有为数不少的教授公开支持抗争。因为教授跟学生具有丰厚的符号资本,他们介入工人抗争大幅提高了运动的正当性。然而,大学场域并非所有师生都积极投入社会运动。布迪厄发现边缘大学的师生比传统名牌大学的更支持抗争,文、理学院的要比医学院及法学院的闹得厉害,追求科学成就的教授比竞逐行政权力的更投

---

① 布迪厄在《承继者》的统计数据显示,1901~1963年法国的法、医学院学生增加了约4倍;同时期文、理学院学生增加32倍。在1950年法、医学院及文、理学院学生分别占高等教育学生人数的49%及46%,但到了1963年,相关的百分比分别是31%及65% (Bourdieu,1979:105-107)。

② 比方说,文学系聘用的教授大都是文学及语言的博士,但当时法国许多社会学系教授并不都是社会学出身。布迪厄本身就是一个例子,他原来是念哲学的。

入运动，从事文化生产的比文化再生产的更愿意支持工人，新兴学科的教授及学生比经典学科的闹得更凶（Swartz，1997：245）。换言之，在高教体系处从属位置的比处主导地位的更积极参与抗争，师生在大学场域的位置中介了他们的政治立场。

《学术人》提出"异场域相应位置"（homologous positions from different fields）的概念来解释大学场域的位置如何影响师生的政治行为。如上文所言，许多支持工人抗争的师生在高等教育场域处于从属地位，他们跟在经济生产领域被剥削的工人一样在所属场域处被压迫的位置，这就是"异场域相应位置"的意思。因为在高教场域被压迫，有部分大学师生同情在另一个场域的弱势者。然而基于"异场域相应位置"结成的联盟是极其脆弱的，因为他们的利益并不一致——大学师生追求的不纯是物质，他们也在意文化及理念，但是工人争取的是实际的物质利益。布迪厄深信一旦知识分子与工人有更多实际的接触，他们很快便会感觉到彼此的差别而疏远对方（Bourdieu，1988：177 - 180；Lane，2000：82）。

《学术人》又以1968年法国的"五月风暴"来解释大学如何促成社会运动。布迪厄认为大学场域并非单纯地被外在因素扯进群众与当权者的斗争，高等教育无法自外于社会运动是因为它内部出现自我再生产的困境。他相信要了解运动的成因，就必须分析高等教育场域对社会的影响，探讨大学如何促成或深化其他场域的危机（Bourdieu，1988：161）。首先，"五月风暴"爆发前法国高等教育普及化导致了学历文凭的贬值以及整体性的阶级地位下降（generalized down classing），许多拥有高学历者的期望及实际机会都存有巨大的落差。这是大学场域促成"五月风暴"的其中一个重要因素。然而，大学场域不同部分危机的严重程度有所差别。法国高等教育顶级的学府——例如高等学院（grandes ecoles）——比大学更能抵抗扩张的压力，它们的学生人数增长较缓慢，学历文凭贬值的幅度也较小。① 以大学内部而言，法、医学院及传统学科扩张的速度远慢于文学院、理学院及新设的学科；文、理学院及新兴学科学生在毕业后更要面对文凭贬值所带来的挫败感。不消说他们远较法、医学院及传统学科的学生

---

① 法国高等教育由大学及"高等学院"——例如巴黎高师（École Normale Supérieure）、巴黎综合理工学院（École Polytechnique）、巴黎政治学院（École Libre des Sciences Politiques）及国家行政学院（École Nationale d'Administration）等——两大类型院校组成。大学的入学门槛并不高，中学毕业生都有资格入读。"高等学院"培养各行业精英，入学竞争非常激烈，学生在中学毕业后要修读两年预备课程，再通过严格的考试才有资格入学。

支持群众抗争（Bourdieu, 1988: 163 - 165; Lane, 2000: 81）。

除了文凭贬值的冲击，新兴学科的另外两大特征也导致它们倾向支持"五月风暴"。首先，新兴科系（例如社会学系及心理学系）取录的学生一般学业成绩较差，他们有部分来自阶级背景不错的家庭，对未来有不切实际的期望。其次，新兴科系与就业市场的关系含糊不清，它们的学生不容易按实际情况调整自己的期望。结果是希望越大，失望越大，对现实越是不满。其次，如上文所言，新兴学科在短时间急剧扩张，加上缺乏本科训练的高学历教授候补队伍，它们聘用大量来源复杂者为教授。有部分新兴科系的教研人员可能本来就对学术没有太大认同，加上并非巴黎高师等精英院校毕业，学历资格不符合传统教授的"典型"，晋升的机会十分渺茫。这批"非正途"出身的教授"血统不纯"，他们倾向于反对大学既有的游戏规则。当激进的学生发动冲击大学时，他们迫不及待要表态支持（Bourdieu, 1988: 172）。当然，来自新兴科系的学生及教授对"五月风暴"的反应并非完全一致。许多出身寒微的学生及教授对群众运动也抱有保留的态度，因为纵然大学文凭的价值下降，"大学生"及"大学教授"的光环渐渐褪色，但能够在大学读书及任教对他们而言已是极富象征意义的回报（Bourdieu, 1988: 166 - 167）。[1]

五 《学术人》的贡献及争议

《学术人》对批判教育社会学有重要的贡献。第一，如前文所言，大学教授在教育体系的最高层级从事教研工作，他们拥有极丰厚的符号资本，对打造意识及权力发挥极大影响力，然而一直以来都没有受到教育社会学研究的重视。《学术人》借资本、习性、策略、场域等布迪厄的概念工具深入剖析高等教育场域，帮助我们了解"社会生活最重要分类者"为什么具有既保守又激进的矛盾性格，填补了教育社会学的这一空白。[2]

第二，《学术人》回应了许多学者对布迪厄早期作品——特别是《再

---

[1] 布迪厄强调阶级分析除了要注意行动者资本的总量及各种资本的比重，还要注意他们的阶级轨迹（class trajectory）——他们出身的阶级、其后的阶级位置变化以及今天所处的位置。阶级轨迹会影响行动者的习性。通常从上往下流动者较缺乏安全感、对未来较悲观，经历往上流动者较乐观、较容易满足现状（Bourdieu, 1984: 123; Swartz, 1997: 162）。

[2] 即使到今天研究大学教授的学术作品仍然数量有限，较为社会学者认识的可能只有英国学者何赛（A. H. Halsey）及其同僚的合著《英国学者》（*The British Academics*）。

生产》——把权力的延续视为理所当然、忽略社会变迁的批评。该书显示社会再生产绝对不是平顺及必然成功的,因为所有场域都存在被支配的、相对缺乏权力的群体,他们对现状多有所保留、都较倾向要改变既有的游戏规则。其次,因为大量拥有各样资本的只占极少数,许多占据相对优越位置的行动者都只属于"主导阶层的从属部分",他们并非毫无保留地认同现状。此外,《学术人》的研究个案显示场域的自我再生产机制可能十分脆弱,因为它无法完全掌控扩张的速度,不一定具备足够数量、背景与习性适合的接班人,场域的掌权者也无法保证不会被其他场域的矛盾波及,引发内部的矛盾冲突。

第三,《学术人》从大学场域内部结构探讨学校独立性的根源,丰富了关于教育体系相对自主性的讨论。布迪厄采取本书第一讲提到的"反表象主义"进路,强调教育体系的内部特性可能中介社会再生产的结果,并提出了评估教育场域相对自主性的三个结构性标准。《学术人》对相对自主性的讨论可帮助我们更深入地剖析学校与社会"既互赖又自主"的微妙关系。

第四,《学术人》提出了"主导阶层的主导部分"、"主导阶层的从属部分"、"学术权力"、"科学权力"及"异场域相应位置"等极有启发性的概念工具。该书又剖析了法国大学场域竞逐不同权力者的阶级背景、对知识生产的态度以及政治取向等,还探讨了 20 世纪 60 年代法国高等教育不同院系内部结构差异如何中介了高教扩张对它们的冲击。《学术人》中的概念及洞见极具启发性,有助于学者研究不同社会及历史脉络下的高等教育政治。比方说,学者们可以借用布迪厄的理论探讨中国大陆、中国台湾、中国香港及新加坡等地社会空间与大学场域的"结构性类同关系",观察这几个社会较整合于世俗权力的教授是否出身于"主导阶层的主导部分"、较抽离于世俗权力的是否较多来自"主导阶层的从属部分"、争取科学权力的教授出身的家庭是否比追求行政权力的拥有较多的文化资本。学者们也可以比较上述几个社会在大学场域采取不一样策略竞逐权力的学术人的阶级背景、政治态度及学术取向,探究他们对文化生产及文化再生产的偏重。另外,亚洲学者也可以《学术人》为基础探讨高等教育扩张对大学场域的冲击,观察在中国大陆、中国台湾、中国香港及新加坡等地哪一类型院系出现最严重的再生产危机。我们甚至可以把对上述问题的研究结果跟《学术人》陈述的情况做比较,分析亚洲地区与 20 世纪 60 年代法国大学场域的异同。比较的结果一定可以使我们深化对社会教育体系的了解,并有助于建构关于学术人跨社会差异的教育社会学理论。①

尽管《学术人》对批判教育社会学具有重大贡献，但该书还有若干美中不足之处，分别是：①忽略宏观外在因素对教育体系相对自主性的影响，②大学场域概念过度以西方为中心，及③缺乏比较分析。要建立超越布迪厄并适用于非西方社会的大学场域理论，中文世界的学者必须克服《学术人》的这几点限制。笔者在下文对此三点逐一加以解释。

(1) 忽略宏观外部因素对教育体系相对自主性的影响

如上文所言，布迪厄从场域内部因素介入教育体系相对自主性的讨论。他强调教育场域特定资本的出现是学校具独立性的先决条件，又指出大学场域的内部结构可以中介外来因素对它的冲击、左右场域内部处不同位置行动者的政治态度以及影响社会运动的发展。尽管《学术人》对教育体系相对自主性的讨论提出了极有创意的观点，单单专注内部因素可能导致布迪厄忽略了外在势力对学校的冲击，阻碍了我们观察政治及经济力量如何影响院校的独立性。比方说，英国社会学者阿雀尔（Margaret Archer）一直强调大学的自主性取决于高等教育院校与政治及经济体系在宏观层面的结构关系，学校与政经体系紧密结合会损害教育的独立性。阿雀尔认为教育与政治体系的联结可以从三个方面了解。第一是政治整合（political integration）关系，意指大学的经费是否来自国家（the state）。院校越依赖国家提供经费，大学与政治的整合程度越高，高等教育的自主性就越低。第二是政治社教化（political socialization），意指大学是否被国家掌权者利用灌输国家意识形态。大学越被要求协助国家发挥政治社教化功能，其独立性也越受到压抑。第三是政治招募（political recruitment）的面向，是指国家掌权者及政党有没有利用大学吸收党员。越具政治招募功能的高等教育场域越不具自主性（Archer, 1972: 8 - 10）。

笔者认为阿雀尔提出的三种联结关系不但直接对大学构成干预，甚至可以借左右高教场域内部结构间接影响院校的独立性。首先，国家拨款的方针（政治整合）可以影响高等教育场域各种资本的重要性。举例说，国家越是以教研人员的研究表现作为拨款的标准，具备科学研究权力、偏重文化生产的学术人就越容易在权力的争夺战中占上风。国家要是降

---

① 教育社会学者极需运用《学术人》的概念及洞见进行严谨的实证及比较研究。因为有学者指出尽管《学术人》备受学界赞赏，被引用率非常惊人，但运用该书概念进行扎实的实证研究的作品非常稀少（Robbins, 2006: 418 - 419）。

低对高等教育的财政支持，院校会受到更大压力，更要从其他管道争取经济资源，大学内部与世俗权力（例如企业及财团等）关系密切的科系及教授的权力也越大，抽离于外在政经关系的会被边缘化。其次，政治社教化功能会改变高等教育场域对有价值文化资本的认定。负责政治教育的人员可以在高教场域取得位置及权利。再次，政治体系与学校的紧密联系亦导致政治资本成为高教场域另一个重要的权力基础，有部分没有学术能力也没有经济资本的人员可以透过与政府的关系而取得权力。最后，政治资本可能改变了其他资本的作用及行动者的策略。例如原本拥有经济资本的教授会因为添加了政治资本而如虎添翼；拥有科学资本但缺乏（或不愿意争取）政治资本的会受压抑；原来具备文化资本的教授被收编后兼有政治资本而变得更有权力，但同时要承受更大压力配合掌权者的文化生产及再生产需求，他们的独立性会一点一滴地流失。①

　　阿雀尔又指出学校与经济体系的宏观联结也可从三方面做评估。第一是人力规划的联结，国家掌权者越是利用人力规划政策引导高教发展的方向、越是根据未来就业市场的需求决定高等教育的扩展速度以及增设的院校科系，学校就越是配合人力政策的工具，教育体系的自主性也就越低。②第二是教育体系的"水平分化"（horizontal differentiation）程度，意思是指高等教育体系有否借院校分工限制经济体制的影响力。阿雀尔发现传统上许多欧洲国家的大学与经济生产关系非常疏远，但后来渐渐出现较实用取向的高教院校——例如英国的理工学院等。新型的院校负责培训经济生产所需的技术人力，让传统大学可以与经济体系维持区隔，继续以没有实用价值的学科为主，"为学术而学术"。水平分化有助于延续大学场域——至少是部分大学场域——的自主性。英国第二次世界大战后的高等教育就是水平分化的例子，该国高教体系包括"自主部门"（autonomous sector）及"服务部门"（service sector）两大部分。"自主部门"的成员是传统的大学，负责知识的创新及传承，它们拥有较大的自主性；"服务部门"由理工、技术学院等组成，负责替经济体系及国家训练从事实务工作的人力。隶属"服务部门"的院校一般直接受国家教育行政部门管辖，

---

① 布迪厄1989年10月在东柏林的公开演讲指出政治资本是苏维埃体系社会权力分配的最重要基础，因为该类型社会的政治资本拥有者可以把公有的资源及服务挪为己用（Bourdieu, 1998: 14-18）。
② 阿雀尔在1972年提出这一论点。但今天新自由主义的影响力如日中天，许多国家的政府依靠市场化手法——而不是人力规划政策——施压要学校配合经济生产的需求。

独立性较低（Pratt，1997；Shattock，2012：9 - 102；Vernon，2004）。英国高等教育的水平分化让传统大学保留更大的自主性，继续与经济生产保持距离。第三是学校与经济体系也可以通过所谓"外部生产力"（external productivity）的方式联结——高教体系以外的势力（例如经济规划部门、工商业团体及媒体等）若是频密地公开评核大学对经济生产的贡献以及毕业后的就业情况及薪资回报等，高教院校便会面对更大压力而要不断调整以配合经济人力市场，学校的自主性也会受到压抑（Archer，1972：15 - 19）。

教育体系与经济三种形式的宏观结构链接不但直接干扰大学的运作，也会改变大学场域内部结构，间接损害院校的自主性。因为一旦高教体系与经济紧密联结，大专院校受到压力要配合经济生产，"社会等级"在大学场域的影响力必然上升，"文化等级"的地位一定会下降。此外，大学与经济体系的紧密关系也会影响高等教育场域对社会运动的反应。举例说，要是高教发展被人力政策主导，则大学扩展及院系增删严格依据劳动力市场的趋势，高教体系不再大量产出就业市场无法吸收的毕业生，大部分大学毕业生的就业前景十分明确，在校学生可以理性地规划自己的未来。在这种情况下，学生会变得较认同现状，他们不容易对其他场域受压迫者产生同情，更遑论支持他们的抗争。一旦高教场域因为与经济体系紧密联结而导致跟社会运动出现隔阂，则弱势社群不易再借助大学的符号权力加强抗争的合法性及力度。①

（2）大学场域概念过度以西方为中心

《学术人》的实证资料来自布迪厄在 20 世纪 60 年代中后期对法国大学的研究，该书对大学场域的想象充满了以西方为中心的色彩，不一定可以应用分析非西方国家的高等教育政治。第一，法国具有尊重学术自由的传统，国家必须跟大学场域保持适当距离，政治掌权者不至于会粗暴地直

---

① 阿雀尔提出的观点非常有意思，笔者在撰写这一部分时发现除了第一讲提到的"行动者"及"反表象主义"进路外，我们也可以从学校与政治及经济体系的宏观联结解释教育体系的相对自主性。"行动者"及"反表象主义"进路都假设政治经济力量都试图掌控学校，它们相信教育体系具有自主性，因为它能摆脱外在势力的"魔掌"。但阿雀尔从来没有假设政治经济力量要控制学校，她认为应把教育与权力的关系当作变项处理，并以历史数据掌握两者的具体关系。阿雀尔的观点意味着教育体系自主性源于政治及经济掌权者没有采取行动把学校牢牢地掌控。

接介入院校。① 然而在许多缺乏自由主义传统的非西方国家和地区，国家力量较不受社会约束，强势的政治掌权者往往直接插手教育场域，把学校视为灌输官方意识形态或者是配合国家经济发展的工具（Ashton and Sung，1997：207 – 218；Lim，2016；Lim and Apple，2016：1 – 22）。因为许多非西方国家高等教育的独立性远低于法国，它们大学场域内部的权力结构、行动者策略以及内部斗争的方式及进程都很可能跟《学术人》陈述的有极大落差。

第二，因为法国是位于世界体系中心的主权国家，《学术人》呈现的教育体系是国内社会力量及行动者竞逐权力的场域。然而在位处较边远地区的社会，高等教育很可能同时被外在势力利用牟取利益，外在权力可能比在地力量更能左右大学场域的发展。

第三，位处非中心地区的大学场域可能有相当的位置被外来教研人员占据。外来教授拥有大量非在地（non-local）场域养成及累积的资本——例如外语能力、曾在西方国家执教或者管理院系的经验以及与国外学术界的人脉等，他们的存在对场域内部的权力关系及角力一定会构成影响。另外，外来教研人员并非在在地社会成长及接受教育，未来也较有可能离开。他们跟在地社会若即若离的关系可能影响他们的视野、社会关系以及资本累积与应用的策略。此外，外来教研人员的阶级流动轨迹跨越至少两个社会的权力场域，他们大部分出身于西方社会，于中心地区的大学场域受教育，甚至任职了一段时间，之后迁移到非西方社会成为非中心地区的学术人。教育社会学学者应该研究外来教研人员的背景，探讨他们的资本、习性、策略、阶级及生涯轨迹（class and career trajectories）对在地大学场域的冲击。

第四，非中心的大学场域往往存在外来与民族（national）文化的角力，场域内部对所谓"有价值的文化资本"的认定没有像法国般有共识。许多非西方社会一方面试图借大学吸收国外科技文化及模仿西方国家高教体制而晋升先进社会之列，然而因为民族尊严等缘故，它们同时希望维护民族语言及文化在高等教育的地位。西方及民族文化的紧张关系使大学场域的斗争变得更为复杂。除了《学术人》提及的"社会等级"、"文化等级"、"学术权力"及"科学权力及声望"的角力外，具备"西

---

① 如下文所言，法国政府对大学提供经费，但国家掌权者没有利用大学向年轻人进行政治灌输，大专院校也没有沦为执政及在野政党吸收党员的渠道。

方学术文化资本"——例如会说流利外语、在国外大学取得学历、有能力在国外发表学术成果——的教授跟以"在地学术文化资本"为主的都希望抬高自己资本在高教场域的价值。具备"西方学术文化资本"的可能积极支持高等教育国际化,他们鼓吹采用以外语教学、以在国外发表的学术成果为考绩及晋升的依据。以"在地学术文化资本"为主的可能提出"以母语教学学习效果最佳、最符合国情","西方学术标准也有问题、不可以盲目照跟","不可崇洋、不可不加批判就认定在外国发表的就是佳作"及"学术研究需要面向在地社会、学界不应只用外文发表"等理由抗衡国际化的趋势。尽管今天许多非西方社会的政治及学术掌权者都迎合大潮流支持高等教育国际化,但以"在地学术文化资本"为主的力量也绝非不堪一击。因为不少非西方社会的大学很早就设立了研究所,国内高教体系培养出相当数量的学术人才,他们有部分具备相当年资,而且因为早年洋博士不愿回国而在大学场域占据了具有一定影响力的位置。另外,从外国取得博士的"海归"不一定都有在国际期刊发表学术成果的能力,有部分感到在国外被歧视,不满中心地区学术界对他们的排斥及没有给予他们应有的肯定。无法完全投入国际学术游戏的洋博士可能成为本土化暧昧的支持者或至少不会完全否定本土化。一旦与社会场域跟西方关系紧张的力量结合,大学场域支持本土化的势力可能对拥有西方学术文化资本者构成威胁。因此,运用布迪厄大学场域概念研究非西方地区高等教育的教育社会学者必须加入考虑以西方及在地学术文化资本为主的学术人之间的矛盾。

(3) 缺乏比较分析

《学术人》另一美中不足之处是缺乏比较分析的角度,该书的分析只是依据布迪厄对20世纪60年代中后期法国大学的单个案研究,它无法凸显法国权力场域的独特性,更遑论显示大学场域的跨社会差别。比方说,《学术人》指出经济及文化是所有社会最重要的两种资本,然而这种讲法不一定具有普遍性。因为有学者指出在改革开放前的中国经济资本根本不成气候,文化资本的地位有时也受到政治运动冲击(Andreas, 2002, 2009)。布迪厄后来也承认政治资本很可能是苏维埃社会最重要的资本,比经济及文化资本都重要(Bourdieu, 1989: 14 - 18)。另外,布迪厄强调经济及文化的重要性,但单个案的研究导致他无法交代在不同社会两种资本重要性的差别。①此外，《学术人》提出大学场域与社会空间存在"结构性类同"关系。笔者很渴望知道跟例如英国、美国、德国及中国等国家相比，法国的高等教育场域与社会阶级场域的"结构性类同"联结算不算得上紧密；法国是否有更高比例的学术人来自"主导阶层的从属部分"，更多与世俗权力关系密切的大学教授出身于"主导阶层的主导部分"，追逐"学术权力"的教授是否有更多出身于"小资产阶级"。笔者也希望知道法国大学场域的"社会等级"算不算得上特别有影响力，它的"文化等级"是否比其他国家的更有能力抗衡世俗权力，法国大学场域的自主性算是高还是低。然而，因为《学术人》缺乏比较分析的角度，笔者读毕这部著作后对这一连串的重要问题还是毫无头绪。

另外，缺乏比较角度可能阻碍我们了解法国教育体系的特性，把布迪厄描述的高教场域误认为具有普遍性。《学术人》呈现的其实只是一个在大学场域与政治及经济体系低度整合脉络下的特殊案例，是法国特殊社会历史条件下的产物，不太可能出现于很多其他的社会。依照阿雀尔提出的标准，法国大学与政治体系的联结程度并不算高，因为尽管大学经费主要来自政府，但国家掌权者并没有利用院校灌输特定的意识形态，政治势力与大学之间也保持了一定距离，大专院校没有沦为政党吸收党员的工具。政治体系与大学在宏观层面的弱链接关系其实保障了高教场域的自主性，师生参与社会运动不会有太多顾虑——这是他们投入大规模抗争的一个重要条件。另外，20世纪60年代法国大学场域与经济体系的联结也十分松散，国家没有运用人力规划或市场化政策引导高等教育发展，第二次世界大战后法国高教普及化主要是为了满足社会民众的教育需求。另外，法国的高等教育体系亦出现一定程度的水平分化，高教院校被区分成高等学院与大学两大部分——前者负责培训政府及经济体系所需的高级人才，扩展速度十分缓慢；后者是"一般"的大学，第二次世界大战后不断扩展以满足大众对高等教育的需求。②高教院校的分工让大学可以继续与就业市场

---

① 关于经济及文化资本重要性的跨社会差别，读者可以参考拉蒙特（Michele Lamont）的比较研究。她在1992年出版的《金钱、道德及礼仪：法国及美国中心阶层文化》（*Money, Morals and Manners: The Culture of the French and America Upper Middle class*）指出因为美国历史上没有像法国的贵族阶层，美国人比较重视金钱及物质，比较不会以品位及文化衡量人的价值。跟法国相比，在美国社会经济资本比文化资本重要（Lamont，1992）。

② 有趣的是法国跟许多欧洲国家不一样，跟就业市场关系较密切的"高等学院"地位反而高于一般大学。

脱节，大学的扩张被民众的需求牵着鼻子走。因为大学场域与经济体系没有紧密联结，结果出现高教体系过度扩张、大学设立了许多就业前景不明确的新兴科系、生产出大量就业市场无法吸收的大学毕业生，最终引发了《学术人》所说的再生产危机。在大学场域与政治及经济紧密联结的社会，师生参与社会抗争要付出极大代价，加上掌权者依照经济生产的需求决定高教扩展的速度，学生未来就业前景相当明确，人力市场可以吸收大部分毕业生。大学教授及学生大概不会单纯因为与其他场域弱势者的"异场域相应位置"而支援他们的抗争。

六 小结

《学术人》是批判教育社会学的经典佳作，它以布迪厄的资本、习性及场域等概念深入剖析法国的高等教育场域，尝试解释为什么大学具有既保守、又激进的特性。该书又从高教场域内部结构解释大学的独立性，对教育体系相对自主性的讨论开启了不一样的进路。研究教育与权力的学者一定可以从该书得到许多重要的启发。然而该书偏重以大学场域内部结构解释高等教育的独立性，忽略了教育与政治及经济体系的宏观联结对学校自主性的影响。另外，因为缺乏比较分析的角度，《学术人》无法凸显法国大学场域的特殊性，布迪厄笔下的大学场域可能过度以西方为中心，跟非西方国家的情况相差甚远。因此，我们在运用该书概念进行研究时必须考虑政治及经济体系如何影响教育场域的权力结构以及内部的角力，同时要注意不同社会的具体情况，并运用历史比较角度挖掘不同社会教育场域的特性、发展可以解释学术人跨社会差异的教育社会学理论。

第九讲　古典社会学大师论教育思想的演进

爱弥尔·涂尔干（Emile Durkheim, 1858 – 1917）是古典社会学三大家——另外两位是马克思（Karl Marx）及韦伯（Max Weber）——之中最关心教育问题的一位，也是唯一有专著探讨教育课题的一位。他最主要的教育作品包括《道德教育》（*Moral Education*）、《教育与社会学》（*Education and Sociology*）及《教育思想的演进》（*The Evolution of Educational Thought*，以下简称《教育思想》）。《教育思想》是根据涂尔干在1904至1905年在巴黎大学开讲的"法国中等教育史"27堂讲稿整理而成，该书法文版在1938年涂尔干过世21年后出版，英文版又过了39年（1977年）才面世。①《教育思想》采取历史社会学方法探讨从早期教会到20世纪初长达十多个世纪法国中等教育思想及体系的演变，是涂尔干三部教育著作中最有学术价值的一部。②然而令人不解的是该书一直没有获得应有的重视，不但被"主流"的社会学者忽略，也被教育社会学及教育学者冷待（Emirbayer, 1996: 265）。

要了解《教育思想》一书的重要性，就必须对涂尔干所处年代的法

---

① 《道德教育》讨论道德的本质，并从儿童心理特性解释如何进行道德教育，该书根据涂尔干1902至1903年在巴黎大学首次开讲的"道德教育"十八堂讲稿整理而成。《教育与社会学》探讨教育的特性以及与社会学的关系，该书收录了涂尔干从1903至1911年发表的两篇文章及两堂课的讲稿。除了这三部作品，涂尔干还发表过多篇讨论教育的文章。
② 中国大陆有该书的中译本，读者可参阅李康翻译的《教育思想的演进》。

国社会有概括的认识。涂尔干生于 1858 年——法国大革命后约 70 年。法国大革命挑战贵族及天主教会掌权的不平等旧社会，致力于打造"自由、平等、博爱"的法兰西共和国。涂尔干成年时革命已是差不多一个世纪前的事情了，然而法国的新秩序还没有建立，社会还处于撕裂状态。1789 年革命后法国经历了皇朝复辟、共和国两度瓦解，到了 1870 年第三次重新启动共和国的建国工程。"第三共和国"成立后面对腹背受敌的困境，一方面，天主教会及保守政治势力试图恢复旧有社会秩序，甚至有人建议恢复君主制；另一方面，共和国掌权者也面临左派的威胁。尽管他们在 1871 年把巴黎公社镇压下去了，但工人运动并没有因此式微。19 世纪 90 年代左派政党声势日益浩大，它们通过选举赢得越来越多的选票及议会席次；工会也越来越强悍及具动员能力（McMillan, 2003：6；Weisz, 1978：454）。

除了来自左右两派的政治威胁，"第三共和国"也备受道德及文化危机的困扰。革命前教会肩负主要的道德教化功能，基督教教义为人们订立道德规范并稳定社会秩序。然而教会支持旧皇朝（ancient regime），加上从启蒙时期开始宗教被视为守旧及迷信，革命后共和主义者试图以新的世俗道德取代宗教。然而，法国人对激进革命带来的血腥暴力犹有余悸，对失范心存恐惧，加上世俗道德缺乏神圣性、权威性不足以"服众"，人们无法割舍宗教。宗教在革命后继续发挥影响力，并与保守势力结合壮大反共和势力（Stock-Morton, 1988）。19 世纪末不少共和主义者（Republicans）——包括涂尔干——都意识到重建道德秩序是共和国建国工程的重要一部分，他们相信可借科学方法建立具权威性的世俗道德规范，并认定教育改革是打造新道德的重要基础。第三共和国推行了一连串的教育改革，例如 1881 年颁布法案对 6～13 岁的儿童提供免费的义务教育。五年后（1886 年）法国政府重新建立大学体系，借以强化科学及理性在社会的影响力。[①]当局又在 1902 年颁布新的国立中学（Lycee）课纲，取代以拉丁文及

[①] 法国高等教育在 19 世纪有很长一段时间由两大部分组成：一是训练高级专门人才的"高等学院"（grande école），例如巴黎高师、巴黎综合理工学院、巴黎政治学院及国家行政学院等。另外是一系列的专科学院（Faculties），例如医学院、法学院、文学院等。改革前文学院的主要功能是替中学毕业生举办考试，教学及研究的功能非常薄弱。1896 年第三共和国把专科学院重新整合成立大学，要求大学承担更多的教研任务，并赋予它们相当程度的自主性。关于 19 世纪末法国的高等教育改革可参阅 Anderson（2004：176 - 190）、Musselin（2004）及 Weisz（1983）。

经典人文学科（Classics）为主的传统课程。新课程让学生可以减少甚至放弃修读拉丁文及希腊文，集中精力专攻现代语言、数学及科学（Talbot，1969：16-17）。共和主义者试图利用教育重新整合社会，以理性及科学打造法兰西共和国。

共和主义者知道教育改革必须获得最前线教师支持才有成功的机会。部门教育主管从19世纪80年代初期开始便在高等教育院校设立教育学（pedagogy）教席，①并在大学文学院及其他师资培训院校开设教育学课程，借此争取新一代教育工作者支持教育改革（Weisz，1978：455）。涂尔干是共和主义者、社会学的奠基者，他一直提倡借科学方法剖析社会道德以帮助打造新社会秩序。因为现代社会是借由学校培养公民的道德素养，教育成为他极为关注的课题。涂尔干在1887年取得第一个教席，被波尔多大学（University of Bordeaux）文学院聘任为社会科学及教育学高级讲师，他任教波大期间曾开讲过多门以教育为主题的课程（Lukes，1973：85）。1902年涂尔干转到巴黎大学（University of Sorbonne）担任教育科学讲座教授（Chair of Educational Science）。如上文所言，《教育思想》根据涂尔干在该校开讲的"法国中等教育史"讲稿整理而成。修读该课程的都是准备参加"教师资格考试"（agrégation）、日后在国立中学（Lycees）任教的准教师（Halbwachs，1938：xi；Russo，2006：309-310）。涂尔干刚到巴黎大学时曾婉拒开讲这门课，但他后来发现教育史课题攸关教育改革的成败，感觉到这门课的重要性才回心转意（Durkheim，[1938]1977：3）。②

"法国中等教育史"借过往十多个世纪的历史探讨法国教育的演变，涂尔干讲授这门课所面对的第一个挑战是要说服准教师教育学及历史分析对教育实践非常重要。教育学是对教育实践系统性的反思（Durkheim，[1922]1956：91-93）。令涂尔干不解的是尽管现代社会越来越多领域都试图通过系统的反思改进实务工作，但许多教育工作者都以为教育实践会随着教学经验累积而改进，他们轻视教育学、不认为需要对教育做系统及理性的反省。涂尔干发现中等学校教师对教育理论特别抗拒，因为他们都接受过高等教育，精通所教科目并自信能胜任教职。然而，法国社会不

---

① "Pedagogy"一般被译成"教学法"，然而涂尔干所讲的"pedagogy"范围涵盖对教育活动的整体反思，并不局限于一般意义的教学方法。
② 对涂尔干的年代、生平及整体学术思想感兴趣的读者可参阅Fournier（2013）、Thompson（1982）及Lukes（1973）。

断演变，教育的目的也随之变化，教师过往接受的教育观念已经不合时宜。缺乏教育理论反思只会使他们变得保守，无法与时俱进跟上社会发展的步伐。探索教育理论的发展能够帮助教师们认识到教育理念及实践会因为社会力量的影响而不断改变，克服对新教育观念的严重惧新症（neophobia）（Durkheim,〔1922〕1956: 138-144;〔1938〕1977: 5-10）。①另外，历史视野能帮助我们以平衡的观点推行教育改革，避免走上"逢旧必反"的另一个极端。因为我们的目光都会受到身处的时空局限，容易从当代的眼光出发全盘否定既有的教育实践，愚蠢地把具有价值的传统都一并扬弃。因为缺乏历史视野，历史上许多"革命性"教育理论的倡导者都是"贪新厌旧"的典型，他们对原有的教育模式抱持强烈的敌意，大声疾呼要以新的取而代之。然而他们不知道新的教育理念可能脱胎自旧有的、"革命性"模式，跟原来的有极多共同之处。又误以为可以轻易铲除旧有的教育模式。通过认识教育的发展历史，我们可以更清楚地知道新旧教育观念千丝万缕的关联，在推动改革时更懂得去芜存菁，可以避免重蹈覆辙（Durkheim,〔1922〕1956: 145-146;〔1938〕1977: 16-18）。

《教育思想》以中等教育思想为讨论的重点。涂尔干的中等教育是指并非以职业训练为目的、志在替学生奠定反思及判断能力的教育（Durkheim,〔1938〕1977: 315-317）。传统上法国中等教育一直由大学的文学院负责，文学院在大学占主导地位（见下文）。法国的大学在19世纪经历了一段漫长的沉寂期，如上文所言，然而中等教育却一直保持顽强的生命力。因此探讨法国中等教育发展其实就是探讨法国教育的历史（Durkheim,〔1938〕1977: 18）。②

---

① 有意思的是有历史学者指出"教育学"在19世纪末的法国出现，是因为第三共和国掌权者相信基于学科的教师身份认同——例如拉丁文教师、法文教师、历史教师等——对教育改革构成阻力。他们认为一旦教师们接受"教育学专家"的身份就会愿意以更开拓的眼光重新思考教师的角色并支持教育改革（Weisz, 1983: 280）。

② 因为涂尔干从功能的角度定义"中等教育"，读者不可以把《教育思想》讲的"中等教育"等同我们今天的"中学教育"。涂尔干认定中等教育跟高等不一样，因为前者的目的是培养一般的思考与反思能力，后者训练学生把反思能力做特殊形式的运用（Durkheim,〔1938〕1977: 317）。大学的神学院、法学院及医学院应该属于涂尔干心目中的"高等教育"范畴。涂尔干对中等教育的定义明显受他的教育理想影响。他的定义可能造成他分析上的难处，因为根据《教育思想》的陈述，法国历史上每一个阶段的"中等教育"其实都有浓厚的思想控制色彩（例如经院哲学、人文主义及耶稣会书院教育等）而偏离"培养反思及判断能力的教育"的目标。它们都不符合涂尔干对"中等教育"的定义，都应该被排除于《教育思想》的讨论之外。

一 基督教会与早期法国教育

法国教育的源头是罗马帝国时期的基督教会，当时法兰克人刚脱离游牧民族阶段，文化还是处于低水平。基督教以信仰为中心，重视观念的传播及教导，教会进入法国后创办修道院、书院及地区的小型学校，神职人员成为法兰西民族的教导者（tutors）。基督教与希腊及罗马文化关系密切，教会以拉丁文为官方语言。基督教文化的内容较希腊及罗马文化贫乏，教会积极从两种异教徒文化（pagan cultures）的语言、哲学、逻辑学及历史学等汲取养分以丰富自己的内涵。因此，罗马帝国时期的基督教文化包含着各种矛盾的元素，基督教进入法国时也连带把这一紧张关系一并引进，教会的教育也带有矛盾的性格：它把信仰放在至高无上的地位，但教育内容却包含大量与基督教信仰不协调的异教徒文化（Durkheim,〔1938〕1977: 21-23）。

基督教会对法国教育带来三大重要影响。首先，因为早期宗教与学校教育关系密不可分，教育沾上浓厚的宗教味道，教育被视为类似宣教活动、教育工作者被期待具备神职人员的特质。其次，信仰与异教徒文化的矛盾导致教育存有神圣（sacred）及世俗（profane）的紧张冲突。法国的学校一直都陷于既要把世俗知识置于宗教信仰之下，但又想要摆脱宗教、朝向理性发展的矛盾。此外，基督教以人的救赎为终极使命，教会的目的是拯救整个人的灵魂，基督教教育强调教育的整体性以及个人内心深层的改变。古代希腊及罗马的教师都是"个体户"，教育的目的是传授专门技能；基督教会"全人教育"的观念对欧洲教育发展具有开创性的影响，促使教育工作者把学生置放于与外界保持距离的教育环境——例如寄宿学校（boarding schools）、修道院等——让教师团队共同形塑他们的价值观、气质、修养及习性。涂尔干认为基督教教育模式对法国学校的影响非常深远，到了20世纪初的法国，人们还是把教育工作视为"灵魂的工程"，认定教育的目标是要打造"理想的人"（ideal man）（Durkheim,〔1938〕1977: 24-27）。

回顾早期教会这段历史，涂尔干纠正了当时流行的史观。首先，受到启蒙时期后主流观点的影响，许多史学家以负面眼光看待基督教，轻视教会对欧洲教育发展的贡献，把中世纪——所谓的"黑暗时期"（The Dark

Age）——简单地视为是罗马帝国灭亡到文艺复兴之间的过渡阶段。①然而历史证据显示基督教视教育为打造完整个人的"灵魂工程"就是一个极有革命性的创新观念。涂尔干甚至认为因为基督教"全人教育"的观念，欧洲才首次出现"学校"——意指一群教师把学生集合起来，为教育目标共同努力的道德环境（moral environment）。他又指基督教学校在后来的中世纪扮演文化保存的重要角色，一般史家所谓的"黑暗时期"其实是一个长达十世纪、从来没有中断过的文艺复兴时期（Durkheim,〔1938〕1977: 31 – 34）。

法国教育在法兰克皇帝查理曼（Charlemagne）于公元八百年建立了加洛林帝国（The Carolingian Empire）后进入另一个阶段。查理曼帝国疆域涵盖西欧及中欧。随着政治力量的统一，帝国掌权者意识到要把教育整合起来，于是设置了宫廷学院（École du Palais）。宫廷学院的教师都是当时欧洲各知识领域最优秀的学者，学校像游牧民族般随皇室（The Court）在欧洲大陆不断迁移，各地的贵族子弟、僧侣及社会人士都可入读。掌权者试图以"宫廷学院"为中心影响帝国各地的思想文化。查理曼又呼吁各地的主教在管辖的教区开办学校，各地的座堂、修道院及隐修院于是营办了许多学校。主教们又鼓励基层神职人员在地区创办初级学校以提供基础教育。在政治及宗教力量的合力推动下，加洛林帝国出现了以宫廷学院为中心，然后是中层的座堂及修院学校，到最底层的初级学校的教育体系（Durkheim,〔1938〕1977: 41 – 43）。

加洛林帝国时期的教育发展继续受信仰及世俗力量既合作又紧张的关系所影响。查理曼试图利用教会稳定社会秩序及统一帝国文化。他成立宫廷学院及鼓励主教在教区办学的目的是替神职人员提供"持续进修"的机会，让他们变得更有学问、更能赢取信众信服、更有效地教导信徒。然而加洛林帝国的学校比之前的更具世俗化倾向。比方说，宫廷学院由政治权力推动，教育最重要的目的是帮助巩固帝国统治（而并非单为传教），学院教师都是俗世的学者，学生也并非全都是神职人员。另外，为了强化东部地区对帝国的向心力，查理曼特意推动学校教授希腊文，结果提高了另一个异教徒语文的地位（Durkheim,〔1938〕1977: 43 – 44）。

---

① 17世纪法国教育思想家爱尔维修（Helvetius）是文艺复兴史学家对宗教满怀敌意的典型。爱尔维修提出"教育万能论"，相信教育可以解决人类的一切问题。他宣称教育的目的是打造道德人格，然而一再强调真正的道德不应与宗教扯上任何关系（Palmer, 1985: 3）。

除了建立等级性的学校体系，加洛林时期也奠下了课程内容的形式主义（formalism）基础。因为相信至高无上的上帝是不可分割的整体，受教会影响的教育呈现百科全书式的特性，学校试图传授整体的知识而不只是特定的专门知识。学校把人类知识分成七个基本学科，其中文法（grammar）、修辞（rhetoric）及辩证法（dialectic）统称为"三学科"（trivium）；几何（geometry）、算术（arithmetic）、天文（astronomy）及音乐（music）被称为"四学科"（quadrivium）。"三学科"关乎人类思想心灵的法则，是所有受教育者都需要学习的，与涂尔干定义的"中等教育"相对应；"四学科"关乎外在世界，只有少数精英才有机会修读，地位相当于高等教育。"三学科"在知识体系占主导位置，因为当时人们认为外在世界必须通过人类的心灵才能被认知，一旦了解人类的思想就能够掌握宇宙万物的法则。①文法、修辞及辩证法的知识对象是人类文字书写、论说及逻辑思考的法则，它们在不同时期的地位不尽相同。8世纪时因为教会需要能言善辩之士帮助护教，修辞学在"三学科"中最受重视。辩证法源自希腊的辩士，异教徒的文化背景令基督教会对它一直抱持怀疑态度。从9世纪开始文法的地位超越了修辞，因为当时教会认为只有少部分人需要借修辞及辩证法护教，但每一个人都需要掌握语文法则以了解圣经经文。文法在知识系统的崇高地位导致教育的"语言形式主义"（linguistic formalism），远离具体真实世界的语言法则成为学校教学的重点（Durkheim,〔1938〕1977：50-57）。

二 大学、辩证法与逻辑形式主义

20世纪巴黎大学的出现是法国教育发展另一个重要里程碑式事件。当时基督帝国的势力如日中天，欧洲人可以在大陆自由游走、追求理想的教育，多个城市于是出现大学。12世纪的巴黎吸引来自各地的学者及学生，旧有附设在教堂及修院的学校已不能满足人们对知识的渴求，教廷于是授权学者开办学校，催生了大量相对独立于教会的学校。从1150年至1180年这段时间，"巴黎学校"（Ecole de Paris）的教师组成"法团"（corporation）制定业内成员的专业守则并维护教师职业团体的利益。

---

① 伯恩斯坦认为"三学科"被赋予较重要的地位，因为教会希望先规训了学生的思想心灵，才让他们探索外在世界（Bernstein, 1990：21-23、150-151）。

教师试图垄断执教权，规定必须经过法团认可才具执教鞭资格。教师法团化的用意是要摆脱教会的控制，因为当时教师的任教资格是由主教任命的主事（Chancellor）认定，主事又有权撤销教师的执教资格；与教会主事的斗争强化了教师的自觉及团结。教师法团后来获得教宗的支持，教廷下令主事只能把任教资格授予经教师法团认可的人选，又授权法团自行制定规范约束成员，还规定主事不得在未经梵蒂冈同意前撤销教师的执教资格。梵蒂冈愿意支持教师，因为当时巴黎是基督教世界（Christendom）最重要的文化中心，从"巴黎学校"取得的学历在欧洲教廷统辖的地区都获承认，"巴黎学校"是一所"国际性"的学府，影响力遍及整个欧洲。教廷认为学校不应受制于在地主教（Durkheim,〔1938〕1977:79-86）。教师法团的胜利意味着学校取得更多自主性，教育进一步远离宗教的掌控，学校迈出了成为大学的关键一步。

然而，巴黎大学成立后仍然无法完全摆脱宗教与世俗既合作又冲突的紧张关系。该校一方面比之前更独立于教会，散发更浓厚的世俗色彩：巴黎大学不依附于任何座堂及修道院，学校教师法团已从主教手上抢去教师任命权，大学又限制神职人员任教法学院及文学院。然而巴黎大学并没有完全与教会切断关系：首先，教师法团与教会主事发生冲突时仍是寻求教廷的裁决，大学的自主性有赖梵蒂冈的支持；其次，巴黎大学教师及学生享有跟教会神职人员相同的特权，他们也不希望大学完全割断与宗教的关系。[①]涂尔干以"教内俗人"形容当时的巴黎大学师生。此外，中世纪最有代表性的"经院哲学"（Scholastic Philosophy）也是神圣与世俗"矛盾统一"的产物。经院哲学利用辩证法替基督信仰辩护，但辩证法源于希腊的辩士，经院哲学家却试图利用世俗的思辨技巧把信仰变得更符合理性（Durkheim,〔1938〕1977:94-96）。

巴黎大学由神学、法律、医学及文学院四个学院组成。神、法及医学院有点像今天大学的专业学院（professional schools），它们替宗教、政法及医疗体系培训新一代从业员、跟外在的宗教及世俗力量密不可分。文学院在四个学院中历史最悠久、师生人数最多、最积极参与跟教会主事的斗争，因此也最团结。文学院的训练有点像今天的通识或博雅（liberal art）

[①] 巴黎大学成员跟所有教会神职人员一样不受世俗法律约束，只有教会法庭有权提告及审判他们。然而因为享受比照神职人员的特权，他们也被要求禁欲（Durkheim,〔1938〕1977:94-95）。

教育。因为有意入读神、法及医学院的学生必须先入读文学院并取得合格资格,所以文学院也扮演着专业学院预备学校的角色。文学院一般的入学年龄是 13 岁,入学资格是具备读写能力并基本掌握拉丁文,学院的教学内容并不深奥。这种种因素都可能导致文学院在大学沦为次等角色(Durkheim,〔1938〕1977:101-102)。然而,文学院在大学的地位却最为崇高。大学的校长一直是由文学院的内部选举产生,只有文学院教师有被选举权及投票权。文学院也有权解聘其他三个学院的教师。涂尔干认为文学院的势力凌驾于其他学院,主要原因是它扮演中等教育的角色,它更符合大部分学生的需要,是大学体系的盘石(Durkheim,〔1938〕1977:107)。①

涂尔干继续挑战主流教育史学者贬低中世纪的史观,指出"黑暗时期"其实是欧洲教育的蓬勃发展期,出现了大学、学院及教师法团等创新的体制。涂尔干尤其肯定教师法团的历史意义,因为教师结社后学校享有更高自主性,为促生"真正"的大学奠定基础。然而教师法团也导致教育的保守性,因为教师结社的用意是垄断任教权、维护自身职业团体的利益。法团化后享有更高自主性的大学教师与外在环境脱节,导致后来欧洲十六七世纪的科学革命都发生在大学之外,学校长时间抗拒把科学纳入课程,一直到 19 世纪才开始重视科学教育及研究(Durkheim,〔1938〕1977:161-164)。

涂尔干批评中世纪在课程及教学法方面较缺乏新意。15 世纪前巴黎大学文学院课程以辩证法为主,教师授课着重从经典文献解释"先贤"的辩证方法,并从中引发学生辩论。涂尔干感慨中等教育从"语言形式主义"转变成"逻辑形式主义"(logical formalism),教学内容依旧脱离真实外在世界。辩证法的原意是训练学生通过严谨的思考及辩论寻求真理;后来却演变成了为辩论而辩论,辩论的议题越来越琐碎,参加辩论者往往为了以口舌压倒对方而不惜施展诡辩、强词夺理,辩论的目的不再是为了求真。文艺复兴时期许多知识分子都把中世纪大学的辩证法批评得一

---

① 涂尔干解释文学院在大学的主导性时忽略了两个可能因素。首先,因为文学院课程以"三学科"为主,它肩负规训学生心灵、维持社会稳定的功能。赋予文学院崇高地位有助于向神、法及医学院师生重申道德规训是专业养成的先决条件,只有心灵受规训的人才有资格进入专业领域。其次,文学院与教会、政治及医疗等外在权威保持距离,它的形象看来更公正、更无涉现实利益。给予文学院崇高的地位能够提高大学的正当性,使大学看来更圣洁、更具符号资本。

文不值。但涂尔干认为辩证法并非一无可取，他认为所有教育实践经过一段时间后都会被常规化（routinized），人们会忘记了它原先出现的原因及背后的原理。辩证法能够从 12～15 世纪整整三百年在法国教育占据主导地位一定有其原因。他认为辩证法能够帮助人们运用理性判别是非真伪，动机正确的辩论——意思是以求真而不是求胜为目的的辩论——有助于寻求真理。涂尔干劝吁人们用同情的眼光看待中世纪的教育。他指出当时实证科学并不发达、实验方法也还未登上历史舞台，人们无法系统地搜集经验证据判断真伪，理性思辨是唯一能够依靠的智性工具。16 世纪后实证科学发展一日千里，人们可以借不断涌现的经验证据认识自然及社会世界，辩证学的地位才开始动摇。然而其实科学实验方法借经验证据与研究假设的对质促成知识发展。首先，它本身也是辩证法的一种。其次，实证科学无法完全取代辩证法，因为通过科学方法取得的资料都是有限的，经验证据的不完整迫使我们必须依赖分析、推论、比较等思辨方法协助判断。再次，社会的道德及政治问题涉及价值取舍，无法单依靠实验及经验证据解决，人们必须借理性沟通讨论寻求问题的出路。最后，经院哲学借辩证法巩固信仰，意味着道德与理性范畴的紧密结合，智性活动紧扣对心灵状态及社会秩序的关怀。涂尔干认为"黑暗时期"远胜科学探索者对社会及道德问题漠不关心的 20 世纪（Durkheim，〔1938〕1977：137－155，165－166）。

三　文艺复兴与文艺形式主义

16 世纪欧洲进入了文艺复兴时期，许多历史学家都指称文艺复兴的起因是因为欧洲重新发现古典文艺后渴求恢复古典精神。涂尔干反驳这一讲法，指出希腊及罗马的文学经典其实一直为世人所知，它们被忽视只是因为不切合中世纪人们的需要。然而 16 世纪社会形态的重大变化改变了人们的心灵，欧洲人不再满足于枯燥的、形式化的逻辑，开始渴求更精致、更优雅、更有品位的文化。当时欧洲政治稳定、经济逐步发展、物质生活不断改善，无虞温饱的人们渐渐更着意追求美及品位。另外，经济发展促生了资产阶级。拥有经济资本的"新贵"渴求跻身上流社会，期望学校把他们的子女培养成具有贵族气质。因此，以文学及艺术为主的教育比辩证法更能满足新兴阶级的需求。此外，16 世纪欧洲出现现代的民族国家（nation-states），打破过往基督教世界大一统的局面，人们的思想变得多元化,更富有个人主义色彩。许多人在享受过美好的物质生活后都不再愿意盲目接受基督教禁欲主义的教导。文艺复兴其实是欧洲道德危机——意思是旧有价值观念不再适合新时代——的产物(Durkheim,〔1938〕1977: 168-171)。

涂尔干指出欧洲在文艺复兴才首次出现教育学(或教育理论)。之前教育体系都是借自发的演变而缓慢发展,但16世纪的思想家开始主动提出教育理念,试图借理智反思促成教育制度及实践的改变。当时欧洲有拉伯雷(Rabelais)及伊拉斯谟(Erasmus)两大主要教育思想家。拉伯雷追求绝对的自由,反对一切的规范及约束;他又相信知识能够发展人们的身心功能、摆脱外在的束缚。为了取得绝对自由,他鼓吹内容涵盖一切知识领域的百科全书式的教育。拉伯雷相信教育应以实际的知识内容为主,批评中世纪的教育过度形式主义。他又抨击文艺复兴时最流行的人文主义(Humanism)太抬高文艺的地位,把培养品位及气质视为教育首要目的。尽管拉伯雷强调实质知识内容的重要性,但他提倡的教育模式仍带着浓厚的书呆子气,仍是以文本为中心(text-centered)——他鼓励人们通过书本了解宇宙万物,而不是直接碰触及观察外在世界。涂尔干认为百科全书式的教育理念意味着欧洲在16世纪进入了青春期,整个社会充满无穷活力,渴求把智性活动无尽地伸展到广阔的外在世界(Durkheim,〔1938〕1977: 178-188)。

伊拉斯谟是文艺复兴时期另一位重要的教育思想家,他认为世上最有价值的莫如词汇丰富、语言优美及文字精致的论说,并宣称教育的最主要目的是培养学生的口语及书写能力。伊拉斯谟鼓吹的语言教育不是为了训练学生有效地表达有价值的思想内容,而是为了培养优雅及有品位的言谈及写作风格。他建议把孩子浸淫在古典文学的世界,大量阅读希腊及拉丁文学的原文经典。伊拉斯谟的观念属于"文艺的形式主义"(literary formalism),它延续了把知识内容边缘化的教育传统。

涂尔干批评以伊拉斯谟为代表的人文主义比之前的更保守。他指出尽管中世纪教育也非常重视拉丁文,但因为当时拉丁文的作用主要是作为欧洲不同地区的共通语,人们接受它在不同地区的在地化及通俗化,拉丁文能够充满活力地与时并进,在不同的文化土壤生根。然而从16世纪开始,人文主义者把古典拉丁文本抬高到文艺模范的神圣地位,对它的原本形式有更大坚持。拉丁文不再融合于当代不同地区人民的生活,改变文字的原来形式被视为大逆不道的"渎圣"行为。讽刺的是拉丁文在中世纪"黑暗时期"充满生命力,反而在提倡个性解放的文艺复兴时期被神圣化后变成僵化的死语言。人文主义的"文艺形式主义"把教育变得更守旧、更脱离现实。涂尔干又批评人文主义重视培养优雅品位的教育充满阶级性,因为它只是为了迎合新兴起的资产阶级,完全漠视普罗大众的需求。他甚至认为中世纪的经院哲学比人文主义更有价值,因为辩证法训练理性思维的严谨性,对处理实际生活问题还有点帮助,但文艺形式主义的教育是彻底的百无一用(Durkheim,〔1938〕1977:194-195,206-207)。

但涂尔干对人文主义教育最严厉的批评是针对它对社会道德的负面影响。他指出一切太重视美感的文化都会使人们脱离现实、在道德上变得松懈。另外,以美学为中心的教育会使人混淆符号与行动,误以为自己具备崇高的品格。笔者引用中国文学为例进行说明:许多读书人学会了吟诵杜甫的诗后就以为自己真的具有爱国情操、忧国忧民;沉溺在陶渊明的世界,就自欺欺人地自以为清高、淡泊名利。人文主义教育从来没有让学生们认识到道德其实属于实践的范畴,真正的道德必须通过行动才能落实。浸淫在文学世界的青年人往往十分自恋,他们不会意识到(也没有意志力)要以实际行动进行道德实践(Durkheim,〔1938〕1977:208-209)。

涂尔干指出尽管拉伯雷及伊拉斯谟提出不同的教育理论,但两人的立场其实有惊人的雷同之处:他们都充满精英主义色彩,都没有要对集体尽义务的观念,都不重视知识的实用价值,都极力要摆脱实际生活的束缚——他们唯一的差别只是一个通过无穷的知识寻求自由,另一个在优美的文字世界自我陶醉。16世纪两股最主要教育思想思潮都脱离大部分人的实际生活,证明当时教育体系比以前更具自主性、更远离实用领域。涂尔干认为拉伯雷提出的教育模式相对而言较伊拉斯谟可取。因为尽管百科全书式教育背后的是自我中心式对知识的强烈占有欲,但至少浩瀚的学海可以让人们察觉自己的渺小,提醒人们要谦卑,要注意与社会及自然世界的互赖关系。然而,伊拉斯谟的教育理念却比拉伯雷的更具影响力,因为巴黎大学在16世纪就以古典文学取代辩证法在课程的主导地位(Durkheim,〔1938〕1977:207-214,217-219,230)。

四 耶稣会、人文主义与个人主义

耶稣会是影响文艺复兴时期教育思想的另一股重要力量。16世纪耶稣会成立教师法团打破了大学教师在知识传授的垄断,改变了欧洲教育的面貌。耶稣会出现,主要是因为天主教要抗衡新教(Protestantism)的威胁。宗教改革后路德及加尔文教派的影响力在欧洲大陆快速扩散，很快便"攻下"英国、普鲁士、瑞典、荷兰、比利时及法国的相当部分地区。耶稣会创办人罗耀拉（Ignatius Loyola）相信天主教面对新教节节败退是因为高高在上的教会与时代及信众脱节，他建议天主教成立"民兵"挽回颓势。耶稣会鼓励成员（称为"会士"）深入学习世俗知识，又要求他们走入俗世、走进人群，了解他们、帮助不同个性及需要的个人。耶稣会具有高度矛盾的性格，它一方面要求会士绝对服从罗马教廷，然而同时对俗世抱持绝对开放的态度。耶稣会士很快便发现对抗新教不能单靠传教，还要积极营办学校。因为当时盛行人文主义教育、希腊及拉丁古典文学散播着异教徒世界观，许多人在接受人文主义熏陶后都变成新教徒。耶稣会知道文化的大潮流势不可挡，唯一能做的是积极参与教育，把异教徒文化引导到对天主教有利的方向。尽管遭遇大学及法国天主教会等势力的反对，耶稣会最后还是成功争取成立教师法团并创办书院（colleges）。①该会1628年成立第一所学校——克莱蒙学院（College de Clermont）。其后，耶稣会的教育事业蒸蒸日上，直到1762年被驱逐出法国时在法国至少已经拥有92所学校（Durkheim,〔1938〕1977：231-237）。

为了反制理性对天主教信仰的冲击，耶稣会营办的学校也需调和神圣与世俗的矛盾。该会要求教师虔诚及圣洁，学校的官方语言是拉丁文及希腊文，法文的地位完全被边缘化。学校不单不教授法文，它甚至禁止学生在日常生活以法语交谈——一方面是为了要维持教廷官方语言的地位；另一方面法文是现代语言，耶稣会士认为法国文学过度宣扬凡俗的爱，把法文边缘化有助于将学生的注意力转移到过去、远离堕落的现世。耶稣会书院的课程内容十分重视语言及文字，然而它的目的是培养拉丁及希腊文的读、讲、写能力，而非传扬古典文化的精神。②为了抑止异教徒文化侵蚀天主教信仰，耶稣会书院把希腊及拉丁文文学的人物去历史化，抽象化为对

---

① 大学反对耶稣会成立教师法团是为了要继续垄断教育。法国天主教会反对，因为耶稣会宣称要绝对效忠罗马教廷，跟已有一定程度地化、已不完全唯教廷之命是从的法国天主教会对梵蒂冈的立场不一致（Durkheim,〔1938〕1977：234-235）。

② 耶稣会书院的课程政策跟近代新加坡政府的十分相似。20世纪五六十年代新加坡华文中、小学中文课程以中国历代优秀作家的作品为中心，学生们借阅读中国文学经典培养华语文能力，同时接受作家的思想熏陶。然而李光耀的人民行动党掌权后改革华文学校课程，中文课课程内容渐渐不以作家作品为中心，要求学生阅读的文学作品数量不断减少，教学重点越来越偏重语文技巧（例如文法规则）。跟文艺复兴时期的耶稣会一样，新加坡政府希望学生们习得语文能力，但要避免被文学经典的思想精神所"污染"。

传扬基督教教义有帮助的"典型"(Durkheim,〔1938〕1977: 243 - 251)。①

除了调整教学内容,耶稣会也借由具创意的道德教育方法规训学生的心智。中世纪时教师与学生保持一定距离,学生享有很大空间,人们也不期望教师要深入了解学生的个性。然而耶稣会会士认为教育成功的先决条件是教师与学生长时间持续的接触。他们相信亲密的关系让老师更了解学生的个人特性,进而因材施教。耶稣会书院规定学生住校正是为了营造有助于师生互动的教育环境。其次,耶稣会借竞争激励学生的学习动机。中世纪时期的教师并不鼓励同学之间互相比较,学校也没有什么竞争气氛。②但耶稣会书院设立各种竞赛及奖励刺激学生之间以及班级之间的竞争。依赖竞争推动学习是教学法上的一大创举。耶稣会运用创新的管教及规训方法,因为17世纪欧洲社会个人主义抬头。中世纪时期社会还处于涂尔干所讲的"机械联结"阶段,集体仍然凌驾于个人之上,教师可以以无涉个人(impersonal)的方法面对学生。然而16世纪社会变得个人化,人们日益看重自己的价值,教师必须了解不同学生的个性才能因材施教,才可以针对学生的个人荣誉感激励学习动机(Durkheim,〔1938〕1977: 258 - 263)。套用伯恩斯坦教育论述的概念,通过把重整后的古典文学传统镶嵌于针对个人的规训方法,耶稣会试图在人文主义与个人主义日渐兴盛的文艺复兴时代维持天主教会的霸权地位。③

涂尔干对耶稣会的教育理念及实践抱持极为批判的立场。他抨击该会为了维护教廷的利益把古典文学教育狭隘化为语文教育,没有引导学生通过文学认识及欣赏古典精神。他批评耶稣会厚古薄今,压抑与当代生活密切相关的法文,要求学生专注于拉丁文——一个已经死亡的语言。他又指

---

① 把历史及文学的故事及人物去历史化是掌权阶层惯用的伎俩。举例说,美国有一位极有影响力的盲、聋、哑女作家海伦·凯勒(Helen Keller),她是激进的社会主义者,又积极参与女权及反战运动。美国中、小学教科书把她打造成严重残障但努力不懈取得成就的典型,然而对她挑战美国资本主义、父权主义及帝国主义的政治活动却只字不提。
② 中世纪大学设有考试,大学的学生在没有通过考试前没有资格加入法团成为教师。然而涂尔干认为这些考试都只是形式性的,不合格的概率极低,没能真正刺激学生彼此竞争(Durkheim,〔1938〕1977: 126 - 131, 216)。
③ 如本书第五讲所言,教育论述是调控打造意识与权力的沟通实践,它的组成包括"教导论述"及"规约论述"——前者界定教学要传授的知识内容及技巧,后者规范教育互动的道德秩序。伯恩斯坦强调一切教育传意活动都建基于对教学双方的规范,"规约论述"在"教育论述"占主导位置。

责耶稣会延续甚至进一步强化了教育的形式主义。涂尔干甚至认定耶稣会书院导致教育的倒退。因为在 16 世纪之前欧洲教育发展的趋势是教育与宗教分离，学校日益世俗化，越来越具自主性。耶稣会会士获准成立教师法团并大量营办学校意味着宗教重新介入教育，教会对科学理性的反扑。此外，涂尔干对耶稣会书院的规训方法也不以为然，认为太着重竞争助长自我中心主义并导致学生分化，损害以集体为基础的道德秩序（Durkheim，〔1938〕1977：234，264）。

五 教育传统与革命

文艺复兴的传统对法国教育带来深远的影响。大学在 1716 年开始教授法文及法国文学，然而自然科学继续被排斥，拉丁文及希腊文仍旧占据课程的主导地位，古典文学仍然是教育的中心。尽管 19 世纪末至 20 初许多推动教育现代化的共和主义者都以负面眼光看待旧社会的教育遗产，涂尔干劝吁大家持平地评价历史。他认为法国辉煌的文化成就有部分得力于文艺复兴甚至中世纪的教育传统。比方说，19 世纪许多法国大文豪都是从小学习拉丁文及希腊文，在人文主义熏陶下成长；旧有教育传统孕育了载誉世界文坛的法国文学。另外，形式主义教育打造了法国国民的思想面貌，成就了具有普世意义的法国文化。因为从加洛林时期开始教育的重点是在语言及思想的法则以及人存在的普遍状态，法国一千多年来的教育内容极度去历史化及去脉络化。形式主义教育把法国人困在高度抽象的世界，学校训练出来的学生都缺乏思考具体事物的能力，倾向于把真实世界的复杂性视为无关紧要的表象。然而，形式主义造就了面向世界的法国文化：法国人相信他们的文学探讨普遍的人性，法国文化代表真正的欧洲文化，并认定法国的价值观——包括革命后高举的"自由""平等""博爱"——是所有文明社会都必须尊重的普世价值（Durkheim，〔1938〕1977：271-275）。

然而，无可否认的是法国在大革命前十多个世纪打造了一个不重视科学的教育传统。如上文所述，法国最早期的学校由教会创办，基督教的终极关怀是拯救人的灵魂。教会学校都以人为关怀的对象，把人放在神圣的地位；并把外在于人的自然世界视为世俗，无关乎人的救赎。文艺复兴时期的人文主义延续了基督教的精神，法国人继承了一个对自然世界漠不关心与现代世界格格不入的教育传统。然而，现代社会必须发挥生产、管理、行政等多样的功能才能有效运作，"世俗功能"（temporal functions）的发挥有赖不断进步的自然及人文科学。因此，学校不能再只关心人的心灵，也不能继续以文本为中心；教育内容必须与时并进，让下一代认识真实的自然及人文世界。涂尔干感慨新教背景的德国从 17 世纪已经开始重视科学教育并在教育现代化的道路起步；但法国却落后整整一个世纪——几乎是在革命前夕才有人发出要重视科学教育的呼声（Durkheim,〔1938〕1977：278-290）。

　　1789 年大革命后法国试图扭转人文主义的倾向，把教育的重心转移到科学及对外在世界的探索。然而保守的教育体系与革命的氛围格格不入，传统大学的教育以文本为中心，教授的"科学"还没有从哲学分离，仍是通过思辨方法探索外在世界。满怀热血的革命者认为必须把旧有的教育连根拔起，以新的学校取而代之。经过了数年的扰攘，"国民公会"在共和国第三年（1795 年及 1796 年左右）同意设立名为"中央学校"（Central Schools）的革新教育体系。为了配合革命的解放精神，中央学校尽量给予学生更大的自由。学校课程以科目为重心，不设班级制，学生按自己需要选科并决定学习进度。然而这种过度放任的制度很快便证明行不通，于是学校把六年的修业期平均分为三个阶段。中央学校课程以科学为主，第一阶段主要是绘图及博物学两门有关自然世界的学科。绘图课的目的是引导学生注意外在世界；它及博物学两门学科占据课程 2/3 的时间。第二阶段教学内容完全是数学、实验物理及实验化学。第三阶段课程包括逻辑、历史及法律，目的是借科学方法探讨社会世界、了解人与社会的关系。六年课程中有四年的学习重点是集中在外在的自然世界，课程安排要求学生在掌握科学方法后才开始思考人的心灵及社会问题。中央学校颠覆了过往欧洲的教学论述，它的课程安排是教育发展的一大突破。因为传统课程都是先行以关于人的学科规驯学生的心灵，然后才让他们探索外在世界；①然而革命后法国以科学为教育的重心，要求学生先借探讨外在世界掌握科学精神后才回过头来思索人的问题。中央学校又贬抑拉丁文及文学的地位，学校只在第一及第三阶段分别安排一门拉丁文及古典文学的课，目的只是要借由拉丁文使学生加深对法文的了解以及培养对文学的兴趣（Durkheim,〔1938〕1977：292-299）。

---

　　① 关于这一点，读者可以参考伯恩斯坦在《阶级、符码与控制》第四及第五卷对"四学科"及"三学科"的讨论，以及参阅本书第五讲的相关部分。

中央学校的体制及课程内容都富有创新性。然而因为该校是革命激情的产物，国民公会在制定教育新政时并没有经过深思熟虑，学校的运作很快便出现严重问题。举例说，革命前大学忽视自然科学，革命后法国严重缺乏科学师资。中央学校无法真正落实以科学为中心的课程。另外，该校的课程假设学生入学时已具备相当的知识水平。然而当时在中央学校之下的小学课程太简单，小学毕业生没有足够能力接受中央学校的课程。具体运作的诸多问题导致人民开始发出怨言，对教育改革的热情减退。拿破仑政府在 1802 年废除了中央学校，取而代之的是"国立中学"（Lycées）。法国中等教育倒退回革命前的模式，拉丁文及古典文学在国立中学课程中占主导地位。其后因为人文主义的支持者结合教会抵挡教育现代化，自然科学在中等教育的地位一直起起伏伏，在整个 18 世纪都没有奠定主导地位。涂尔干感慨历史不断重复，1789 年后的改革者还是全盘否定"前朝"的教育模式，还是不懂得冷静地思考如何具体落实前卫的理念。单凭一股革命热诚的教育改革在执行上遭遇挫败后又被新一波的改革彻底否定，一切又得从头再来（Durkheim,〔1938〕1977: 304 - 305）。

六 贡献与重要性

1. 对教育史研究的贡献

《教育思想》对教育史、教育社会学及教育实践都有非常重要的意义。该书对法国从罗马帝国到第三共和国十多个世纪的教育演变进行深入而细致的分析，是一部可读性极高的教育史经典佳作。《教育思想》对教育史研究提出了许多有创意的洞见。比方说，涂尔干批评当代史学界把中世纪视为教育黑暗时期的看法，指出从公元 5 世纪到 15 世纪欧洲的教育不断地创新，出现了学校、层级性的教育体系、教师法团及大学等体制，教育体系也越来越具独立性。他又挑战普遍认为文艺复兴时期教育较中世纪进步的史观，强调 16 世纪耶稣会书院的出现意味着宗教势力重新介入教育，损害了教育的自主性，是欧洲教育发展的倒退。涂尔干抨击文艺复兴时期拉伯雷及伊拉斯谟的教育理念充满精英主义色彩，极度脱离群众，并谴责只着重追求文学美感的人文主义教育比中世纪的辩证法更缺乏实际用途，更无助于建立社会道德。《教育思想》又敏锐地指出作为欧洲共同语的拉丁文在"黑暗时期"充满生命力，反而在文艺复兴时期被神圣化后变成僵化的死语言。另外，涂尔干对法国大革命后完全否定旧有教育传统的做法不敢苟同，他指出尽管人文主义教育存在诸多弊端，但以拉丁及希腊古典文学为主的教育模式孕育了伟大的法国文学传统及具普世价值的法国文化。最后，因为《教育思想》涵盖十多个世纪教育体系及观念的演变，涂尔干可以从漫长历史过程挖掘出一直稳定存在的、深层的、对法国人心灵状态产生最持续影响的教育思想及制度特质。他发现尽管一千多年来法国中等教育不断改变——从原本最重视文法到中世纪以辩证法为中心，到文艺复兴时最看重文艺风格——但形式主义的特色却始终不变。

2. 对教育社会学理论的贡献

《教育思想》对批判教育社会学的意义可以分为两方面，一是该书对学校与社会的关系提出丰富多样的教育社会学分析，二是启发了英国教育社会学大师伯恩斯坦的理论。涂尔干被许多学者认定为结构功能学派的创始人。《教育思想》有部分讨论以宏观甚至"整体"结构的变化——例如基督帝国的兴起、现代国家的出现、个人主义的抬头及经济条件的改善等涂尔干称为形态学的因素（morphological factors）——解释教育的转变。这一部分的讨论大概可以被归类为广义的结构功能分析——意思是把社会视为包括多个功能不一样、相互依赖以及需要彼此协调的整体，并以整体结构的改变解释教育的变化。[①]然而该书也采用了多种冲突学派的理论观点探讨教育与社会权力的关系。举例说，涂尔干在讨论早期教会的部分指出因为罗马帝国时期的基督教混合了信仰与异教徒文化两大元素，教会是神圣与世俗的矛盾混合体，源于教会的学校一定身陷两者的夹缝中，发展过

---

① 一般认定结构功能论的特征还包括忽略社会冲突，把已有的制度认定为对社会整体有益处、抗拒改变既有的制度及实践以及欠缺历史分析。从《教育思想》所见，涂尔干并不具备这些特质：涂尔干在书中大量运用冲突理论的观点（见正文）。他没有反对改变现状，写作《教育思想》就是为了帮助法国推动教育改革。涂尔干从来没有认为存在即是合理的，他在《教育思想》卷首处就明确指出历史上许多有问题的教育理念影响力历久不衰，但有价值的却被世人遗弃（Durkheim,［1938］1977：16）；他又多次批评历代改革者都不分青红皂白地敌视旧有教育模式，不懂得保留有价值的部分。此外，涂尔干非常重视历史分析，他在《社会研究方法论》（*The Rules of Sociological Method*）中呼吁社会学研究要结合历史学方法（Durkheim,［1894］1966）；《教育思想》本身就是一部深入而详尽的历史佳作。有学者甚至认为《教育思想》对社会学最大的贡献是挑战了大部分学者简单地把涂尔干归类为结构功能论的看法（Cherkaoui, 1981）。但因为本书的重点是批判教育社会学，《教育思想》对一般社会学理论的意义可能不是大部分读者关注的问题，笔者对此问题不做进一步讨论。

程也必然受信仰与理性的矛盾冲突所影响。涂尔干凸显教育体制内部矛盾对学校发展影响的分析方法可以被归类为"辩证法"，跟20世纪80年代中期阿普尔的《教育与权力》（见本书第二讲）及卡诺依及李云（Martin Carnoy and Henry Levin）的《民主国家的学校与工作》（*Schooling and Work in the Democratic State*）两部批判教育社会学经典作品的分析方法非常相似。此外，《教育思想》也采用类似阶级再生产理论的观点。例如在讨论人文主义教育兴起的部分，涂尔干"独排众议"指出文艺复兴的根源并非经典的重新发现，而是经济发展催生了资产阶级，累积财富后"新贵"希望借教育培养传统贵族般的优雅气质打进上流社会。套用当代新马克思主义的讲法，涂尔干把人文主义认定为新兴资产阶级赖以再生产阶级利益的工具。

另外，《教育思想》有部分观点跟葛兰西及阿普尔的霸权理论几乎如出一辙。如本书第六讲所言，霸权是指统治阶层借对被统治阶层的文化让步以及通过文化吸纳及重整进而巩固权力的历史过程。涂尔干在书中第四讲指出加洛林帝国的统治者为强化东部地区的向心力而推动宫廷学校教授希腊文，把东部语言纳入帝国最高学府的课程（Durkheim，〔1938〕1977：33－34）。帝国掌权者的语言政策就是对被统治者借文化让步以巩固权力的案例。他又在文艺复兴的章节指出耶稣会为了化解人文主义的威胁而把古典文学吸收成为耶稣会书院课程的一部分，然后把文学教育的目的转移到语文学习，并把原本希腊及拉丁文学的故事及人物去历史化，改造成配合基督教教导的典型（Durkheim，〔1938〕1977：243－251）。耶稣会对人文主义的处理就是打造文化霸权的典型例子。此外，涂尔干跟许多当代批判教育社会学者一样注意到了教育体系自主性。通过大学与教会的关系以及学校对待科学的态度的历史案例，《教育思想》探索西方教育体系自主性的起源，又剖析取得独立性的学校如何衍生出既得利益与保守性，以及脱离其他场域的掌控成为影响社会历史发展的一股独立力量。

尽管《教育思想》并没有系统地提出一套教育社会学理论，[①] 该书把广义的结构功能分析结合辩证法、阶级再生产理论、霸权理论等多个冲突

[①] 《教育思想》没有提出一套完整的教育社会学理论，一方面可能是因为涂尔干开讲"法国中等教育史"是为了帮助未来的中学教师对教育实践进行反思而不是建构理论；另一方面该书可能是涂尔干还没有完成的作品——他在1904至1910年初期数度开讲这门课后都没有采取行动要把讲稿出版，一直到他过世后多年才由同事哈布瓦赫（Maurice Halbwachs）把文稿整理成《教育思想》面世（Russo，2006：311－312）。

理论的观点，对教育及权力的关系勾画出丰富而细腻的图像，隐含并糅合了今天批判教育社会学大部分的理论工具。《教育思想》具有丰富的理论意涵：它把教育视为社会体系的其中一部分，指出社会整体的变动会牵动学校教育，迫使教育体系做出调整。它又强调学校体系是矛盾的产物，它的组成包括彼此不相协调的元素，学校又面对多方不同的压力，需要调和相互冲突的需求。《教育思想》又注意到学校的社会再生产功能，并以实例显示阶级及政治掌权者都试图利用教育巩固权力。然而，涂尔干也提醒我们因为学校具备相对自主性，也意图维护自己的利益，掌权阶级不一定能够随心所欲利用教育达到再生产的目的。

《教育思想》另外一个重要的理论贡献是启发了英国教育社会学大师伯恩斯坦的课程符码及教育论述理论。[①]早期批判取向课程社会学者都专注于学校知识内容对社会再生产的作用。《教育思想》探讨中世纪"三学科"与"四学科"以及过往十多个世纪法国教育的各种形式主义，并指出以语言、逻辑规则、文学风格及美感为中心的课程导致学校教育排斥自然科学，把人们的意识抽离于具体的真实世界。受到涂尔干的启发，伯恩斯坦提出课程符码理论，以"分类"及"架构"概念工具探讨学校知识的组织形式对意识及权力再生产的影响。另外，《教育思想》注意到要把教育活动传授的知识内容与规训学生的方法在概念上明确区分，它提醒学者们教育传意活动除了知识技能传授外还包括对受教者的道德规训。伯恩斯坦提出教育论述理论，指出教育论述包括"规约论述"及"教导论述"，并强调一切教学沟通活动都必须建基于一定的道德秩序，坚称"规约论述"在教育论述占主导地位。他的理论架构明显受到《教育思想》的启发。今天的批判教育社会学者可以借伯恩斯坦的理论深入剖析教育与权力的关系，涂尔干实在应该被记上一大功。因为站在古典社会学巨人的肩膀，伯恩斯坦才得以在更高的立足点建构深具影响力的课程符码及教育论述理论。[②]

[①] 伯恩斯坦在著作中多次对涂尔干表达谢意。更有意思的是《教育思想》英文版译者柯林斯（Peter Collins）承认是因为伯恩斯坦的游说及鼓励才着手翻译该书的（Collins, 1977: vix）。

[②] 当然，《教育思想》并非影响伯恩斯坦的唯一一部涂尔干的著作。如本书第四讲所言，《社会分工论》(The Division of Labor in Society) 对社会整合的分析以及"机械联结"及"有机联结"等概念也启发了伯恩斯坦的课程符码理论。

3. 对教育实践的意义

涂尔干相信渐进式的共和主义，主张以稳健手法打造"自由""平等""博爱"的法兰西共和国，并积极参与第三共和国的教育改革。他推动社会学研究是为了探索社会整合的基础，借以打造非宗教的道德秩序；他开讲"法国中等教育史"目的是争取前线教师支持共和国的教育改革。因为推动涂尔干学术研究的是对法国教育的关怀，《教育思想》是一部对教育实践具有重要意义、值得批判教育社会学者细读的作品。《教育思想》的实践意义包括好几个方面。第一，法国十多个世纪教育演变的历史证明没有所谓永恒不变、放诸四海而皆准的教育模式，教育的观念及制度安排都只是涂尔干所讲的"社会事实"（social fact），它们的兴盛衰落都受到客观的历史社会条件左右（Fanconnet, 1956: 27 - 28; Durkheim, [1922] 1956: 94 - 95; Durkheim, [1938] 1977: 10）。教育的历史变化提醒教育工作者要注意反思既有学校体系是否适合目前的社会，不应该死守既有的教育模式反对一切的改革。

第二，《教育思想》显示教育改革者必须借助历史视野厘定改革的方针。倡导教育变革者容易因为受限于所处情境而只看到问题的表象、夸大了眼前因素及问题的重要性。历史分析的作用有点像心理分析，它能够深入到潜意识，挖掘一直没有被察觉但影响我们最深最持久的思想及行为模式。就好像《教育思想》发现法国一千多年的教育内容不管如何改变，形式主义的特征一直被保留并深刻地影响法国人的思想意识。历史研究又有助于呈现各种教育模式的社会基础，帮助我们判断哪一些观念与制度根深蒂固，已经成为我们的习性并具有深厚的社会力量作后盾，哪一些缺乏社会基础，注定会一瞬即逝退出历史舞台。历史视野有助于探索教育问题的成因，揭露影响教育的深层因素，帮助我们更了解自己，更有机会摆脱惯性的束缚，可以更理性地选择我们教育的未来（Durkheim, [1922] 1956: 108 - 109; [1938] 1977: 16）。

第三，《教育思想》警告教育改革要避免"逢旧必反、非我即敌"的极端思维。教育改革的出现往往是因为不满教育现况，改革的倡导者——尤其是带有革命热诚的倡导者——容易把既有的教育观念及制度看得一无是处，以为借清除旧有的就可以带来更美好的教育未来（Durkheim, [1922] 1956: 99; [1938] 1977: 17）。对现状满怀敌意的结果是把"拨乱反正"变成"矫枉过正"，把婴儿连同洗澡水一起倒掉——就好像文艺复兴时期的人文主义彻底否定中世纪的辩证法,排斥对实际生活有帮助的逻辑思辨方法。"逢旧必反、非我即敌"的想法又容易损害教育改革者自我反思的能力——就像人文主义者看不到自己跟经院哲学同样是形式主义,拉伯雷与伊拉斯谟不知道彼此都是精英主义,法国大革命后教育改革者没有意识到他们跟文艺复兴时期的改革者以相同的态度对待旧有的教育观念及制度一样——不懂得保留既有教育模式深具价值的部分。

第四,法国大革命后教育改革失败的经验警醒我们推行改革前必须充分思考如何具体落实新理念的实际问题。因为教育的愿景只能在已有的条件下建造,具备足够社会力量支持及制度配合的改革才有机会成功。涂尔干重申单靠一股热诚及崇高理想推行的改革都不可能成功,即使成功也不可能持久(Durkheim,〔1922〕1956:109-111)。他甚至认为鲁莽推行的改革会严重耗损改革的合法性,让敌对势力可以趁机反扑,最后导致适得其反的结果——就好像法国大革命后创立的中央学校,维持六年后就寿终正寝,被新一波教育改革推出以拉丁文及古典文学为主的国立中学取代一样(Durkheim,〔1938〕1977:294-305)。

七 批评

尽管《教育思想》对教育史、教育社会学理论及教育实践都具有重大贡献,但该书的论证也有有待斟酌之处,下文将针对它历史论证的准确性、缺乏场域分析及欠缺比较角度三个问题进行讨论。

(1) 关于历史分析的准确性

《教育思想》有部分观点可能会受到历史学者质疑。首先,学者们对涂尔干认为法国教育导致人们对自然世界漠不关心、形式主义教育扼杀科学发展的讲法并不完全认同。例如科学史学者保罗(Harry W. Paul)指出法国早在1666年路易十四年代便成立了法国科学院(Académie des Sciences)以推动科学研究,该院院士包括法国及来自欧洲其他国家最顶尖的科学家。到了18世纪,法国政府为了提升国力而先后创办皇家路桥学院(École royale des ponts et chaussées)、高级矿业学院(the École des mines)、皇家工程学院(the École royale du genie)以及名闻遐迩的巴黎综合理工学院(École Polytechnique)。法国的科学一直处领先地位——巴黎是17及18世纪的国际科研中心,在19世纪德国及英国科学研究起飞前没有国家能够挑战法国在欧洲科学的领导地位(Paul,1985:1-2)。涂尔干可能必须要解释科学精神被中等教育扼杀的法国如何创造出傲人的科研成就。另外，历史学者亦质疑古典学科是否如《教育思想》的陈述般主导法国的中等教育。比方说，近代的研究发现尽管拿破仑在 1802 年废除了中央学校，以国立中学取而代之，然而该政策并没有导致经典课程全面复辟。历史研究发现在 19 世纪中期完全采用古典课程的中等学校只占少数，许多国立学校课程掺杂了相当比重的非经典学科，数目更为庞大的地区性市立书院（municipal colleges）课程更偏重实用性。①

历史学者也可能质疑《教育思想》有部分论证前后不一致。例如涂尔干在该书卷首处指出因为基督教的影响，法国教育沾上浓厚的宗教色彩，教师被期待扮演类似心灵牧者的角色，教育被视为促成学生内心深处改变的"灵魂工程"。涂尔干又声称基督教对法国教育观念的影响延续到他身处的 20 世纪，导致教育工作者极力潜移默化影响学生的道德环境。然而，《教育思想》较后部分却指称中世纪时期的教师只对大班学生讲课，师生关系相当疏离，因此文艺复兴时期耶稣会鼓励教师与学生持续互动，深入地了解学生个性的规训方法称得上是教学法的重大革命（Durkheim, [1938] 1977: 259）。原本影响力从 5 世纪延续到 20 世纪的基督教"全人教育"观念不知道在中世纪什么时候突然消失，一直到耶稣会才恢复原有重视师生关系的教育精神。

另外，涂尔干没有贯彻从神圣与世俗矛盾的角度剖析教会学校的发展。尽管涂尔干指出耶稣会营办的学校跟之前的学校一样是神圣与世俗矛盾的产物，但《教育思想》对耶稣会教育的分析只局限于该会如何把人文主义及个人主义收编及改造，完全忽略了会士的世俗化如何反过来对信仰构成压力以及促成神圣部分的调整及让步。涂尔干亦没有讨论耶稣会的世俗化如何影响它与教廷的关系。此外，因为对耶稣会世俗性及理性缺乏足够的重视，《教育思想》忽略了耶稣会与科学的关系。它没有交代耶稣会士对科学研究的卓越贡献，更遑论探讨具科学精神的耶稣会士如何处理理性与信

---

① 国立中学及市立书院没有完全偏重经典学科，因为它们的学生并非都来自上层社会，学校的功能并非单纯为了精英的阶级再生产。许多出身背景相对较差的学生——例如父母是小商人、中低层白领及工匠的学生——知道自己不可能晋身掌权阶层。他们不会完成整个中等教育课程，可能在国立中学及书院念了两三年，称得上是接受过中等教育后便离开。他们要求较有实用性、较贴近实际生活的教育（Anderson, 2004: 100 – 101）。

仰的矛盾以及调整教育观念。①

（2）缺乏场域分析

《教育思想》缺乏"场域"的分析，几乎完全没有交代支持不同教育理念行动者的出身背景、权力基础以及与教育及其他领域行动者的关系。缺乏场域分析可能损害了该书对教育冲突的解释力。举例说，《教育思想》投入相当篇幅讨论耶稣会的教育理论及实践，却没有考究过耶稣会在基督教世界的处境，例如该会与教廷及其他宗派的关系、它成立后如何衍生（并需要维护的）物质及符号利益以及它如何借教育实践巩固权力（Emirbayer，1996：275）。因为缺乏场域的分析，《教育思想》只能从该会对天主教的"整体"作用——调和神圣与世俗的矛盾、帮助教廷在日趋世俗化的世界维持主导地位——解释它的教育及理念实践。涂尔干笔下的耶稣会士只关心教廷的地位，完全没有意图要维护自己的利益，更不会思索如何借教育再生产在宗教场域的权力。另外，涂尔干讨论在文艺复兴时期提出百科全书式教育理念的拉伯雷及倡导古典文学的伊拉斯谟两大教育思想家。然而他没有探究拉伯雷、伊拉斯谟及其支持者的背景、他们（及他们的继承人）在教育场域所处的结构位置与教育及其他领域行动者（例如在教育体系的经院哲学学者、传统的贵族阶层以及渴求借教育培养优雅气质打入上流社会的新兴资产阶级等）的关系。缺乏场域分析可能损害了他对教育冲突的解释力，导致无法更全面地交代为什么人文主义可以压倒百科全书式的教育理念成为文艺复兴时期教育的主流。

（3）欠缺历史比较角度

《教育思想》缺乏比较社会学的分析。涂尔干曾在《教育与社会学》中指出比较研究可以建立教育的类型学（typologies），有助于解释教育体制的形成与影响以及促成对教育实践的反思（Durkheim，〔1922〕1956：95-98；Karabel and Halsey，1977：72）。然而，《教育思想》只是一个单个案的法国教育史研究，欠缺比较分析角度可能令涂尔干错过了一个更有效促成教育反思的机会。因为如果《教育思想》能够将法国跟其他欧洲国家的中等教育进行比较，该书必定可以证明教育体系不仅受所处社会的历史条件影响，也会在不同社会呈现不同面貌。教育的跨

---

① 从17世纪开始耶稣会涌现大量优秀的科学家，他们在数学、物理学、天文学、植物学、动物学及考古学等多个领域都有卓越贡献。关于耶稣会与科学的文献数量甚为庞大，有兴趣的读者可参阅Waddle（2015）及Wright（2004）。

社会差异可以更有说服力地论证没有所谓永恒不变、放诸四海皆准的教育观念。①

缺乏比较视野可能导致读者们不容易分辨《教育思想》呈现的是欧洲教育发展的普遍情况，还是法国教育的特殊现象。因为基督教是西方教育的源头，早期欧洲的学校大都由教会创办。从公元5世纪到15世纪欧洲各地都经历了中世纪"黑暗时期"，教育被经院哲学主导，之后出现了启蒙时期、文艺复兴及工业革命。另外，从16世纪开始人文主义的影响涵盖了欧洲多个地区，英国、德国及意大利等都以古典学科为教育的重点；多国的科学革命都在大学以外萌芽，经过一段长时间后才把科学教育及研究纳入教育体系。因为没有把法国与其他国家作对照，《教育思想》无法有系统地论证宗教、文艺复兴、科学革命、工业革命等因素如何具体地影响法国，打造出跟其他欧洲国家不一样的法国中等教育。②

最后，加入比较角度可能有助于《教育思想》进行更彻底的教育反思。涂尔干跟当时法国的共和主义者都提倡用实证主义（positivism）方法研究社会，又积极鼓吹以科学方法打造世俗道德取代宗教。比较分析可以帮助我们反思"高举科学、反对宗教"教育观点的社会根源，提醒我们涂尔干的教育理念其实也是特殊历史社会条件的产物。举例说，美国知识社会学学者林格（Fritz Ringer）研究法国及德国的知识阶层。他发现19世纪末至20世纪初法国知识界普遍认可科学对社会的价值，推崇实证主义，然而德国学界对科学持较保留的态度，甚至对实证主义非常反感。林格认为两国的差别在于德国在18世纪便已开始高等教育现代化，科层体制很早便根据学历选

---

① 涂尔干在《教育思想》中偶尔从比较角度对不同国家教育差异做出评论。比方说，他在第十讲指出中世纪法国书院（colleges）与大学的关系比同时期英国的密切。涂尔干把英、法的这一差异归因于法国在政治上很早便统一，法国人对中央化体系的渴求（Durkheim，[1938] 1977: 117 - 122）。另外，《教育思想》第二十三讲指出因为新教压抑了人文主义，文艺形式主义在德国较不成气候，导致德国人早在17世纪便注意到要兼顾精神及物质世界，他们的教育也较法国重视科学、较不以文本为中心（Durkheim，[1938] 1977: 285 - 288）。然而，无可争辩的是《教育思想》并没有系统地把法国与其他国家的教育作比较。有意思的是美国社会学者艾米比耶（Mustafa Emirbayer）曾就《教育思想》欠缺比较分析这点替涂尔干辩护，他指出该书比较的重点并非法国与其他国家，而是法国不同历史阶段的教育理念（Emirbayer, 1996: 264）。

② 苏格兰教育史学者安德森（Robert Anderson）也指出文艺复兴、宗教改革、科学及工业革命等因素都对欧洲多个国家和地区造成影响。但是因为不同国家和地区社会历史条件的差异，这些因素影响教育体系的方式、程度及时间点都不一样。他强调要确切掌握欧洲各国教育的异同，就一定要进行历史比较研究（Anderson, 2004b）。

拔人才,该国在 19 世纪初已形成以教育取得权力的德国文人(German Mandarin)阶层——一个以"教养"(Bildung)观念建立自我身份认同的知识阶层。"教养"观念推崇博学,把教育视为借自发的努力学习全面提升个人、充分发展优良个性的自我完成过程。[①]受到"教养"观念的影响,德国文人阶层重视知识的整体性,比较反对操控式介入自然及人文世界,较容易把实证科学联想成把知识割裂及狭隘化以及入侵生活世界的工具理性(Ringer, 1969; 1992; 2000)。另外,德国文人也没有像法国知识界那样对宗教存在强烈的敌意。原因很可能是法国大革命前天主教会支持旧皇朝,革命后又一直站在反共和的阵营,教会被视为社会进步的阻碍。相反,宗教改革后德国以新教为主,宗教力量不但没有像法国天主教会般与旧社会势力靠拢,新教伦理甚至被视为现代化的推动力。涂尔干提出以科学取代宗教重建教育,因为法国的特殊社会历史条件导致教会与知识界(特别是支持共和国建国工程的知识分子)的紧张关系,以及新兴的知识阶层没有借与实证科学存有紧张关系的观念建立自我身份认同。比较分析可帮助我们察觉法国的特殊历史条件对涂尔干思想的影响,避免将他提出的教育改革理念去历史化及绝对化。

八 本讲小结

《教育思想》是教育社会学不可多得,但却一直被学界忽略的佳作。笔者把它介绍给中文世界的读者,因为正如涂尔干所说,教育体系是历史的产物,不了解教育演变的历程就无法真正了解学校教育。教育史研究是建立教育社会学的先决条件,中文世界需要更多高质量的、具有社会学意涵的教育史研究。《教育思想》对法国十多世纪教育发展做出深入而细腻的分析,提出具有突破性的史观,它为我们树立了一个教育历史社会学研究的优良典范。另外,批判教育社会学的终极目的是借知识改变不平等的社会关系;当代探讨教育与权力关系的学者处境其实跟一百年前试图借学校教育打造共和国的涂尔干情况非常相似。我们在摸索实践方向时都必须先认识我们社会学校教育发展的轨迹、继承的教育遗产以及根深蒂固的教

---

① 林格认为德国知识阶层以"教养"建立身份认同,因为"教养"必须通过后天努力学习,这可以凸显自己比借继承不劳而获而取得特权地位的贵族阶层来得优胜(Ringer, 1992: 2-3; 2000: 200)。

育观念。跟涂尔干年代的共和主义者一样,我们都需要判断哪一些理念有社会力量的支持并要珍惜既有教育体系有价值的部分以及小心拟定可行的实践方案。《教育思想》对我们的教育实践具有极大的启发性。此外,笔者推荐《教育思想》,因为正如在本书序言所言,要做出优秀的教育社会学研究必须先深入阅读大师的经典作品。《教育思想》就是一部大师的经典作品。

参考文献

Apple, M. W., 2008,《教育与权力》,曲因因、刘明堂译,上海:华东师范大学出版社。

Bernstein, B., 2005,《教育、象征控制与认同:理论、研究、与批判》,王瑞贤译,台北:学富。

Bernstein, B., 2006,《教育论述之结构化》,王瑞贤译,台北:巨流。

Bernstein, B., 2007,《阶级、符码与控制:教育传递理论之建构》,王瑞贤译,台北:联经。

Bourdieu, Pierre、Passeron, C., 2002,《再生产——一种教育系统理论的要点》,邢克超译,北京:商务印书馆。

王瑞贤,2007,《社会阶级、教育传递与社会控制》,《阶级、符码与控制:教育传递理论之建构》,第5~52页,台北:联经。

皮埃尔·布尔迪厄,2006,《人:学术者》,王作虹译,贵阳:贵州人民出版社。

黄庭康,2008,《比较霸权:战后新加坡及香港的华文学校政治》,台北:群学。

黄庭康,2016a,《反思台湾威权时期侨生政策的形成:以50年代为例》,《族群、民族与现代国家经验与理论的反思》,第83~116页,台北:中研院。

黄庭康,2016b,《重探伯恩斯坦的评估原则理论:以新加坡华文中学的国家考试改革为例》,《教育研究集刊》62 (3),第 73~104 页。

爱弥尔·涂尔干,2006,《教育思想的演进》,李康译,上海:上海人民出版社。

Aldersley, S. F. 1995. "Upward Drift is Alive and Well: Research/Doctoral Model Still Attractive to Institutions," *Change* 27 (5), pp. 51 - 56.

Aldrich, R. and Crook, D. and Watson, D. 2000. *Education and Employment: the Dfee and its Place in History*. London: Institute of Education, University of London.

Anderson, R. D. 2004a. *European Universities from the Enlightenment to 1914*. New York: Oxford University Press.

Anderson, R. D. 2004b. "The Idea of the Secondary School in Nineteenth-century Europe," *Paedagogica Historica* 40 (1), pp. 93 - 106.

Andreas, J. 2002. "Battling over Political and Cultural Power during the Chinese Cultural Revolution," *Theory and Society* 31 (4), pp. 463 - 519.

Andreas, J. 2009. *Rise of the Red Engineers: The Cultural Revolution and the Origins of China's New Class*. California: Stanford University Press.

Apple, M. W. 1979. *Ideology and Curriculum*. London & New York: Routledge.

Apple, M. W. (ed.) 1982. *Cultural and Economic Reproduction in Education: Essays on Class, Ideology and the State*. London: Routledge & Kegan Paul Books.

Apple, M. W. 1985. *Education and Power*. Boston: ARK.

Apple, M. W. 1986. *Teachers and Texts: A Political Economy of Class and Gender Relations in Education*. New York and London: Routledge & Kegan Paul.

Apple, M. W. 1988. "Redefining Equality: Authoritarian Populism and the Conservative Restoration," *Teachers College Record* 90 (2), pp. 167 - 184.

Apple, M. W. 1990. *Ideology and Curriculum* (2nd ed). New York: Routledge.

Apple, M. W. 1991. "The Culture and Commerce of the Textbook," in *The Politics of the Textbook*, edited by Apple, M. W. and L. k. Christian-Smith, pp. 22 - 40. New York: Rovtledge.

Apple, M. W. 1992. "Education, Culture, and Class Power: Basil Bernstein and The Neo-Marxist Sociology of Education," *Educational Theory* 42 (2), pp. 127 - 145.

Apple, M. W. 1993. *Official Knowledge: Democratic Education in a Conservative*

Age. New York: Routledge.

Apple, M. W. 1995. *Education and Power* (2nd ed). New York: Routledge.

Apple, M. W. 2004. *Ideology and Curriculum* (3rd ed). New York: RoutledgeFalmer.

Apple, M. W. and Lois Weis (eds.) 1983. *Ideology and Practice in Schooling*. Philadelphia: Temple University Press.

Archer, M. S. 1972. "Introduction," In *Students, University and Society: A Comparative Sociological Review*, edited by Margaret Scotford Archer, pp. 1 – 35. London: Heinemann Educational Books.

Archer, M. S. 1979. *Social Origins of Educational Systems*. London: Sage Publications Ltd.

Archer, M. S. 1983. "Process Without System," *Archives Européennes de Sociologie* 24 (4), pp. 196 – 221.

Archer, M. S. 1986. "Social Origins of Educational Systems," In *Handbook of Theory and Research for the Sociology of Education*, edited by Richardson, H. G, pp. 3 – 34. New York: Greenwood Press.

Archer, M. S. 1993. "Bourdieu's Theory of Cultural Reproduction: French or Universal?" *French Cultural Studies* 4 (12), pp. 225 – 240.

Archer, M. S. 1995. The Neglect of the Educational System by Bernstein. In *Knowledge and Pedagogy: The Sociology of Basil Bernstein*, edited by Alan R. Sadovnik, pp. 211 – 235. Norwood, New Jersey: Ablex Publishing Corporation.

Aronowitz, S. & Giroux, H. 1985. *Education under Siege: the Conservative, Liberal, and Radical Debate over Schooling*. South Hadley, Massachusetts: Bergin & Garvey.

Ashton, D. N. and Sung, Johnny. 1997. "Education, Skill Formation, and Economic Development: The Singaporean Approach," In *Education: Culture. Economy, Society*, edited by Halsey, A. H., Lauder, H., Brown, Phillip and Wells, A. S., pp. 207 – 218. Oxford; New York: Oxford University Press.

Atkinson, P. 1985. *Structure and Reproduction: An Introduction to the Sociology of Basil Bernstein*. London: Methuen.

Avis, J. 1991. "The Strange Fate of Progressive Education," In *Education*

Limited: *Schooling, Training and the New Right in England Since 1979*, edited by Education Group II. Department of Cultural Studies, University of Birmingham, pp. 114 – 139. London: Unwin Hyman.

Baudelot, C. 1994. "Student Rhetoric in Exams," In *Academic Discourse: Linguistic Misunderstanding and Professorial Power*, edited by Pierre Bourdieu, Jean-Claude Passeron and Monique de Saint Martin and translated by Richard Teese, pp. 80 – 94. Cambridge: Polity Press.

Beadie, N. 2010. *Education and the Creation of Capital in the Early American Republic*. New York: Cambridge University Press.

Bernstein, B. 1970. "Education Cannot Compensate for Society," *New Society* 387 (February 26), pp. 344 – 347.

Bernstein, B. 1973. *Class, Codes and Control, Vol. 2: Applied Studies towards a Sociology of Language*. New York: Routledge.

Bernstein, B. 1974. *Class, Codes and Control, Vol. 1: Theoretical Studies towards a Sociology of Language* (2nd ed). New York: Schocken Books.

Bernstein, B. 1977. *Class, Codes and Control, Vol. 3: Towards a Theory of Educational Transmissions* (2nd ed). London: Routledge & Kegan Paul.

Bernstein, B. 1986. "On Pedagogic Discourse," In *Handbook of Theory and Research for the Sociology of Education*, edited by Richardson, J. G. pp. 205 – 240. Westport, Connecticut: Greenwood Press.

Bernstein, B. 1990. *Class, Codes and Control, Vol. 4: The Structuring of Pedagogic Discourse*. London: Routledge.

Bernstein, B. 1995. "A Response," In *Knowledge and Pedagogy: The Sociology of Basil Bernstein*, edited by Alan R. Sadovnik, pp. 385 – 424. Norwood, New Jersey: Ablex Publishing Corporation.

Bernstein, B. 1996. *Pedagogy Symbolic Control and Identity: Theory, Research, Critique*. London: Taylor & Francis.

Birnbaum, R. 1983. *Maintaining Diversity in Higher Education*. San Francisco: Jossey-Bass.

Blackledge, A. 2001. "The Wrong Sort of Capital? Bangladeshi Women and Their Children's Schooling in Birmingham, U. K," *The International Journal of Bilingualism* 5 (3), pp. 345 – 369.

Blau, P. M. 1964. *Exchange and Power in Social Life*. New York: John Wiley &

Sons.

Bourdieu, P. 1977. *Outline of a Theory of Practice*. Cambridge; New York: Cambridge University Press.

Bourdieu, P. 1984. *Distinction: A Social Critique of the Judgement*. Cambridge: Harvard University Press.

Bourdieu, P. 1985. "Social Space and the Genesis of Groups," *Theory and Society* 14 (6), pp. 723 – 44.

Bourdieu, P. 1986. "The Forms of Capital," In *Handbook of Theory and Research for the Sociology of Education*, edited by Richardson, J. G. pp. 241 – 258. Westport: Greenwood Press.

Bourdieu, P. 1988. *Homo Academicus*. Stanford, California. : Stanford University Press.

Bourdieu, P. 1989. "Social Space and Symbolic Power," *Sociology Theory* 7 (1), pp. 14 – 25.

Bourdieu, P. 1990. *The Logic of Practice*. Stanford, California. : Stanford University Press.

Bourdieu, P. 1991. *Language and Symbolic Power*. Cambridge: Harvard University Press.

Bourdieu, P. 1996. *The State Nobility: Elite Schools in the Field of Power*. Cambridge: Polity Press.

Bourdieu, P. 1998. *Practical Reason: On the Theory of Action*. California: Stanford University Press.

Bourdieu, P. 1999. "Rethinking the State: Genesis and Structure of the Bureaucratic Field," In *State/Culture: State-formation after the Cultural Turn*, edited by George Steinmetz, pp. 53 – 75. Ithaca and London: Cornell University Press.

Bourdieu, P. and Boltanski, L. 1977. "Changes in Social Structure and Changes in the Demand for Education," In *Contemporary Europe: Social Structures and Cultural Patterns*, edited by Giner, S. and Archer, M S. , pp. 197 – 227. London: Routledge and Kegan.

Bourdieu, P. & Chartier, R. 2015. *The Sociologist and the Historian*. Cambridge: Polity Press.

Bourdieu, P. and Passeron, J. C. 1979. *The Inheritors: French Students and Their*

Relation to Culture. Chicago, Illinois: University of Chicago Press.

Bourdieu, P. and Passeron, J. C. 1990. *Reproduction in Education, Society and Culture* (2nd ed.). London: Sage Publications.

Bowles, S. and Gintis, H. 1976. *Schooling in Capitalist America Educational Reform and the Contradictions of Economic Life.* New York: Basic Books.

Bowles, S. and Gintis, H. 1986. *Democracy and Capitalism: Property, Cammvnity, and the Contradictions of Modern Social Thought.* New York: Basic Books.

Bowles, S. and Gintis, H. 1988. "Contradiction and Reproduction in Educational Theory," In *Bowles and Gintis Revisited: Correspondence and Contradiction in Educational Theory*, edited by Cole, M., pp. 16 – 32. East Sussex: The Falmer Press.

Breen R. & Goldthorpe, J. H. 2001. "Class, Mobility and Merit: The Experience of Two British Birth Cohorts," *European Sociological Review* 17 (2), pp. 81 – 101.

Carnoy, M. and Levin, H. M. 1985. *Schooling and Work in the Democratic State.* California: Stanford University Press.

Carter, P. L. 2003. "'Black' Cultural Capital, Status Positioning, and Schooling Conflicts for Low-Income African American Youth," *Social Problems* 50 (1), pp. 136 – 155.

Cherkaoui, M. 1981. "Consensus or Conflict: Return to Durkheim's Proteiform Theory," *Theory and Society* 10 (1), pp. 127 – 138.

Chitty, C. 1988. "Central Control of the School Curriculum, 1944 – 87," *History of Education* 17 (4), pp. 321 – 334.

Codd, J., Gordon, L. and Harker, R. 1997. "Education and the Role of the State: Devolution and Control Post-Picot," In *Education: Culture Economy Society*, edited by Halsey, A. H., Lauder, H., Brown, P. and Wells, A. S., pp. 263 – 272. Oxford: Oxford University Press.

Cohen, D. K. and Rosenberg, B. H. 1977. "Functions and Fantasies: Understanding Schools in Capitalist America," *History of Education Quarterly* 17 (2), pp. 113 – 137.

Cole, M. (ed.) 1988. *Bowles and Gintis Revisited: Correspondence and Contradiction in Educational Theory.* East Sussex: The Falmer Press.

Coleman, J. S. 1988. "Social Capital in the Creation of Human Capital,"

American Journal of Sociology 94, pp. S95 – S120.

Coleman, J. S. and Hoffer, T. 1987. *Public and Private High Schools: The Impact of Communities.* New York: Basic Books.

Collins, P. 1977. "Translator's Introduction," In *the Evolution of Educational Thought: Lectures on the Formation and Development of Secondary Education in France*, Durkheim, E., translated by Peter Collins, pp. xvii – xxviii. London: Routledge & Kegan Paul.

Collins, R. 1971. "Functional and Conflict Theories of Educational Stratification," *American Sociological Review* 36 (6), pp. 1002 – 1019.

Collins, R. 1977. "Some Comparative Principles of Educational Stratification," *Harvard Educational Review* 48 (1), pp. 1 – 27.

Collins, R. 1979. *The Credential Society: an Historical Sociology of Education and Stratification.* London: Academic Press.

Connell, R. 2006. "Northern Theory: The Political Geography of General Social Theory," *Theory and Society* 35 (2), pp. 237 – 264.

Cookson, P. W. and Persell, C. H. 1985. *Preparing for Power: America's Elite Boarding Schools.* New York: Basic Books.

Dale, R. 1989. *The State and Education Policy.* Philadelphia: Open University Press.

Davies, S. 1995a. "Leaps of Faith: Shifting Currents in Critical Sociology of Education," *The American Journal of Sociology* 100 (6), pp. 1448 – 1478.

Davies, S. 1995b. "Reproduction and Resistance in Canadian High Schools: an Empirical Examination of the Willis Thesis," *The British Journal of Sociology* 46 (4), pp. 662 – 687.

Day, C. R. 1992. "Science, Applied Science and Higher Education in France 1870 – 1945, an Historiographical Survey since the 1950s," *Journal of Social History* 26 (2), pp. 367 – 384.

Devine, F. 2004. *Class Practices: How Parents Help Their Children Get Good Jobs.* Cambridge: Cambridge University Press.

Downes, D. & Rock, P. 1982. *Understanding Deviance: a Guide to the Sociology of Crime and Rule-breaking.* New York: Oxford University Press.

Drewry, H. N and Doermann, H. 2001. *Stand and Prosper: Private Black College and their Students.* New Jersey: Princeton University Press.

Durkheim, É. 〔1894〕1966. *The Rules of Sociological Method*. Trans. Sarah A. Solovay and John H. Mueller and edited by George E. G. Catlin. New York: Free Press.

Durkheim, É. 〔1922〕1956. *Education and Sociology*. Trans. Sherwood D. Fox. New York: Free Press.

Durkheim, É. 〔1925〕1961. *Moral Education: a Study in the Theory and Application of the Sociology of Education*. Trans. Everett K. Wilson and Herman Schnurer. New York: Free Press.

Durkheim, E. 〔1933〕1997. *The Division of Labor in Society*. Trans. W. D. Halls. New York: Free Press.

Durkheim, É. 〔1938〕1977. *The Evolution of Educational Thought: Lectures on the Formation and Development of Secondary Education in France*. Trans. Peter Collins. London: Routledge & Kegan Paul.

Elias, N. 1998. "The Civilizing of Parents," In *The Norbert Elias Reader: a Biographical Selection*, edited by Goudsblom, J. and Mennell, S., pp. 189 – 211. Oxford: Blackwell Publishers.

Emirbayer, M. 1996. "Durkheim's Contribution to the Sociological Analysis of History," *Sociological Forum* 1 (2), pp. 263 – 284.

Everhart, R. B. 1979. *The In-Between Years: Student Life in a Junior High School*. Santa Barbara, California: Graduate School of Education, University of California.

Everhart, R. B. 1983. "Classroom Management, Student Opposition, and the Labor Process," In *Ideology & Practice in Schooling*, edited by Michael W. Apple and Lois Weis, pp. 169 – 192. Philadelphia: Temple University Press.

Fanconnet, P. 1956. "Foreword" in *Moral Education: A Study in the Theory and Application of the Sociology of Education*. Durkheim, E., translated by Wilson E. K. and Schnurer, H. London: the Free Press.

Foster, J. B. 2011. "Education and the Structural Crisis of Capital," *Monthly Review* 63 (3), pp. 137 – 153.

Fournier, M. 2013. *Émile Durkheim: a Biography*. Malden, Massachusetts: Polity Press.

Fraser, N. 1997. *Justice Interruptus: Critical Reflections on the "Postsocialist" Condition*. New York & London: Routledge.

Fritzell, C. 1987. "On the Concept of Relative Autonomy in Educational Theory," *British Journal of Sociology of Education* 8 (1), pp. 23 – 35.

Fuller, B. 1991. *Growing up Modern: the Western State Builds Third World Schools*. New York: Routledge.

Gaztambide-Fernández, R. A. 2009. *The Best of the Best: Becoming Elite at an American Boarding School*. Cambridge, Massachusetts: Harvard University Press.

Gibson, R. 1977. "Bernstein's Classification and Framing: a Critique," *Higher Education Review* 9 (2), pp. 23 – 45.

Gibson, R. 1984. *Structuralism and Education*. London: Hodder and Stoughton.

Giroux, H. 1983. *Theory and Resistance in Education: A Pedagogy for the Opposition*. South Hadley, Massachusetts: Bergin & Garvey.

Goldthorpe, J. H. & Jackson, M. 2007. "Intergenerational Class Mobility in Contemporary Britain: Political Concerns and Empirical Findings," *The British Journal of Sociology* 58 (4), pp. 525 – 546.

Gorder, K. L. 1980. "Understanding School Knowledge: a Critical Appraisal of Basil Bernstein and Pierre Bourdieu," *Education Theory* 30 (4), pp. 335 – 346.

Gordon, L. 1989. "Beyond Relative Autonomy Theories of the State in Education," *British Journal of Sociology of Education* 10 (4), pp. 435 – 447.

Gordon, P and Lawton, D. 2003. *Dictionary of British Education*. London: Woburn Press.

Green, A. 1990. *Education and State Formation: The Rise of Education Systems in England, France, and the USA*. New York: St. Martin.

Green, A. 1991. "The Peculiarities of English Education," In *Education Limited: Schooling, Training and the New Right in England Since 1979*, edited by Education Group II. Department of Cultural Studies, University of Birmingham. pp. 6 – 30. London: Unwin Hyman.

Green, M. 1980. "Review Symposium," *British Journal of Sociology of Education*, 1 (1), pp. 114 – 116.

Grenfell, M. and James, D. 1998. *Bourdieu and Education: Acts of Practical Theory*. London: Falmer Press.

Halbwachs, M. 1938, "Introduction," In the *Evolution of Educational Thought*:

Lectures on the Formation and Development of Secondary Education in France, Durkheim, E., translated by Peter Collins, pp. xi – xv. London; Boston: Routledge & Kegan Paul.

Halliday, M. A. K. 1973. "Foreword," In *Class, Codes and Control*, Vol. 2: *Applied Studies towards a Sociology of Language*, Basil Bernstein, pp. ix – xvi. New York: Routledge.

Halsey, A. H. and Trow, M. A. 1971. *The British Academics*. Cambridge, Massachusetts. : Harvard University Press.

Hargreaves, A. 1989. *Curriculum and Assessment Reform*. Philadelphia: Open University Press.

Harker, R. 1984. "On Reproduction, Habitus and Education," *British Journal of Sociology of Education* 5 (2), pp. 117 – 127.

Harker, R. 1990. "Bourdieu—Education and Reproduction," In *An Introduction to the Work of Pierre Bourdieu: the Practice of Theory*, edited by R. Harker, C. Mahar, and C. Wilkes, pp. 86 – 108. Houndmills, Basingstoke, Hampshire: Macmillan.

Harvey, D. 2005. *A Brief History of Neoliberalism*. New York: Oxford University Press.

Harwood, J. 2006. "Engineering Education Between Science and Practice: Rethinking the Historiography," *History and Technology* 22 (1), pp. 53 – 79.

Harwood, J. 2010. "Understanding Academic Drift: on the Institutional Dynamics of Higher Technical and professional Education," *Minerva* 48 (4), pp. 413 – 427.

Holland, D. C. & Eisenhart, M. A. 1988. "Women's Ways of Going to School: Cultural Reproduction of Women's Identities as Workers," In *Class, Race & Gender in American Education*, edited by Weis, L., pp. 266 – 301. New York: State University of New York Press.

Holland, D. C. & Eisenhart, M. A. 1990. *Educated in Romance: Women, Achievement, and College Culture*. Chicago: University of Chicago Press.

Holland, J. 1981. "Social Class and Changes in Orientation to Meaning," *Sociology* 15 (1), pp. 1 – 18.

Homans, G. C. 1974. *Social Behavior: Its Elementary Forms*. New York: Harcourt

Brace Jovanovich.

Howell, F. M and McBroom, L. W. 1982. "Social Relations at Home and at School: an Analysis of the Correspondence Principle," *Sociology of Education* 55 (1), pp. 40 – 52.

Jackson, L. A. 1974. "The Myth of Elaborated and Restricted Code," *Higher Education Review* 6 (2), pp. 65 – 81.

Jessop, B. 1990. *State Theory: Putting the Capitalist State in Their Place*. University Park, Pennsylvania: The Pennsylvania State University Press.

Jones, D. K. 1987. "Planning for Progressivism: The Changing Primary School in the Leicestershire Authority During the Mason Era, 1947 – 71," In *The Changing Primary School*, edited by Roy Lowe, pp. 32 – 49. London: The Falmer Press.

Joseph, J. 2002. *Hegemony: A Realist Analysis*. London and New York: Routledge.

Karabel, J. 1983. "The Politics of Structural Change in American Higher Education: The Case of Open Admissions at the City University of New York," In *The Compleat University: Break from Tradition in Germany, Sweden and the U. S. A.*, edited by Harry Hermanns, Ulrich Teichler and Henry Wasser. pp. 21 – 58. Cambridge, Massachusetts: Schenkman Publishing.

Karabel, J. 1984. "Status-Group Struggle, Organizational Interests, and Limits of Institutional Autonomy: The Transformation of Harvard, Yale, and Princeton, 1918 – 1940," *Theory and Society* 12 (1), pp. 1 – 40.

Karabel, J. 2005. *The Chosen: The Hidden History of Admission and Exclusion at Harvard, Yale, and Princeton*. New York: Houghton Mifflin Company.

Karabel, J. and Halsey, A. H. 1976. "The New Sociology of Education," *Theory and Society*, 3 (4), pp. 529 – 552.

Karabel, J. and Halsey, A. H. 1977. "Educational Research: A Review and an Interpretation," In *Power and Ideology in Education*, edited by Jerome Karabel and A. H. Halsey, pp. 1 – 85. New York: Oxford University Press.

Khan, S. R. 2011. *Privilege: The Making of an Adolescent Elite at St. Paul School*. Princeton, New Jersey: Princeton University Press.

Kingston, P. W. 1986. "Resistance Theory: How Marxists Interpret Student Life," *Sociological Forum* 1 (4), pp. 717 – 25.

Ladwig, J. G. 1997. "Review," *British Journal of Sociology of Education* 18 (1), pp. 125 – 128.

Lamont, M. 1992. *Money, Morals, and Manners: the Culture of the French and the American Upper-Middle Class.* Chicago: Chicago University Press.

Lamont, M. and Lareau, A. 1988. "Cultural Capital: Allusions, Gaps and Glissandos in Recent Theoretical Developments," *Sociological Theory* 6, pp. 153 – 168.

Lane, J. F. 2000. *Pierre Bourdieu: A Critical Introduction.* London: Pluto Press.

Lareau, A. 1987. "Social-Class Differences in Family-School Relationships: The Importance of Cultural Capital," *Sociology of Education* 60 (2), pp. 73 – 85.

Lareau, A. 1989. *Home Advantage: Social Class and Parental Intervention in Elementary Education.* Philadelphia: The Falmer Press.

Lareau, A. 2003. *Unequal Childhoods: Class, Race, and Family Life.* Berkeley and Los Angeles, California: University of California Press.

Lareau, A. and Horvat, E. M. 1999. "Moments of Social Inclusion and Exclusion: Race, Class, and Cultural Capital in Family-School Relationships," *Sociology of Education* 72 (1), pp. 37 – 53.

Lareau, A. and Weininger, E. B. 2003. "Cultural Capital in Educational Research: A Critical Assessment," *Theory and Society* 32 (5/6), pp. 567 – 606.

Lavin, D. E. and Richard D. Alba. "Assessment of the Open-Admissions Policy of the City University of New York," In *The Compleat University: Break from Tradition in Germany, Sweden and the U. S. A.*, edited by Harry Hermanns, Ulrich Teichler and Henry Wasser, pp. 77 – 100. Cambridge, Massachusetts: Schenkman Publishing.

Levinson, D. L, Peter W. Cookson and Jr., Alan R. Sadovnik (eds.) 2002. *Education and Sociology: an Encyclopedia.* New York and London: RoutledgeFalmer.

Li, C. and White, l. 1990. "Elite Transformation and Modern Change in Mainland China and Taiwan: Empirical Data and the Theory of Technocracy," *China Quarterly* 121, pp. 1 – 35.

Lim, L. 2016. *Knowledge, Control and Critical Thinking in Singapore: State*

Ideology and the Politics of Pedagogic Recontextualization. London and New York: Routledge.

Lim, L. and Apple, M. W. 2016. "Introducing the Strong State and Curriculum Reform in Asia," In *The Strong State and Curriculum Reform: Assessing the Politics and Possibilities of Educational Change in Asia*, edited by Lim, L. and Apple, M. W., pp. 1 – 22. London and New York: Routledge

Liow, J. C. 2009. *Islam, Education and Reform in Southern Thailand*. Singapore: Institute of Southeast Asian Studies.

Liston, D. P. 1988. *Capitalist Schools: Explanation and Ethics in Radical Studies of Schooling*. New York: Routledge.

Lovett, B. L. 2011. *America's Historically Black Colleges & Universities*. Macon, Georgia: Mercer University Press.

Lowe, R. 1987. "Primary Education Since the Second World War," In *The Changing Primary School*, edited by Roy Lowe, pp. 1 – 16. London: The Falmer Press.

Lowe, R. 1997. *Schooling and Social Change 1964 – 1990*. London and New York: Routledge.

Lowe, R. 2005. *What Happened to Progressivism? The Demise of Child-Centred Education in Modern Britain*. London: Institute of Education, University of London.

Lowe, R. 2007. *The Death of Progressive Education: How Teachers Lost Control of the Classroom*. London and New York: Routledge.

Lukes, S. 1973. *Émile Durkheim, His Life and Work: a Historical and Critical Study*. Harmondsworth, Middlesex: Penguin Books.

MacDonald, P. 1988. "Historical School Reform and the Correspondence Principle," In *Bowles and Gintis Revisited: Correspondence and Contradiction in Educational Theory*, edited by Cole, M., pp. 86 – 111. East Sussex: The Falmer Press.

Macpherson, C. B. 1962. *The Political Theory of Possessive Individualism*. New York: Oxford University Press.

Mahar, C. 1990 "Pierre Bourdieu: the Intellectual Project," In *An Introduction to the Work of Pierre Bourdieu: the Practice of Theory*, edited by R. Harker, C. Mahar, and C. Wilkes, pp. 27 – 57. Basingstoke, Hampshire: Macmillan.

Mangan, J. A. 1981. *Athleticism in the Victorian and Edwardian Public School.* Cambridge: Cambridge University Press.

Massing, M. 2016. "How to Cover the One percent," *New York Review of Books*, *Vol. LXIII* (1) (January 14 to February 10), pp. 74 - 76.

McCulloch, G. 1991. *Philosophers and Kings: Educations for Leadership in Modern England.* New York: Cambridge University Press.

McMillan, J. 2003. "Consolidating the Republic: Politics 1880 - 1914," In *Modern France: 1880 - 2002*, edited by James McMillan, pp. 12 - 38. New York: Oxford University Press.

McNeil, L. M. 1983. "Defensive Teaching and Classroom Control," In *Ideology & Practice in Schooling*, edited by Michael W. Apple and Lois Weis, pp. 114 - 142. Philadelphia: Temple University Press.

McRobbie, A. 1978. "Working Class Girls and the Culture of Femininity," In *Women Take Issue: Aspects of Women's Subordination*, edited by Women's Studies Group, pp. 96 - 108. London: Routledge.

McRobbie, A. 1981. "Settling Accounts with Subcultures: A Feminist Critique," In *Culture, Ideology, and Social Process*, edited by Bennett, T., Martin, G., Mercer, C. and Woolacott, J., pp. 111 - 124. London: Open University Press.

Meyer, J. W. 1977. "The Effect of Education as an Institution," *American Journal of Sociology* 83 (1), pp. 55 - 77.

Meyer, J. W., Kamens, D., Benavot, A. & Cha, Y. K. 1992. *School Knowledge for the Masses: World Models and National Primary Curricular Categories in the 20th Century.* Washington, DC: Falmer.

Moore, R. 1988. "The Correspondence Principle and the Marxist Sociology of Education," In *Bowles and Gintis Revisited: Correspondence and Contradiction in Educational Theory*, edited by Cole, M., pp. 51 - 85. East Sussex: The Falmer Press.

Moore, R. 2013. *Basil Bernstein.* London: Routledge.

Morphew, C. C. and J. Huisman. 2002. "Using Institutional Theory to Reframe Research on Academic Drift," *Higher Education in Europe* 27 (4), pp. 491 - 506.

Mundy, K. and Menashy, F. 2012. "The Role of International Finance

Corporation in the Promotion of Public-Private Partnerships for Educational Development," In *Public Private Partnerships in Education: New Actors and Modes of Governance in a Globalizing World*, edited by Susan L. Robertson, Karen Mundy, Antoni Verger, and Francine Menashy, pp. 81 – 103. Massachusetts: Edward Elgar.

Musselin, C. 2004. *The Long March of French Universities*. New York: RoutledgeFalmer.

O'Connor, J. 1973. *The Fiscal Crisis of the State*. New York: St. Martin's Press.

Oakes, J. 1982. "Classroom Social Relationships: Exploring the Bowles and Gintis Hypothesis," *Sociology of Education* 55 (4), pp. 197 – 212.

Offe, C. 1984. *Contradictions of the Welfare State*. Cambridge, Massachusetts: The MIT Press.

Offe, C. 1985. *Disorganized Capitalism: Contemporary Transformations of Work and Politics*. Cambridge, Massachusetts: The MIT Press.

Olds, K. 2007. "Global Assemblage: Singapore, Foreign Universities, and the Construction of a 'Global Education Hub'," *World Development* 35 (6), pp. 959 – 975.

Olneck, M. R. and Bills, D. B. 1980. "What Makes Sammy Run? An Empirical Assessment of the Bowles-Gintis Correspondence Theory," *American Journal of Education* 89 (1), pp. 27 – 61.

Palmer, R. R. 1985. *The Improvement of Humanity: Education and the French Revolution*. Princeton, New Jersey: Princeton University Press.

Passeron, J. C. 1986. "Theories of Socio-Cultural Reproduction," *International Social Science Journal* 38 (4), pp. 619 – 629.

Paul, H. W. 1985. *From Knowledge to Power: the Rise of the Science Empire in France, 1860 – 1939*. New York: Cambridge University Press.

Paulsen, R. 1991. "Education, Social Class, and Participation in Collective Action," *Sociology of Education* 64, pp. 96 – 110.

Pepper, S. 1996. *Radicalism and Education Reform in 20th-Century China*. Cambridge: Cambridge University Press.

Power, S., Aggleton, P., Brannen, J., Brown, A., Chisholm, L. and Mace, J. 2001. *A Tribute to Basil Bernstein 1924 – 2000*. London: Institute of Education.

Pratt, J. 1997. *The Polytechnic Experiment 1965 – 1992*. Bristol, Pennsylvania, USA: Society for Research into Higher Education & Open University Press.

Ramirez, F. O. & Meyer, J. W. 1980. "Comparative Education: The Social Construction of the Modern World System," *Annual Review of Sociology* 6, pp. 369 – 399.

Ravitch, D. 1983. *The Troubled Crusade: American Education, 1945 – 1980*. New York: Basic Books.

Reay, D. 1998. *Class Work: Mothers' Involvement in Their Children's Primary Schooling*. London: UCL Press.

Reed-Danahay, D. 2005. *Locating Bourdieu*. Bloomington: Indiana University Press.

Ringer, F. K. 1969. *The Decline of the German Mandarins: The German Academic Community, 1890 – 1933*. Hanover, New Hampshire: University Press of New England.

Ringer, F. K. 1979. *Education and Society in Modern Europe*. Bloomington, and Indiana: Indiana University Press.

Ringer, F. K. 1992. *Fields of Knowledge: French Academic Culture in Comparative Perspective, 1890 – 1920*. Cambridge: Cambridge University Press.

Ringer, F. K. 2000. "Bildung and Its Implications in the German Tradition, 1890 – 1930," in *Toward a Social History of Knowledge*, edited by Ringer, Fritz, pp. 193 – 212, New York: Berghahn Books.

Robbins, D. 2006. *On Bourdieu, Education and Society*. Oxford: The Bardwell Press.

Rosen, H. 1972. *Language and Class: A Critical Look at the Theories of Basil Bernstein*. Bristol: Falling Wall Press.

Rubinson, R. 1986. "Class Formation, Politics, and Institutions: Schooling in the United States," *American Journal of Sociology* 92 (3), pp. 519 – 48.

Rubinstein, D. and Simon, B. 1969. *The Evolution of the Comprehensive School, 1926 – 1972*. London: Routledge.

Rubinstein, D. and Simon, B. 1973. *The Evolution of the Comprehensive School, 1926 – 1972* (2nd ed). London: Routledge & Kegan Paul.

Runciman, W. G. 1978. *Max Weber: Selections in Translation*. Cambridge: Cambridge University Press.

Russo, A. 2006. "Schools as Subjective Singularities: the Inventions of Schools in Durkheim's L'évolution pédagogique en France," *Journal of Historical Sociology*. 19 (3), pp. 308 – 337.

Sadovnik, A. R. 1991. "Basil Bernstein's Theory of Pedagogic Practice: A Structuralist Approach," *Sociology of Education* 64 (1), pp. 48 – 63.

Schultz, R. E., and Stickler, W. H. 1965. "Vertical Extension of Academic Programmes in Institutions of Higher Education," *Educational Record*, 46, pp. 231 – 241.

Shattock, M. 2012. *Making Policy in British Higher Education* 1945 – 2011. Berkshire: Open University Press.

Shirk, S. L. 1982. *Competitive Comrades: Career Incentives and Student Strategies in China*. Berkeley and Los Angeles, California: University of California Press.

Shirley, D. 1986. "A Critical Review and Appropriation of Pierre Bourdieu's Analysis of Social and Cultural Reproduction," *Journal of Education* 168 (2), pp. 96 – 112.

Skocpol, T. 1985. "Bringing the State Back In: Strategies of Analysis in Current Research," In *Bringing the State Back In*, edited by Peter B. Evans, Dietrich Rueschemeyer, Theda Skocpol, pp. 3 – 43. New York: Cambridge University Press.

Srivastava, P. and Su-Ann Oh. 2012. "Private Foundations, Philanthropy and Partnership in Education and Development: Mapping the Terrain," In *Public Private Partnerships in Education: New Actors and Modes of Governance in a Globalizing World*, edited by Susan L. Robertson, Karen Mundy, Antoni Verger, and Francine Menashy, pp. 104 – 27. Massachusetts: Edward Elgar.

Steinmetz, G. 2011. "Bourdieu, Historicity, and Historical Sociology," *Cultural Sociology* 5 (1), pp. 45 – 66.

Stevens, M. L. 2007. *Creating A Class: College Admissions and the Education of Elites*. Cambridge, Massachusetts: Harvard University Press.

Stock-Marton, P. 1988. *Mroal Education for a Secular Society: The Development of Morale Laïque in Nineteenth Century France*. Albany: State University of New York.

Swartz, D. 1997. *Culture and Power: the Sociology of Pierre Bourdieu*. Chicago: University of Chicago Press.

Talbott, J. E. 1969. *The Politics of Educational Reform in France, 1918 – 1940*. Princeton, New Jersey: Princeton University Press.

Tan, L. E. 1997. *The Politics of Chinese Education in Malaya, 1945 – 1961*. Singapore: Oxford University Press.

Tanner, J. 1988. "Youthful Deviance," In *Deviance: Conformity and Control in Canadian Society*, edited by Sacco, V. , pp. 96 – 108. Scarborough: Prentice-Hall Canada.

Teitelbaum, K. 1993. *Schooling for "Good Rebels": Socialist Education for Children in the United States, 1900 – 1920*. Philadelphia: Temple University Press.

Thompson, E. P. 1966. *The Making of the English Working Class*. New York: Vintage Books.

Thompson, K. 1982. *Emile Durkheim*. London; New York: Tavistock Publications.

Torres, C. A. 1998. *Education, Power, and Personal Biography: Introduction to Dialogues with Critical Educators*. New York: Routledge.

Turner, D. 2015. *The Old Boys: The Decline and Rise of the Public School*. New Haven Connecticut: Yale University Press.

Turner, J. H. 1982. *The Structure of Sociological Theory*. Homewood, Illinois: The Dorsey Press.

Unger, J. 1982. *Education Under Mao: Class and Competition in Canton Schools, 1960 – 1980*. New York: Columbia University Press.

Verger, A. and Fontdevila, C. and Zancajo, A. 2016. *The Privatization of Education: A Political Economy of Global Education Reform*. New York: Teachers College Press.

Vernon, K. 2004. *Universities and the State in England, 1850 – 1939*. London and New York: RoutledgeFalmer.

Waddle, M. 2015. *Jesuit Science and the End of Nature's Secrets*. Burlington: Ashgate.

Walford, G. 1986. "Ruling-Class Classification and Framing," *British Educational Research Journal* 12 (2), pp. 183 – 195.

Walker, J. C. 1986. "Romanticising Resistance, Romanticising Culture: Problem in Willis's Theory of Cultural Production," *British Journal of Sociology of Education* 7 (1), pp. 59 – 80.

Weber, M. 1947. *The Theory of Social and Economic Organization*. New York: The Free Press of Glencoe.

Weber, M. [1922] 1978. "Classes, Status Groups and Parties," In *Weber: Selections in Translation*, edited by Runciman, W. G., pp. 43 – 61. New York: Cambridge University Press.

Weich, K. E. 1976. "Educational Organizations as Loosely Coupled Systems," *Administrative Science Quarterly* 21 (1), pp. 1 – 19.

Weisz, G. 1978. "Education and the Civil Utility of Social Science," *Minerva* 16 (3), pp. 452 – 460.

Weisz, G. 1983. *The Emergence of Modern Universities in France, 1863 – 1914*. Princeton, New Jersey: Princeton University Press.

Whitty, G. and Power, S. and Halpin, D. 1998. *Devolution and Choice in Education: the School, the State and the Market*. Philadelphia: Open University Press.

Wiener, M. J. 2004. *English Culture and the Decline of the Industrial Spirit, 1850 – 1980*. Cambridge: Cambridge University Press.

Williams, R. 1980. "Base and Superstructure in Marxist Culture Theory," In *Problems in Materialism and Culture: Selected Essays*, pp. 31 – 49. New York: Verso.

Willis, P. 1977. *Learning to Labor*. New York: Columbia University Press.

Willis, P. 1981. "Cultural Production is Different from Cultural Reproduction is Different from Social Reproduction is Different from Reproduction," *Interchange* 12 (2 – 3), pp. 48 – 67.

Wong, T. H. 1995. "Pedagogic Code and State Curriculum Development Mechanism in Hong Kong, 1988 to 1995: A Critical Appraisal," (Unpublished manuscript, Chinese University of Hong Kong).

Wong, T. H. 2002, *Hegemonies Compared: State Formation and Chinese School Politics in Postwar Singapore and Hong Kong*. New York: RoutledgeFalmar.

Wong, T. H. 2006. "Institutionally Incorporated, Symbolically Un-remade: State Reform of Chinese Schools in Postwar Singapore," *British Journal of Sociology of Education* 27 (5), pp. 633 – 650.

Wong, T. H. 2012. "The Unintended Hegemonic Effects of a Limited Concession: Institutional Incorporation of Chinese Schools in Postwar Hong Kong," *British Journal of Sociology of Education* 33 (4), pp. 587 – 606.

Wong, T. H. 2014. "Crossing the Binary Line: the Founding of the

Polytechnic in Colonial Hong Kong," *History of Education* 43 (4), pp. 524 – 541.

Wong, T. H. 2015. "Social Foundations of Public-Private Partnerships in Education: the Historical Cases of Post-War Singapore and Hong Kong," *History of Education* 44 (2), pp. 207 – 224.

Wong, T. H. 2016. "College Admissions, International Competition, and the Cold War in Asia: The Case of Overseas Chinese Students in Taiwan in the 1950s," *History and Education Quarterly* 56 (2), pp. 331 – 357.

Wong, T. H. 2017. "Reappraising the Pedagogic Device's Evaluative Rules: State-Reformed of Examinations of Chinese Middle Schools in Singapore," *British Journal of Sociology of Education* 38 (3), pp. 364 – 383.

Wong, T. H. and Apple, M. W. 2002. "Pedagogic Reform in Singapore: Rethinking the Education/State Formation Connection," *Comparative Education Review*, 46 (2), 182 – 210.

Wright, E. O. 1978. *Class, Crisis and the State*. London: New Left Book.

Wright, J. 2004. *God's Soldiers: Adventure, Politics, Intrigue, and Power: a History of the Jesuits*. New York: Doubleday.

Young, Michael F. D. 1971. *Knowledge and Control*. London: Collier-Macmillan.

Zhang, Xing. 2010. *Preserving Cultural Identity through Education*. Singapore: Institute of Southeast Asian Studies.

Zizek, S. 2015. "Capitalism has Broken Free of the Shackles of Democracy," *Financial Times*, Feb 1, 2015.

索 引

A

阿普尔（Michael W. Apple）
  《教育与权力》的背景 27～28
  《意识形态与课程》的背景 123～124
  对伯恩斯坦课程符码理论的批评 94～95
  对布迪厄文化资本理论的批评
  参见：文化资本、竞夺性再生产、霸权

阿雀尔（Margaret S. Archer）
  对布迪厄《再生产》的批评 67～70
  对课程符码理论的批评 95～96
  解释法国集权型教育体系 70
  解释英国权力下放型教育体系 70
  解释教育体系的相对自主性 181～184

埃利亚斯（Norbert Elias） 64～65

B

霸权
  基本概念
    同意 124
    让步 124
    主导及有效文化 125～126、128、134、136
    文化吸纳 126、136～138、140～141、147
    选择性传统 126、138、131、136、138
  美国教育与霸权
    美国学校的选择性传统 127～133
    新自由主义下的美国教育与霸权 133～134
    "9·11"后的美国教育与霸权 135
    与身份团体 138～139

与族群政治 139~140
施行霸权策略的社会条件 140~141
与知识社会学的关系 141~144
人的吸纳 143~144
组织吸纳 142~143
全面组织吸纳 142
部分组织吸纳 142~143
结构式霸权 144~147
参见：阿普尔、葛兰西、威廉士、霍尔

鲍尔斯与坚提士
生平背景 1~2
对自由主义教育观的批判 4~6
对平等教方案对批判 13
对另类教育的批判 13~14
对废校论的批判 14
参见：符应理论

伯恩斯坦（Basil Bernstein）
背景 73~76
参见：学校表意性及工具性秩序、语言符码理论、涂尔干、课程符码理论、符码理论的重建

布迪厄（Pierre Bourdieu）
生平 172
参见：大学场域、习性、文化再生产理论、文化资本、场域、阶级再生产、社会资本、经济资本、资本、符号资本

C

布洛维（Michael Burawoy） 31

财产权益 15、133
参见：人身权益

场域/权力场域/阶级场域
权力分配标准 173
权力结构
主导阶级 173
从属阶级 173
主导阶级的主导部分 174、185
主导阶级的从属部分 174、185
次场域的衍生 175
与大学场域的类同结构 176~178、185、191
异场域相应位置 183
参见：大学场域

承认政治 133、140
参见：分配政治

D

大学场域
与制度形式文化资本 174
内部分化
世俗主导部分 175~176、185
文化主导部分 175~176、185
社会等级 176~178
文化等级 176~178
上级职别 177~178
下级职别 177~178
权力类型
学术权力 178~180、185
科学权力 178~180、185

与权力场域的类同结构 176～
　　178、185、191
异场域相应位置 183
自我再生产危机 181～182、185
相对自主性
　　起源 175
　　判别标准
　　　　对外来影响的中介作用 181～
　　　　182
　　　　对内部成员政治立场的影响
　　　　182～183
　　　　对社会运动的冲击 183～
　　　　184
　　西方与非西方社会大学场域的差
　　别 188～190
　　参见：教育体系相对自主性、场
　　域
单一学科 100～101、113
　　内投式身份认同 101
　　新自由主义下的单一学科 113
　　参见：符码理论的重建

E

阿伦特（Hannah Arendt） 130

F

法国大革命
　　与教育改革 194～196、208～
　　209
　　参见：形式主义
法国教育体系

"有机阶段"及"危机阶段"
　　66
集权式体系 67～68
相对自主性 60、71、180～184、
　　188～189、191～192、199～
　　200
　　分类 80～83、89～91、99～107
　　参见：课程符码理论、课程符码
　　理论的重建
分配政治 133、140
　　参见：承认政治
符号资本
　　定义 151
　　经济资本 151、157
　　身体形式文化资本 153、157
　　制度形式文化资本 155、157
　　与社会资本 156
　　与资本转换的关系 157
　　再生产作用的争议 158～160
　　参见：文化资本、社会资本、经
　　济资本、资本
符码理论的重建（伯恩斯坦）
　　对"权力"及"控制"的重新诠释
　　98～99
　　分类 99～103
　　　　概念的重新定义 99～100
　　　　"生产"与"教育"的强分类
　　　　100
　　　　"内在世界"及"外在世界"
　　　　知识的强分类 100～101
　　　　"生产"与"教育"分类的弱化
　　　　100～102
　　　　"内在世界"及"外在世界"

知识分类的弱化　102～103
　　辨识规则　103
　　实现规则　103
　　与教育体系的相对自主性　106～107
架构　103～104
　　概念的重新定义　103
　　教育论述　103～104、206
　　　　规约论述　104～106、206
　　　　教导论述　104～106、206
教育机制　104～107
　　性质及作用　104～105
　　分配规则　105、107
　　再脉络化规则　105、107
　　　　初始脉络　105、107
　　　　次级脉络　105、107
　　　　第三脉络　105～107
　　　　　　官方再脉络化场域　105、107
　　　　　　教育再脉络化场域　105、107
　　评估规则　105～106
　　　　对教育机制的干扰　114～116
　　矛盾断裂与教育体系相对自主性　107
　　英国与非西方社会教育机制的差别　119～121
新、旧中产阶级的内部差异与课程政治　108～109
新自由主义与课程类型学　109～113

显性教学法　111
　　自主型　111
　　市场导向型　111
　　共同能力模式　111
　　　　自由进步型　112
　　　　民粹型　112
　　　　激进型　112～113
　　表现模式　113
所受的批评
　　忽略教育体系的社会筛选功能　114～116
　　低估教育场域对实践场域的抗衡　116～117
　　阶级分析依旧结构取向　117～118
　　忽略统治阶层的影响　118～119
　　过度以西方为中心、缺乏比较视野　119～121
　　参见：区域学科、单一学科、通类
符应理论（鲍尔斯与坚提士）
　　经济生产与教育的符应　2～6
　　资本主义危机与符应关系的修复　6～12
　　对当代教育的重要性　15～16
　　贡献　14～16
　　所受的批评　16～26
　　　　忽略国家的作用　16～17
　　　　忽略政治的作用　17～18
　　　　忽略教育体系相对自主性　18～21
　　　　功能解释的谬误　21～24

不符合经验及历史证据 24~26、
   31~36
忽略学校的生产功能 29~31
导致实践的困境 28
结构符应与功能符应 45~46

G

葛德纳（Alvin Gouldner） 129
葛兰西 27~28、123~124、136、
   147、211
   参见：阿普尔、霸权、威廉士
功能符应 44~45
   参见：结构符应
功能解释
   与符应理论 21~24
   起源功能解释 22~23
   延续功能解释 22~23
   草率的功能解释 23
   《再生产》的功能解释 67、70~
      71
   《意识形态与课程》的功能解释
      137~138
   参见：功能符应、结构符应
国家（the state）
   对教育及经济符应关系的冲击
      17~18
   累积及合法性矛盾 28~29
   行使文化吸纳策略的条件 140~
      141
   与制度形式文化资本 155
   与公共教育资源 166~168
   西方国家的跨社会差异 41、60、
      67~68、95~96
   西方与边陲地区国家的差异 45、
      120~121、188~189

H

后结构主义 39~40
后现代主义 39~40
怀特（Erik Olin Wright） 23
霍尔（Stuart Hall） 133

J

绩效主义 3、29、66、132
集合型课程 81~82
   参见：分类、课程符码理论
架构 80~81、90~91、103~104
   参见：课程符码理论、课程符码
      理论的重建、教育论述
教育机制 104~107
   参见：教育体系相对自主性、符
      码理论的重建
教育论述 103~106、206
   参见：符码理论的重建
教育体系相对自主性
   解释的进路
      行动者进路 31~36
      反表象主义进路 19~21
      社会冲突进路 71
      宏观政经结构联结进路 186~
         188
   判断标准
      功能符应及结构符应 44~45

教育与生产的分类 85～86、
    106～107
内部结构对外来影响的中介作
    用 181～182、186
对内部成员政治立场的影响
    182～183、186
对社会运动的冲击 183～184、
    186
与符号暴力的施行 58～60
参见：大学场域、教育机制、符
应理论
阶级形构
    定义 17
    自在阶级 17～18、94
    自为阶级 17～18、94
    美国及欧洲的差别 17～18
    对伯恩斯坦阶级形构分析的批评
        94～95
阶级再生产
    家庭模式 20、157
    学校中介模式 20、157
    参见：布迪厄
结构符应 44～45
    参见：功能符应
结构功能学派 1、210
经济资本
    与文化资本的转换 153～155
    与社会资本的转换 156～157
    与场域的权力分配 173
    参见：文化资本、场域、社会资本、资本、符号资本
精致型符码 77
    参见：语言符码理论

竞夺性再生产理论（阿普尔）
    累积及合法性的矛盾 28～29
    学校的文化生产功能 20～31
    作坊工人的反抗 31～32
    学校学生的反抗 32～36
    课程形式与内容的矛盾 37～39
    所受的批评
        对国家及经济的联结缺乏具体分
            析 41
        过度以经济为中心 41～42
        忽略教育政策的象征意义 42～
            43
        把反抗过度浪漫化 43～44
        忽略国家的内部分歧 45
        缺乏国家与社会关系的分析
            45
        缺乏历史比较视野 45～47

K

卡诺依与李云（Martin Carnoy and
    Henry Levin） 16～17、211
科尔曼（James S. Coleman）
    社会资本理论 158～159
    与布迪厄社会资本理论的分歧
        159
    参见：社会资本
柯林斯（Randall Collins）
    对学校生产功能的反思 42
    与布迪厄文化资本理论的分歧
        155
柯塞（Lewis Coser） 129
课程符码理论（伯恩斯坦）

分类 80~83、90~91
　集合型课程 81~82
　　专门集合型 81~82
　　非专门集合型 82
　　纯一集合型 81~82
　　混杂集合型 81~82
　整合型课程 83~
　　单一教师为基础混合型 83
　　多位教师为基础混合型 83
　课程分类与社会控制 83
架构 80~81、90~91
显性教学法 84
　与旧中产阶级 84
　与阶级教育成就 110
　新自由主义下的分化 111
　　自主性显性教学法 111
　　市场导向型显性教学法 111
隐性教学法 84~
　兴起 84
　与新中产阶级 84~85、90~91
　与个体式有机联结 86
　与个人式有机联结 86
　与阶级教育成就 110
　没落 109~110
教育与生产的断裂 85~86
对批判教育社会学的贡献 74、87~88
所受的批评
　概念欠清晰 89~91
　分析结构过度结构取向 91~93
　缺乏阶级形构分析 93~95

缺乏历史比较角度 95~96
参见：符码理论的重建

L

罗便信（Richard Robinson） 17

P

帕斯隆（Jean~Claude Passeron）
　对《再生产》去历史化的回应 61~62、66~67
　参见：文化再生产理论
平等教育方案 12~13

Q

区域学科 101、113
　与前瞻规划型身份认同 101
　参见：符码理论的重建

R

人身权益 15、133
　参见：财产权益
人文主义 203、208~209
　参见：文艺形式主义、耶稣会、法国大革命

S

社会交换理论
　对布迪厄符号资本理论的质疑

158

社会资本

 定义　155~156

 累积与传承　156

 与经济资本的转换　156

 与符号资本　156~157、158~159

 布迪厄与科尔曼的分歧　159

 参见：文化资本、经济资本、资本、符号资本

T

通类　101~102、113

 与前瞻规划型身份认同　102

 参见：符码理论的重建

涂尔干

 生平　193~196

 对伯恩斯坦的影响　74、86~88、206、212

 机械联结　83、86~87、212

 有机联结　83、86~87、212

 《教育思想的演进》的背景　193~196

 《教育与社会学》　193

 《道德教育》　193

 参见：伯恩斯坦

W

威利斯（Paul Willis）

 竞夺再生产观点　32~33

 对布迪厄文化概念的批评　64

威廉士（Raymond Williams）　27、123、126、136

 参见：文化吸纳、选择性传统、霸权

威权民粹主义　134

 参见：霸权

韦伯/韦伯学派　74、178~179、193

 对马克思主义教育理论的批评　41~42、138~139

文化吸纳　126、136~138、140~141、147

 参见：霸权、阿普尔、威廉士

文化再生产理论（布迪厄）

 符号暴力　49~51

 文化专断　51~52

 教育行动　51~52

 教育权威　53

 教育工作

  原初教育工作　55

   与行动者的主体性　64

  次级教育工作　55

  实践掌握　56~57、177

  符号掌握　56~57、177

  初始实践　57

  次级实践　57

  维旧式教育　56

  转化式教育　56

  隐性教育法　57~58

  显性教育法　57~58

 教育体系

  文化生产型　58

  文化再生产型　58

再生产功能与标准化　58～59
　　再生产功能与自主性　59～60
　　两重委托关系　59～60、163
引起的争议
　　抹杀行动者主体性　62～65
　　去历史化的分析　65～67
　　缺乏历史比较视野　67～70
　　功能解释、缺乏社会冲突分析
　　　70～71
　　参见：习性
文化资本
　　身体形式　63、152～153
　　　与原初习性　153
　　　与经济资本的转换　153
　　　阶级再生产作用　154
　　客观形式　154
　　　阶级再生产作用　154
　　制度形式　154～155
　　　与身体形式文化资本　155
　　　与国家　155
　　　与入学筛选制度　163～166
　　具备符号资本的社会条件　160～
　　　161
　　文化掌权阶级与教育场域的矛盾
　　　162～163
　　与行动者主体性　64
　　与场域权力分配　173
　　阿普尔与布迪厄的分歧　30
　　柯林斯与布迪厄的分歧　155
　　威利斯与布迪厄的分歧　64
　　参见：资本、符号资本、社会资
　　本、经济资本、柯林斯、阿普尔、
　　威利斯

X

习性
　　定义　54
　　持久性、可转移性及全面性　54
　　不可逆转性　55
　　原初习性　56
　　与教育工作的效果　54～55
　　对社群整合的作用　55
　　与行动者主体性　62～63
　　与历史变迁　65～66
　　参见：文化再生产理论
系统管理　129～131
　　与新自由主义教育政策　135
显性教学法　84、110～111
　　参见：分类、架构、课程符码理
　　论
限制型符码　77
　　参见：语言符码理论
新教育社会学　1、123～124、141～
　　142
新自由主义　15～16、97～98、109～
　　113、133～135
形式主义
　　语言形式主义　199
　　逻辑形式主义　201～202
　　　涂尔干的评价　202
　　文学形式主义　202～204
　　　涂尔干的批判　203～204
　　对法国文化的影响　207～208
　　对法国科学教育的影响　207～
　　　208、214～215

参见：法国大革命
选择性传统　126、138、131、136、138
　　参见：文化吸纳、威廉士、霸权
学校表意性及工具性秩序（伯恩斯坦）　78~80
　　定义　78
　　家庭对两种秩序的反应　79
　　学生对两种秩序的反应　79~80
　　与阶级教育不平等　80
　　参见：语言符码理论

限制型符码　77
精致型符码　77
语言符码与阶级及社会分工　77~78
语言符码与教育成就　78~80
关于语言缺陷论的争议　88~89
关于缺乏历史比较角度的批评　95
贵族阶层对语言符码的影响　118~119
　　参见：学校表意性及工具性秩序

Y

耶稣会
　　起源　205
　　教育理念　205~206
　　　涂尔干的批判　206~207
　　与科学的关系　215~216
隐藏课程　126、128~129、131~133
隐性教学法　84~86、90~91、109~110
　　参见：分类、架构、课程符码理论
英国教育体系
　　权力下放特性　41、67~68、95~96
语言符码理论（伯恩斯坦）
　　公共语言　76~77
　　正规语言　76~77

Z

再脉络化规则　105、107
　　参见：教育机制、教育论述
占有式个人主义　36~37
整合型课程　83
　　参见：分类、课程符码理论
资本
　　性质　149~151
　　经济主义的观点　151~152
　　公共资本、私人资本及阶级再生产　166~168
　　出国留学与资本累积及转换　168~169
　　参见：大学场域、文化资本、场域、社会资本、经济资本、符号资本
自由主义　3~4、131~133

图书在版编目(CIP)数据

批判教育社会学九讲 / 黄庭康著. -- 北京：社会科学文献出版社，2017.12（2023.1 重印）
（清华社会学讲义）
ISBN 978-7-5201-1559-9

Ⅰ.①批… Ⅱ.①黄… Ⅲ.①教育社会学-研究 Ⅳ.①G40-052

中国版本图书馆 CIP 数据核字（2017）第 250276 号

·清华社会学讲义·
批判教育社会学九讲

著　　者 / 黄庭康

出 版 人 / 王利民
项目统筹 / 杨桂凤
责任编辑 / 胡庆英
责任印制 / 王京美

出　　版 / 社会科学文献出版社·群学出版分社（010）59366453
　　　　　　地址：北京市北三环中路甲 29 号院华龙大厦　邮编：100029
　　　　　　网址：www.ssap.com.cn

发　　行 / 社会科学文献出版社（010）59367028
印　　装 / 三河市尚艺印装有限公司

规　　格 / 开　本：787mm×1092mm　1/16
　　　　　　印　张：16.25　字　数：282 千字
版　　次 / 2017 年 12 月第 1 版　2023 年 1 月第 5 次印刷
书　　号 / ISBN 978-7-5201-1559-9
定　　价 / 69.00 元

读者服务电话：4008918866

版权所有 翻印必究